I0104969

CUBA:
DECADENCIA Y REHABILITACIÓN

Artículos y ensayos

Jorge A. Sanguinetty

eRIGINAL Books

Publicado por Eriginal Books LLC
Miami, Florida
www.eriginalbooks.com

Copyright © 2018, Jorge A. Sanguinetty
Copyright © 2018, De esta edición: Eriginal Books

ISBN 978-1-61370-106-5

Para mis padres,
para mis suegros,
por Cuba

Índice

Introducción

Una de las características que define la esencia del gobierno cubano desde 1959 es la exclusión de la mayor parte de la ciudadanía de las funciones gubernamentales. Los que ocupan posiciones de gobierno en Cuba son siempre seleccionados de dedo, en base a su lealtad a los que ostentan el poder y, supuestamente, a los principios ideológicos oficiales. Los méritos en materia de competencia, honestidad o capacidad de trabajo sólo se toman en cuenta cuando uno es leal al gobierno o simula serlo con éxito. Todo esto contribuye a que la República de Cuba haya estado retrocediendo hacia formas primitivas de gobierno y organización social desde 1959. Consecuentemente después de casi seis décadas de haber vivido sin participar en el gobierno, no es de sorprender que la mayoría de los cubanos residentes en la isla sepan muy poco de cuestiones de estado, de administración pública o de asuntos básicos de economía.

Pero la exclusión de los ciudadanos no se limita a la de su participación en el gobierno. El cubano vive excluido de muchas otras actividades como son la dirección de empresas y la del acceso a la información y a las opiniones de otros ciudadanos, sin mencionar su exclusión del resto del mundo. Muy al contrario de lo que piensen los admiradores e ideólogos del socialismo, el socialismo cubano es, como todas sus versiones marxistas-leninistas, eminentemente excluyente. El conjunto de opciones que el gobierno le deja al ciudadano es extremadamente limitado cuando se le compara con el de otras sociedades.

9

Esto ha creado una generación de ciudadanos que no conciben formar parte del gobierno a menos que se adapten a sus dictados y traten de hacer una carrera política en el estrecho marco del único partido político aceptado en Cuba, el comunista. En estas condiciones surge una nueva forma de exclusión, una mental, auto inducida, mediante la cual el ciudadano promedio, que desde niño se ha sido educando bajo la creencia de que las cuestiones de gobierno no están a su alcance porque son decididas por otros, no es capaz de visualizar su participación en los asuntos públicos que lo afectan directamente. El resultado es que la mayor parte de los cubanos, incluyendo muchos que viven fuera de la isla, descartan que ellos mismos puedan llegar a ejercer alguna influencia sobre el gobierno e inducirlo por medios cívicos a mejorar las condiciones de vida en Cuba.

Por lo tanto, muchos pensarán, si yo no puedo cambiar nada en Cuba, ¿para qué va uno a esforzarse? Se verifica el fenómeno llamado hipótesis del gradiente del objetivo, observado por estudiosos del comportamiento animal, en que el sujeto dedica cantidades crecientes de energía en razón inversa a su distancia de su objetivo. Esto es fácilmente observable cuando un depredador se aproxima lentamente a su presa mientras está lejos, se apresura en la medida que se acerca a ella y despliega su esfuerzo máximo en el momento culminante de atraparla. Esta consideración sirve para explicar por qué casi toda Cuba ha caído en una forma notable de modorra ciudadana, que les impide tomar iniciativas para organizarse mejor y poder ejercer alguna forma de presión sobre el gobierno que los oprime y humilla sistemáticamente y sin esperanza de cambio a la vista.

El objetivo principal de esta colección de ensayos es precisamente ayudar al ciudadano cubano a despertar de su somnolencia y convencerse de que el cambio es factible, pero hay que comenzar por entender las fuerzas que lo impiden y también las muchas debilidades del gobierno opresor. Con una mayor conciencia de que el cambio es posible y de que las metas son concretas, más cubanos pudieran sumarse a las filas de los heroicos oposicionistas que no se han dado por vencidos y continúan luchando por la libertad. No hay muchos obstáculos que impidan engrosar las marchas de las Damas de Blanco y otros grupos sino la voluntad misma de hacer algo por su futuro y el del país.

Estos ensayos han sido escritos a lo largo de un número de años y para mi sorpresa los mismos tienen una gran vigencia todavía, seguramente como resultado de lo poco que han cambiado las formas de gobierno en Cuba. Los ensayos fueron escritos principalmente para el ciudadano medio y con referencia a algún tema de gran actualidad en cada momento. El texto que aparece en este libro es el original, con muy pocas correcciones de tipo editorial. La fecha de cada uno ayudará al lector a comprender y negociar las pocas y pequeñas incongruencias que han quedado.

Además de la deuda de gratitud que tengo con los que leyeron y me dieron comentarios sobre los ensayos del libro, y que reconozco separadamente en cada caso, mi deuda mayor es con mi esposa Mercy Guerrero de Blanck que revisó todos los trabajos en los momentos que fueron escritos. Su contribución fue mucho más allá de la de un editor regular ya que basándose en su conocimiento de la idiosincrasia cubana, hizo comentarios críticos que me ayudaron a ser más convincente y mucho más claro en mis explicaciones y en mis argumentos.

Deseo agradecer además la magnífica labor compiladora y crítica de Manuel Vázquez Portal que con gran paciencia y buen juicio fue recopilando los trabajos de distintas fuentes y agrupándolos de manera de que en conjunto tuvieran sentido y unidad lógica en este volumen. De más está decir que yo soy el único responsable por los errores y omisiones que hayan quedado.

Jorge A. Sanguinetty
Miami, 15 de diciembre de 2017

PRIMERA PARTE
CUBA AL GARETE

El diálogo y la organización social

Perdón, este artículo no trata del "diálogo" sino del diálogo. Deseo usar la acepción tradicional del diccionario para poder elaborar un argumento que me parece importante e interesante y que no tiene que ver necesariamente con el "diálogo" o sea, el ejercicio por medio del cual algunos cubanos exiliados intercambian o desean intercambiar ideas con los actuales gobernantes de la Isla.

Lo que aquí me ocupa es una observación de Ortega y Gasset que aparece en su *España Invertebrada*. Se preguntaba el filósofo, "¿Cómo va a haber organización en la política española, si no la hay ni siquiera en las conversaciones?" Se refería entonces (1921) a aquella forma de desarticulación de la nación española que se expresaba en sus divisiones regionales y que él correlacionaba con el estilo predominante de diálogo entre sus compatriotas. De inmediato, la pregunta nos hace pensar en el modo desorganizado que prevalece en los diálogos entre muchos cubanos.

Uno de los síntomas más visibles de la desorganización de tales diálogos es la frecuencia con que los interlocutores se interrumpen mutuamente. Muchos cubanos encuentran casi imposible dedicarse a escuchar los argumentos del prójimo para tratar de comprenderlos antes de interrumpirlos con alguna objeción o calificativo. A menudo, la interrupción surge antes de que lleguemos al verbo de la primera oración, simplemente porque nuestro interlocutor no está de acuerdo con el adjetivo que utilizamos y desea criticarlo, calificarlo o modificarlo.

En tales circunstancias, e incluso en aquéllas más afortunadas en que alcanzamos llegar al predicado, el diálogo corre el peligro de desviarse marcadamente de su orientación inicial: en vez de analizar la conclusión del silogismo, tenemos que iniciar la defensa de las premisas aun cuando las mismas hayan sido expuestas explícitamente como hipótesis, como parte de un experimento mental. Es aquí donde precisamente comienza el proceso de desorganización del diálogo.

En lugar de que la conversación alcance algún fin útil, se convierte en un viaje por un camino zigzagueante, lleno de cambios bruscos y arbitrarios, perdiendo el intercambio su sentido de rumbo, si es que alguna vez lo tuvo. Lo que son proposiciones empíricamente verificables no se distinguen de los supuestos y en el fragor del ejercicio hasta la lógica acaba siendo castigada. En estas condiciones, el diálogo se convierte en un ejercicio de esgrima lingüística, generalmente pueril, dejando de ser un instrumento de razonamiento colectivo y de generación de consenso.

Si a esto añadimos una cierta dosis de complejidad temática, la cosa empeora. Un tema complejo requiere varias oraciones y, por ende, más de un verbo, varias cláusulas, dos o tres puntos y algunas pausas. Si la probabilidad de llegar al primer predicado era baja antes, ahora es prácticamente nula. Si, además, nuestro interlocutor —peor todavía si es más de uno— es de los que en lugar de escuchar lo que uno dice se dedica a pensar en cómo responder desde que uno articula la primera palabra (aunque él o ella no sepa lo que se va a decir), la causa está perdida.

Pero, si encima de la complejidad temática agregamos un ingrediente emotivo como cuando tratamos tópicos de tipo político, ideológico o étnico, es cuando el cubano crea la excepción a la regla "hablando la gente se entiende". Por supuesto, que me estoy refiriendo a los diálogos o conversaciones "serias", o sea, aquéllas que persiguen un fin determinado, una cierta convergencia consensual, aun cuando efectivamente tenga que seguirse un camino difícil.

Parafraseando doblemente a Ortega y Gasset, ¿cómo será posible contribuir a la organización democrática de una Nueva República de Cuba con la desorganización que tiende a predominar en los diálogos entre cubanos? Mi preocupación está centrada en la necesidad de facilitar entre los cubanos los diálogos que contribuyen a elevar el nivel de comprensión colectiva, especialmente sobre aquellas cuestiones que tienen que ver con el futuro de Cuba y con las posibilidades de que el país se libere de la plaga que hoy lo sofoca.

La organización de los diálogos que predominan en una sociedad refleja muchas de las características de esa sociedad, entre ellas, el grado de respeto que existe sobre las ideas ajenas, las formas de razonamiento, los niveles de conocimiento y las formas de adquisición de nuevos conocimientos. Todo esto forma parte del acervo educativo de esa sociedad, acervo que cambia marcadamente de sociedad en sociedad y entre grupos dentro de una misma sociedad.

Creo que se puede postular que el grado de desarrollo de una sociedad está en relación directa al grado de organización de los diálogos entre sus miembros, y, que tanto el desarrollo de sus formas democráticas de gobierno como el desarrollo de sus actividades económicas y sociales igualmente dependen de la capacidad de dialogar eficazmente. El diálogo es un instrumento indispensable en la formulación de contratos de todo tipo, y una democracia es una forma superior de contrato social donde se consigue un equilibrio entre los intereses comunes y los antagónicos de los miembros de la sociedad. Sin diálogos organizados no es posible identificar cuáles son los intereses comunes, y por lo tanto, la acción colectiva para lograr el bien común carece de cohesión o fuerza y fracasa.

Hoy, cuando el derrumbe inesperado del comunismo en los países de Europa Oriental nos ha regalado una expectativa realista de que en Cuba pueda haber un cambio político transcendental en un futuro cercano, es necesario que los cubanos hagan un esfuerzo deliberado por mejorar sus modos de dialogar. ¡Cuánto hemos desaprovechado las libertades que nos rodean en este exilio para mejorar, a través del diálogo ilustrado, nuestra comprensión del cataclismo histórico que cayó sobre Cuba y de las posibilidades de contribuir al establecimiento de una patria verdaderamente libre y justa!

Si al patriotismo inextinguible del cubano, si a su energía e inspiración inagotables pudiéramos sumar la disciplina de un diálogo constructivo, respetuoso y sabio, el futuro de la democracia en Cuba estaría garantizado. La abolición del comunismo en Cuba es una condición necesaria, pero no suficiente, para lograr la patria deseada. Es necesario construir nuevos sistemas jurídicos, económicos y políticos, reunir a las familias divididas y realizar el sueño de nuestros próceres, tan brillantemente expresado por Martí. Eso sólo se podrá lograr mediante la acción colectiva democráticamente concertada.

Hagamos de 1991 el año en que los cubanos libres resolvieron prepararse para el nacimiento de una nueva democracia comenzando con el mejoramiento de sus diálogos. Tengamos en cuenta aquella carta extraordinaria en que John Adams le preguntaba retóricamente a Thomas Jefferson, qué significaba la Revolución Americana. "¿La guerra?" decía y se respondía: "La guerra no fue parte de la Revolución; sólo un efecto y una consecuencia de ella. La Revolución ocurrió en las mentes del pueblo." Aquellas trece colonias fueron capaces de unirse para liberarse del yugo inglés, pero mucho más difícil fue unirse y fundar la unión después de la victoria militar. Unos cuanto años transcurrieron para lograr que los intereses comunes de los trece estados predominaran sobre los innumerables antagonismos que promovían su desunión. Fue el triunfo conjunto de la razón y del patriotismo. Fue el bello triunfo de ellos. Aunque sea difícil, o algunos piensen que imposible, también puede ser el nuestro.

Miami, diciembre de 1990

Una nueva fase en la evolución del castrismo

Con el derribo de los dos aviones de Hermanos al Rescate y la muerte de sus heroicos tripulantes surgen dos grandes interrogantes: ¿Qué ha ganado Castro con esto? ¿Por qué dio la orden de que se cometiera este acto de barbarie?

Nadie mejor que él podía prever las consecuencias de semejante desafuero en los frentes políticos y económicos. Él sabía que el gobierno de Estados Unidos aplicaría sanciones económicas y que su ataque alteraría el equilibrio existente entre ambos países. Castro también perdió terreno en las Naciones Unidas en donde hasta China y Rusia se pusieron al lado de su archienemigo. Retrocede además con la Unión Europea y con los países de América Latina. Por otra parte, el incidente no ayuda en nada al desarrollo del turismo ni a atraer inversionistas extranjeros. Entonces, ¿por qué mandó a derribar los aviones en lugar de forzarlos a aterrizar en Cuba y manejar la situación de un modo más civilizado?

Sería un error creer que Castro improvisa sus decisiones. Si decidió adoptar una medida tan violenta como es asesinar a cuatro buenos samaritanos desarmados, es porque debe sentirse gravemente amenazado. Castro probablemente planeó este siniestro incidente para llevar a cabo un nuevo y arriesgado juego de reafirmación de su poder totalitario sobre Cuba.

El tirano tiene que retomar la iniciativa que ha ido perdiendo frente a dos grandes desafíos: una situación económica que se le está escapando de las manos y la capacidad organizativa y de convocatoria del Concilio Cubano. En estas circunstancias, su primera prioridad es reducir sus pérdidas.

La evolución económica cubana en los últimos años ha sido una fuente permanente de mortificación para Castro, pues es aquí donde su marca de socialismo ha sufrido las más vergonzosas derrotas, por ejemplo: a) la dependencia del dólar norteamericano; b) la búsqueda humillante y poco exitosa de capitalistas extranjeros de cualquier ralea; c) la proliferación del trabajo por cuenta propia y otras formas de actividad productiva privada; d) la quiebra del sector productivo estatal, incluyendo la industria azucarera; e) la imposibilidad de quebrar el embargo impuesto por Estados Unidos en los aspectos que más afectan a la economía estatal; y f) la vuelta con las manos vacías de sus visitas a América Latina, Nueva York, China y Japón a fines de 1995.

El desarrollo inusitado del trabajo por cuenta propia en Cuba ha ido socavando el poder de Castro. Ya son muchos los cubanos que, aun cuando trabajan todavía para el estado, dedican una cantidad significativa de su tiempo a actividades productivas privadas de toda índole. El principal instrumento de control que Castro tiene sobre el trabajador es la empresa estatal. Una vez que el trabajador se va independizando, el gobierno lo pierde de vista. Este proceso se ve reforzado ahora que los Comités de Defensa de la Revolución parecen haber desaparecido o perdido su eficacia de otrora.

Todo esto ha contribuido a crear una forma tácita, no abierta, de oposición económica al régimen, que de hecho nació hace muchos años con las primeras manifestaciones del mercado negro. Esta actividad económica se desarrolla más en el último año por el acceso a los dólares que tiene una proporción importante de cubanos con contactos en el exterior. Estos dólares que circulan en el sector privado son más eficientes que el sector estatal con respecto a la competencia por captar dólares.

En su lucha diaria por su sostenimiento y el de los suyos, el trabajador por cuenta propia es un aliado natural del Concilio, aunque este último no lo haya descubierto todavía. ¿Por qué? Porque cuando el Concilio o cualquier otra institución civil aprenda a defender los derechos económicos más elementales (el de la sobrevivencia) de la población depauperada por Castro, se acabará la aparente apatía política del ciudadano promedio y puede formarse un verdadero frente oposicionista en Cuba. La economía de la sobrevivencia será su principal elemento de cohesión.

Castro es muy inteligente y perceptivo. Él tiene que haberse dado cuenta del cambio fundamental que ha ocurrido en el mapa de la economía política cubana en cuestión de meses. Perder el control de la economía es perder el poder político. Y no lo va a permitir. Por ello, comienza persiguiendo al Concilio y manda a matar a los aviadores tratando de cambiar el equilibrio de las fuerzas que se están formando y que pudieran acabar con él. Aunque es una movida desesperada y muy riesgosa, este asesinato tiene un doble objetivo: primero, provocar a Estados Unidos y así fortalecer el embargo interno creado por él para que la oposición económica no se desarrolle más. Segundo, enviar el mensaje a todo el mundo de que está dispues-

to a cualquier cosa antes de ceder una fracción de su poder. Yo diría que Cuba ha entrado en la fase más oscura y
diabólica del castrismo.

Miami, octubre de 1995

Castro: la espera de un milagro económico

Acaba de concluir en Miami la quinta reunión anual de la Asociación para el Estudio de la Economía Cubana. Muchos de los trabajos presentados coinciden en que la economía de la isla no da muestras de superar la crisis actual. Además, las llamadas reformas están detenidas y el proyecto de ley que permite a inversionistas extranjeros "poseer" el 100 por ciento de sus empresas finalmente llegó a la Asamblea después de una larga demora.

Que Castro esté dispuesto a conceder la propiedad total de las empresas indica que no está satisfecho con el volumen actual de inversiones, de lo contrario jamás contemplaría tal concesión. El periódico *The Wall Street Journal*, en su edición del pasado 7 de agosto (1995), informó que el volumen de las inversiones extranjeras en Cuba parece ser muy inferior a los $2,000 millones desde 1990 que el gobierno cubano declaró, pero no demostró. La suma verdadera puede estar entre los $200 y $500 millones para todo ese período.

Uno pudiera preguntarse, ¿por qué Castro ha vacilado tanto para permitirle al inversionista extranjero tener el 100 por ciento de la propiedad si al fin y al cabo, él lo controla todo en Cuba: recursos, instituciones, leyes y decisiones? La respuesta tiene dos partes. Una es que Castro es ahora víctima de su propia propaganda. Tanto vilipendió en el pasado al inversionista extranjero que ahora tiene que dar una marcha atrás humillante frente a su propia gente, que aunque cada vez sean menos, son los que lo mantienen en el poder. La otra parte de la respuesta es la incompetencia administrativa del régimen. No sabe cómo crear los mecanismos para que las inversiones extranjeras sean beneficiosas para el país (o para ellos) sin estar involucrados en las operaciones diarias de esas empresas.

Pero, si Castro todavía quiere atraer inversionistas extranjeros, ¿por qué detiene el proceso de cambios internos? Yo propongo que es porque tales cambios no tienen mucho que ver con la inversión extranjera. La mayoría de las medidas adoptadas es para ajustar los gastos del gobierno a sus ingresos decrecientes, y así evitar que el valor del peso descienda demasiado y que aumente la importancia del dólar. Además, Castro montó una gran ofensiva propagandística para que se creyera que él estaba seriamente comprometido con "reformar" la economía cubana a fin de propiciar un mejoramiento de relaciones con la administración de Clinton. El principio estratégico era demostrar que, dadas las reformas, el único obstáculo que quedaba por vencer era el embargo. Por eso fue que permitieron que sus economistas Julio Carranza y Pedro Monreal fueran al seminario de la firma de abogados Shaw, Pittman, Trowbridge y Potts en Washington, el pasado mes de abril. Cuando los dos se enfrentaron allí en un debate con un grupo de economistas cubanos del exilio, quedó demostrado que las llamadas reformas no eran lo suficientemente profundas.

Este evento que incluía entre el numeroso público a varios representantes de la administración de Clinton y del Congreso de Estados Unidos, se constituyó en un obstáculo a la ofensiva castrista en este país contra el embargo.

Clinton no mordió el anzuelo. Ni siquiera dio marcha atrás en las medidas tomadas hace un año cuando limitó los viajes y las remesas de dinero a la isla. Los Castro habían sufrido una derrota importante y costosa. Raúl Castro se vio en la necesidad de criticar el evento de Washington de manera muy general en su discurso del 1ro de mayo, y de enviar una amenaza velada a los que mantienen esperanzas reformistas dentro del gobierno cubano. Fidel Castro prosiguió con su discurso del 26 de Julio recalcando (para consumo interno) la peligrosidad de tales intercambios, mientras confirmaba que no era capitalismo lo que estaban tratando de instalar en Cuba.

Entonces, ¿quiénes pueden salvar la economía cubana actualmente? ¿Los europeos? Yo creo que no, porque esos gobiernos ni tienen los recursos para transferirlos a Cuba, ni tienen el poder de forzar a sus ciudadanos a invertir en Cuba. Y, aunque pudiesen hacerlo, las oportunidades de inversión son mucho mejores en muchas otras partes del mundo. El embargo limita la rentabilidad de cualquier inversión en Cuba. Las que se realicen allá serán sólo aquéllas que tengan muy alta rentabilidad, para compensar el riesgo de invertir en la isla, pero estas son siempre pocas. Por lo tanto, como Castro se opone a verdaderas reformas por miedo a perder su poder, sus opciones de política económica se reducen a las de encomendarse a alguna deidad afrocubana y pedirle un verdadero milagro económico que lo salve.

Miami, agosto de 1995

La reconstrucción económica de Cuba

Los cubanos de aquí y de allá no parecen estarse preparando para la reconstrucción económica del país una vez que el régimen actual desaparezca. El discurso cubano se concentra en los acontecimientos de actualidad, sin que se muestre una preocupación por el futuro. Un síntoma de esto es la falta de interés general por los acontecimientos de los países del antiguo bloque socialista. La experiencia de todos estos países es esencial para poder organizar una transición en Cuba que sea lo menos dolorosa y lo más ordenada y justa posible. Parece predominar la creencia de que una vez desaparecido Fidel Castro, los problemas del país se arreglarán automáticamente y todo volverá a ser mágicamente la Cuba de nuestras fantasías.

La historia nos enseña, sin embargo, que el futuro de Cuba depende de muchos factores y que después de Fidel Castro, aunque parezca mentira, puede pasar cualquier cosa. Para mejorar las probabilidades de que la futura trayectoria del país esté de acuerdo con el interés nacional, es necesario comenzar a trabajar desde ahora sobre ese futuro. En este artículo quiero discutir lo que habría que hacer para irnos preparando para el futuro, a pesar de la complejidad del tema y del poco espacio que tengo para tratarlo. Aunque pongo el énfasis en los aspectos económicos de la República de Cuba, debemos considerar que el proceso de reconstrucción es uno sólo y sus diversos componentes deben estar coordinados entre sí.

El comprender cabalmente un problema es tener el 50 por ciento de su solución en el bolsillo. El gobierno que suceda a Castro heredará un país con un sinnúmero de problemas económicos, los más importantes de los cuales son: una capacidad productiva deprimida y casi paralizada, una deuda externa que no puede pagarse, una falta casi total de crédito y reservas, un sistema fiscal arruinado, un volumen de exportaciones insuficiente para importar lo que el país más necesita, un elevado número de empresas estatales ineficientes y un volumen abrumador de reclamaciones privadas, especialmente aquéllas relacionadas con las expropiaciones de los años 60. Si en ese momento los políticos a cargo del gobierno de turno comienzan a pensar qué hacer en cada uno de estos frentes, la recuperación económica de Cuba demorará mucho tiempo y posiblemente sea extremadamente penosa.

Por lo tanto, lo primero que debemos hacer aquí y allá es dedicarnos a entender la problemática de la transición. Es necesario organizar grupos de trabajo con expertos en los diversos aspectos de la transición. El resultado de los grupos de trabajo debe plasmarse en informes que puedan circular aquí y en Cuba y discutirse en programas radiales que lleguen allá. Muchos pueden ser los puntos de partida de tales reuniones de trabajo. Los numerosos ensayos escritos en el marco de la Asociación para el Estudio de la Economía Cubana (ASCE) constituyen un buen ejemplo. Los programas de organizaciones políticas que puedan someterse a la crítica de los expertos de la política pública pueden ser buenos también y, por supuesto cualquier otro trabajo individual que contenga un tratamiento serio y competente de alguno de los temas pertinentes.

El segundo paso es hacer llegar a Cuba los resultados de las reuniones de aquí. Es bien sabido que los trabajos de la ASCE circulan en Cuba, incluso entre personas ligadas al gobierno con inclinaciones reformistas, a pesar de las advertencias y amenazas de Raúl y Fidel Castro, hechas públicas por primera vez el primero de mayo de este año y en varias ocasiones posteriores. Es igualmente importante que leamos aquí los trabajos de los grupos profesionales independientes y disidentes que están proliferando en Cuba.

Los trabajos no se encaminarían a elaborar planes para la transición, sino a formular alternativas de políticas y programas de manera que el ejercicio sirva para desarrollar una comprensión cabal de los problemas y ayudar a generar consenso futuro sobre los mismos. Los temas a discutir abarcan una gama amplia de posibilidades. Algunos ejemplos son: La formulación de estrategias alternativas para la restauración o compensación de las propiedades confiscadas y la privatización; la definición del régimen monetario que Cuba debe tener durante la transición; el papel de las inversiones extranjeras; las posibles políticas a seguir con los organismos internacionales; el problema de la vivienda; qué hacer con las fuerzas armadas y la policía; cómo generar empleo productivo y cómo recrear los sectores financieros y comerciales, etc.

Inauguremos el diálogo de la liberación, no el del compromiso con la tiranía. El futuro es nuestro, no de los Castro. Hablemos del futuro sin ellos y estaremos acercándolo. Nada los aterraría más, nada contribuiría más a unirnos.

Miami, noviembre de 1995

Los impuestos en Cuba

Todo gobierno necesita recursos para administrar los asuntos públicos. Los gobiernos que no poseen empresas tienen que imponer tributos para recaudar los recursos que necesitan. Los impuestos no son otra cosa que transferencias de recursos de los individuos y las empresas al gobierno. Desde el advenimiento del socialismo y la casi total eliminación de la propiedad privada en Cuba, los impuestos prácticamente desaparecieron, pero no así las transferencias de recursos al gobierno. Mientras el mismo se apoderaba de las empresas privadas (desde ingenios hasta timbiriches), desaparecía la razón de ser del impuesto. En su lugar el gobierno recaudaría los ingresos de las empresas expropiadas. Las transferencias de los productores al gobierno continuarían, pero en forma oculta.

Debilitamiento paulatino

La reaparición de los impuestos en Cuba es una buena noticia, porque indica el debilitamiento paulatino del régimen castrista y porque ahora la población que trabaja por su cuenta tendrá una idea de la magnitud de las transferencias de dinero que tiene que hacer al gobierno. En la economía socialista el trabajador nunca sabe cuánto va para él ni cuánto para el gobierno. Esta es una de las contradicciones no dialécticas que hace del socialismo la gran patraña que es. Dicen que los trabajadores son los dueños de todo, pero ni manejan nada, ni deciden nada, ni saben nada de lo que pasa, mucho menos lo que hace el gobierno con su dinero. Pero a la perversidad del socialismo universal hay que sumarle la ineptitud y la negligencia del socialismo cubano. Las ganancias de las empresas confiscadas descendieron debido a la impericia de los administradores revolucionarios y por la propia desidia de Castro quien siempre se interesó más por emular a Alejandro Magno que por mejorar la economía nacional. Desde los primeros años de la década de 1960, los ingresos que se recibían de las empresas estatales no alcanzaban para cubrir los gastos del gobierno socialista. La Unión Soviética tuvo que cubrir la diferencia con recursos producidos por sus trabajadores que, como vivían bajo el socialismo, tampoco sabían lo que su gobierno hacía con los recursos de la nación. La falta de la transparencia fiscal del gobierno cubano se cubrió con la falta de transparencia fiscal del gobierno soviético. Sin la ayuda masiva y creciente que Castro recibió así, el socialismo no se habría consolidado en Cuba. En esto llegó Gorbachev que sí sabía lo que estaba pasando y comenzó a reducir la ayuda a Castro, pero antes de que pudiera corregir la situación, desapareció el sistema soviético como resultado de su incompetencia ínsita, la venganza de la dialéctica hegeliana contra el marxismo-leninismo.

El regreso al 59

La desaparición de la Unión Soviética retrotrae una parte de la economía cubana a 1959, cuando el país sólo gozaba de los subsidios del mercado azucarero norteamericano, aunque ahora no hay ninguno de los dos. Desde 1991, el gobierno cubano ha tenido que parar muchas de sus empresas, pues no puede mantener el empleo improductivo de sus trabajadores. Por eso Castro tuvo que abrir la válvula del trabajo por cuenta propia. No era una medida de reforma hacia un nuevo sistema económico como muchos querían y quieren ver, era una medida de ajuste para salvar una parte del socialismo. Los subsidios soviéticos habían permitido financiar el control total de casi todos los trabajadores cubanos por medio de la empresa socialista y, además, financiar sus tres grandes "dádivas": empleo estable, pero mal pagado; educación gratuita, aunque controlada; medicina libre, cuando hay suministros. ¿Pero son estos servicios realmente gratuitos? En la cultura anglosajona, que es tan pragmática y utilitaria, existe la máxima "no existe el almuerzo gratuito". Cierto. No hay nada realmente gratuito; todo cuesta algo, alguien tiene que pagar por el costo. Los gobiernos socialistas, magos del ilusionismo, son muy generosos con lo que no es de ellos. Otros gobiernos dependen de los impuestos para pagar los mismos servicios y por lo tanto tienen que ser más eficientes, transparentes y honestos, tanto en la recaudación tributaria como en el uso de esos recursos.

Mayor transparencia

Hoy Castro se ve forzado a hacer concesiones que reducen el control político sobre los cubanos que laboran fuera de la esfera estatal. Ahora, en el segmento privado de la economía cubana, los impuestos obligan a una mayor transparencia fiscal, aunque sea parcial, precaria y reversible. Se desprende como corolario que un fortalecimiento económico del sector público debilitaría al sector del trabajo por cuenta propia y su subproducto en forma de una mayor libertad individual, la cual se necesita para que resurja una sociedad civil. Todo esto plantea un fino juego de equilibrio de fuerzas económicas y políticas que podrán tener una influencia decisiva en el futuro de Cuba. No lo subestimemos.

Miami, octubre de 1995

Cuba y la cumbre de Bariloche

Los espejismos económicos ya habían comenzado para Cuba y su representante Castro antes de que comenzara la llamada conferencia cumbre en Bariloche. Algún político que no entendía o no quería entender de economía sugirió que Mercosur, o sea, el Mercado Común Suramericano, podría llegar a algún tipo de relación con Cuba. La prensa internacional, que no siempre recoge todo lo que vale la pena publicar y, a veces, recoge tonterías que hace aparecer como cuestiones importantes, proyectó la noticia como una posible victoria para Castro. La realidad es que, aun cuando Mercosur encuentre una manera acrobática de comerciar con Cuba, la relación está condenada a permanecer insignificante por las razones de siempre: Cuba tiene poco que vender y lo poco que vende lo hace mediante entregas tardías e inseguras. Mercosur es un medio de intercambio y para intercambiar hay que producir, precisamente lo que Cuba y su economía socialista no pueden hacer. Lo que Cuba necesita son inversiones masivas, y ésas, Mercosur no puede suministrarlas.

Las noticias de la cumbre no indican prácticamente nada de importancia económica para Cuba, que no sea la velada sugerencia en contra del embargo económico –dicen que redactada por la delegación cubana– y la nota indicando oposición al proyecto de ley Helms-Burton. Esta última nota hubiera tenido alguna fuerza moral si la conferencia cumbre hubiera de alguna manera condenado directamente al régimen de Fidel Castro y si se hubiera señalado su gran responsabilidad por la crisis económica actual de Cuba.

Todo esto indica que Castro obtuvo una victoria económica en Bariloche que le regalaron los políticos hispanoamericanos. La victoria, sin embargo, será efímera en la medida en que el gobierno del presidente Clinton se mantenga firme en el mantenimiento del embargo y que el Senado de Estados Unidos haga ley el proyecto Helms-Burton. Y, ¿qué pasa si Helms-Burton no pasa? No creo que mucho, pues ya el régimen cubano ha ido demostrando que no es capaz de atraer –combinado con que no quiere– mucha inversión extranjera, que es lo único que puede reactivar la economía cubana, fuera del descubrimiento de algún yacimiento mineral o algo parecido.

La presencia de Castro en la cumbre es un acto eminentemente político, aun cuando él haya ido buscando la piedra filosofal que pudiera transfigurar la economía cubana en una verdadera cornucopia. La cumbre, en sí misma es también un acto esencialmente político, dirigido a dar la impresión de que algo grande está pasando entre los países hispanos del hemisferio. De este parto de los montes, la prensa más importante de Estados Unidos apenas se ha dado por enterada, lo que pareciera reflejar un cierto grado de escepticismo en cuanto a las capacidades latinas de ser importantes en la historia. El tema principal de la conferencia era el de la educación y su importancia en el desarrollo económico de las naciones. Este tema se prestaba para hacer algunos planteamientos novedosos y hasta revolucionarios. Lo poco que he podido oír, ver o leer al respecto, sin embargo, está lleno de lugares comunes y perogrulladas.

La conferencia de Bariloche representa también para Castro una victoria política más sólida que cualquier victoria económica que haya logrado. Ver a Castro agasajado y menos regañado por los políticos de "nuestros países" es un insulto al pueblo cubano que sufre hoy el resultado de los caprichos de Fidel Castro. ¿Qué mensaje nos envía la conferencia cumbre en estas condiciones? Que la política internacional no se rige por los mismos principios de decencia y ética que rige la conducta entre los seres humanos. Que, como creo que dijo Churchill, la diferencia entre un estadista y un político es que, aunque los dos son prácticamente idénticos, el estadista se aferra a algún principio de vez en cuando, y el político, no. Frente a la tragedia actual de Cuba, en Bariloche sólo hubo políticos y la historia los recordará.

Cuba continúa en el limbo. Más conferencias como ésta no resuelven nada, pero contribuyen a continuar la perenne humillación del pueblo cubano. Su único y verdadero aliado ha sido y es Estados Unidos, donde hemos podido mantener una bandera de rebeldía y de denuncia, aunque no se haya podido llegar a la verdadera beligerancia. Este país, sus políticos/estadistas, continúan siendo la reserva moral de Cuba en el futuro, simplemente, porque su oposición a Castro nunca claudicó, aunque no siempre estuviésemos de acuerdo con sus políticas. La conferencia de Bariloche nos enseña, y no debemos olvidarlo, que los que traicionan a Cuba están en todas partes, pero hay menos en Washington.

Miami, mayo de 1995

El viaje de Castro a China

A ciencia cierta, no se sabe lo que Fidel Castro fue buscar en su viaje a China, Japón y Vietnam. ¿Ayuda económica? ¿Inversiones? ¿Solidaridad socialista? ¿Lecciones del experimento chino aplicables a Cuba? Quizás un poco de todo eso. La realidad, sin embargo, 11 millones de dólares de ayuda, una cifra humillante en respuesta merecida al probable acto de mendicidad de Castro.

Pero el gesto más significativo fue el haberle dicho a Castro que de ahora en adelante las relaciones comerciales entre los dos países se negociarían por sus respectivas empresas y no por medio de los estados. Castro tiene que haberse quedado lívido cuando se enfrentó a semejante proposición. ¿Cómo es posible que las relaciones entre dos estados socialistas estén determinadas por los intereses de sus empresas y no por los de sus estados?

Una posible respuesta es que uno de los dos estados no confíe en el otro y que considere que no vale la pena que sus dirigentes pierdan el tiempo en negociaciones con un socio comercial de poca monta. Otra respuesta es que como el socialismo no existe en China y en Cuba no funciona, no tiene sentido que los gobiernos manejen las relaciones comerciales entre los dos países, lo cual, además, ha demostrado ser muy ineficiente.

Las relaciones de Castro y China han sido generalmente incómodas durante casi todos estos últimos 37 años. El dos de enero de 1966, en su discurso conmemorativo tradicional, Castro indicó con palabras muy fuertes y sin señalar nombres, que había surgido una profunda crisis con China. Señaló que no estaba dispuesto a aceptar las presiones de ese país aun cuando tuviera que renunciar a las importaciones de arroz, tan importantes para Cuba.

Nunca se dio a conocer, como es costumbre entre gobiernos totalitarios, la naturaleza precisa de las demandas chinas. Pero sabemos que todo esto ocurrió en el medio del gran cisma entre China y el bloque soviético, en el cual el gobierno cubano asumió y mantuvo una actitud ambivalente. En muchas de sus declaraciones públicas –aunque casi nunca expresadas abiertamente por el propio Castro– el gobierno cubano parecía estar del lado chino. La retórica cubana era claramente maoísta e incluía ataques incesantes a los partidos comunistas de Europa Occidental, especialmente al italiano dirigido por Palmiro Togliati y al régimen de Tito en Yugoslavia. Por otra parte, manteniendo una política exterior de apoyo abierto a la subversión comunista en otros países, Cuba parecía apoyar la línea china basada en un estalinismo ortodoxo.

Pero a pesar de las escaramuzas entre los ejércitos soviéticos y chinos a lo largo del río Usuri, Cuba no adoptaba una posición clara en el conflicto y se inclinaba en la práctica por mantener sus relaciones con la Unión Soviética. Su dependencia de los subsidios soviéticos era demasiado restrictiva. Castro no hubiera podido patrocinar sus exportaciones de revolución, con lo irritante que era para los soviéticos en los años sesenta, sin esos subsidios. El chiste de turno era que el corazón de Cuba estaba en Pekín (el deletreo de los tiempos) y su estómago en Moscú. Paradójicamente, los soviéticos fueron los que tuvieron la paciencia china con Castro. Los chinos, míticos inventores de la paciencia, la perdieron con él.

¿O es que tuvieron mucha más y esperaron hasta ahora para vengarse de Castro? Puede pensarse que los gobernantes chinos de hoy, que fueron víctimas de Mao, ahora le están cobrando a Castro su falta de apoyo en un conflicto que tenía menos que ver con el socialismo que con las tendencias nacionalistas de Rusia y de China. Si alguna vez Castro soñó con el internacionalismo proletario, la humillación sufrida en China debe haberlo despertado.

Encima de esto, los japoneses le dieron a Castro otra desagradable sorpresa cuando le ofrecen literalmente una limosna de sólo cien mil dólares, como para pagar el costo del viaje hasta allá. Es como si usted va a visitar a alguien y al llegar a la visita le pagan el pasaje. Y además lo regañan por vago, por no hacer lo que tiene que hacer para ganarse la vida o, en el caso de Castro, por no tener un sistema económico respetable.

En Vietnam Castro obtuvo un acuerdo de trueque de azúcar por arroz, nada nuevo ni especialmente favorable. Vietnam es demasiado pobre para ser importante para Cuba. El dictador debe haber regresado a Cuba deprimido y furioso, buscando al culpable de estas derrotas. El encargado cubano de las inversiones extranjeras estuvo en China antes que Castro e informó a su regreso a la isla que la atmósfera en China parecía ser muy alentadora y que la visita de Castro debía ser un éxito. Y posiblemente por eso lo destituyeron.

Miami, diciembre de 1995

Castro pierde terreno

Fidel Castro acaba de sufrir dos nuevos reveses en el Viejo Continente, uno por parte de España y otro, independientemente, por la Unión Europea (UE). El nuevo ministro de Relaciones Exteriores de España declaró que en los foros internacionales pondrían más énfasis que el gobierno de Felipe González en presionar a las autoridades cubanas para que no cometan atropellos. También dijo: "Mantendremos una actitud solidaria con el pueblo cubano. Le seguiremos suministrando ayuda humanitaria a través de las organizaciones no gubernamentales". Es muy importante que los lectores no vean en estas declaraciones un cambio radical de la política de España hacia Cuba. La diferencia es que los aires que bajan del Guadarrama van a ser más fríos que de costumbre para Castro, pero las relaciones comerciales y de inversión no van a sufrir grandes cambios.

Pero, la última decisión de la UE es más dolorosa para Castro, especialmente, porque no tuvo nada que ver con el cambio de gobierno de España. La UE tiene convenios de asistencia técnica y cooperación económica con todos los países de América Latina con la excepción de Cuba. Sin embargo, la UE acaba de decidir que no habrá convenio con Cuba porque Fidel Castro se niega a hacer ninguna apertura.

Estas decisiones puede que marquen un cambio radical en la historia de las relaciones de Castro con España y con

Europa Occidental. Las ilusiones europeas sobre la naturaleza romántica y supuestamente humanista del castrismo han muerto.

Finalmente, el mundo parece salir masivamente de ese enamoramiento astigmático con que tantos trataron a Castro por tanto tiempo. Ya se han convencido de que Castro no es Robín Hood, de que su carisma no es otra cosa que el recurso mimético de una alimaña venenosa y que continuar apaciguando a esta réplica de Hitler contrasta demasiado con la firmeza de Estados Unidos.

Los efectos económicos de estos acontecimientos contribuirán a que se haga más profunda la crisis cubana. La intensidad de la actividad económica de los países a menudo depende de las expectativas que se tengan hacia el futuro, tanto por parte de la población, en general, y del gobierno como parte de las empresas nacionales y extranjeras.

Nunca antes fueron tan sombrías las perspectivas económicas de Cuba. Las economías prosperan como resultado de la expansión simultánea de un gran número de actividades, muchas de las cuales se apoyan entre sí. Dichas expansiones, generalmente, operan en las áreas del comercio y de la inversión y se basan en alguna perspectiva optimista sobre el futuro.

Como el gobierno no cuenta con suficientes recursos propios ni créditos, Castro no puede iniciar una recuperación sin ayuda externa. Las empresas cubanas que han proliferado en el último año y medio son demasiado pequeñas y pobres, generalmente unipersonales o familiares, y no tienen el poder ni los recursos para cambiar rápidamente el rumbo actual de la economía. Por el contrario, dadas las nuevas condiciones y la continua intransigencia del dictador, muchas tendrán una actitud de cautela antes de invertir (aunque sea lo poco que tienen) o aumentar su actividad económica. Por último, quedan los inversionistas extranjeros y no hay que ser un economista o experto en finanzas para comprender que todo lo que está pasando, junto con la Ley Helms-Burton, no contribuye a que haya más inversión extranjera en Cuba. En todo caso, el nivel de este tipo de actividad inversionista deberá bajar.

Por si existen algunos con dudas —aunque parezca mentira, los hay— a todo este panorama hay que sumar la reciente decisión de Rusia de cancelar el convenio de trueque que tenía con Cuba para intercambiar petróleo y azúcar, lo cual puede representar algunas pérdidas para Cuba, pero no creo que sean espectaculares. De puntillazo, podemos añadir que aun cuando Cuba alcance los 4.5 millones de toneladas de azúcar en la zafra de este año (lo que tengo que dudar) y más aún, si los costos por tonelada de esta zafra no son mayores que los del año pasado (lo que también tengo que dudar), los beneficios netos pueden no ser suficientes para sacar a Cuba del estancamiento actual y, posiblemente, la economía continúe su deterioro.

Desde la consolidación de su régimen, Castro nunca tuvo tan poco poder como ahora, ni tan pocos amigos, ni pareció encontrarse con tan poco terreno de maniobra. Si no estabiliza la economía puede perder su poder político; si liberaliza también puede perderlo. Palos porque bogas y palos porque no bogas. Un verdadero nudo gordiano. Bueno, éste no lo hizo Gordio, el rey de Frigia, sino el propio Fidel Alejandro. Me pregunto si lo va a poder desatar con su mano o cortarlo con su espada. O, si serán otros lo que tendrán que hacerlo por él.

Miami, mayo de 1996

La revolución mendiga

El dólar ha ido cayendo de valor frente al peso en Cuba. En las casas de cambio hay colas para vender dólares. Mientras escribo, anda a 19 pesos y ha venido bajando lentamente en los últimos tiempos. Por otro lado, el precio del petróleo aumenta y el gobierno cubano indica que hay una crisis de divisas. ¿Cómo se explica esta paradoja?

Primero que todo recordemos que la moneda sirve como instrumento de transacción y como medio de acumulación o ahorro. Pero, uno ahorra en una moneda cuando espera que la misma no va a perder valor frente a las otras o que incluso va a aumentar de valor. Ese era el caso del dólar hace un tiempo. Subía de valor mientras que el peso se depreciaba porque el gobierno cubano seguía pagando salarios de trabajadores improductivos. O sea, se producían pesos, pero no bienes para gastarlos.

Cuando el gobierno cubano finalmente se dio cuenta de que el peso cada día valía menos, ya el pueblo, con muchos más conocimientos de economía que los poliburócratas de Castro había decidido *dolarizar* la economía nacional. El gobierno se opuso, pero no pudo evitar este fenómeno extraordinario. Un pueblo derrotado en todos los frentes políticos internos, se anotó una victoria económica de gran resonancia. Los enemigos de Castro, por suerte para él, apenas se dieron cuenta.

El gobierno, para recuperar algunos de los dólares, comenzó a abrir tiendas donde sólo esta moneda podía usarse. Y se dio la curiosa situación de que el curso legal del dólar propició el curso forzoso del peso.

Pero, todavía quedaban demasiados pesos persiguiendo pocos dólares y pocas mercancías. El peso, aunque ya no se cambiaba a 150 por dólar, no era una moneda atractiva para ahorrar, aparte de que no había muchos incentivos para hacerlo. El pueblo no tenía confianza en el gobierno de Castro. Intuían que la inseguridad económica iba aparejada a la inestabilidad monetaria.

Entonces, también a regañadientes, el gobierno liberó los precios de muchos bienes. Esto causó subidas sucesivas del peso porque el excedente de pesos en manos de la población empezó a ser absorbido por los precios más altos.

Los dólares llegan a la población por dos vías principales: remesas de familiares en el exterior y turismo. Sus montos fluctúan cada día, lo cual hace que cambie la oferta de dólares. Cabe, entonces, preguntarse aquí: ¿el dólar es más barato ahora porque ha entrado en mayor cantidad? Yo diría que posiblemente sí, aunque no haya todas las estadísticas que se necesitan para confirmarlo.

Lo más probable es que la actual caída del precio del dólar sea una combinación de estos factores: principalmente un aumento en las remesas de dólares desde el exterior y una gran reducción del gasto en pesos por parte del gobierno.

El catálogo de explicaciones que nos ofrece la teoría económica incluye la posibilidad de que el propio gobierno haya soltado unos dólares de sus reservas para poder recuperar una cantidad mayor después. ¿Cómo se logra esta magia maravillosa? Con la sicología del ser humano. Los dólares adicionales bajan su precio y si esta tendencia se mantiene por algún tiempo, los que tienen dólares pueden desarrollar una expectativa de que van a ver una reducción del valor de sus ahorros. Y, así, acaban los dólares de vuelta al gobierno. Por otra parte, es perfectamente posible que los que tienen dólares estén vendiendo algunos porque sus ingresos en pesos son insuficientes.

El aumento reciente del precio internacional del petróleo y la crisis de combustible que ya está afectando al país complica el cuadro. ¿Su efecto sobre el precio del dólar? Tiende a aumentarlo nuevamente, a menos que el gobierno apriete aún más en el control del gasto en pesos, reduzca salarios o despida trabajadores inactivos. Aunque haya más dólares, su cantidad no es suficiente, menos aún frente a esta subida del petróleo.

¿El efecto sobre la economía? Devastador. Cuba tiene uno de los sistemas económicos más desorganizados y rígidos del mundo. (Iba a decir primitivo, pero me di cuenta de que hasta uno así puede ser más eficiente). Tal rigidez implica que su economía no se ajusta rápida y eficientemente a choques externos. Es como si a usted se le mete una piedra en el zapato y lo obligan a caminar con ella.

Todo esto converge en una situación que tiene que tener a Castro verdaderamente enfermo. Como su revolución fracasó en generar una capacidad productiva adecuada, hoy tiene que pedir ayuda al exilio para que mande más dólares. El sociocastrismo no es factible sin la ayuda de sus enemigos. Los gobernantes cubanos no son capaces de formular un plan económico que resuelva la

46

situación actual. Su política económica es la de la mendicidad. ¡Qué humillante destino para el último paladín del socialismo! Ya puedo ver el final de sus próximos discursos: ¡Dólares o muerte! ¿Comeremos?

Miami, octubre de 1996

Cuba: la zafra del 96

¿Qué opinión tendría usted de un país donde sus máximos dirigentes tuvieran cada año que hacer de la actividad productiva un verdadero drama nacional? Imagínese al presidente Clinton visitando desesperadamente el Valle del Silicón para ver cómo anda la producción de piezas de computadoras, o al primer ministro británico arengando a los trabajadores petroleros del Mar del Norte para que lleguen a sus metas. ¿Cuándo fue la última vez que usted vio a un presidente centroamericano recorriendo las plantaciones de plátano en medio de una crisis productiva?

Cada año, las zafras azucareras cubanas parecen convertirse en telenovelas. ¿Se llegará a cumplir la meta de equis millones de toneladas? ¿Tendrán que extender el período de cosecha mucho más allá de los tradicionales 100 días? ¿Qué le sucederá a la economía cubana si no se llega a la meta? Independiente de las facultades histriónicas de Fidel Castro y su fuerte inclinación por el teatro mientras él sea el actor principal (y también el empresario), esta situación da una medida de retroceso de Cuba hacia una sociedad cada vez más primitiva.

Si los que ostentan el poder en Cuba (tengo que evitar el uso de las palabras gobernantes o dirigentes porque no lo son) tuvieran un poco de vergüenza, tendrían que sentirse muy apenados por la larga cadena de fracasos en este importante sector de la economía. Olvidemos la mayor de todas las estupideces del régimen en este sector: la política de "demolición azucarera" del 1961 como primer paso hacia una diversificación agrícola y una industrialización fulminante que fracasaron rotundamente.

Año tras año, Fidel Castro demuestra su incapacidad administrativa cuando se comienza una zafra sin tenerse un estimado confiable de lo que va a producir, ni lo que va a durar, ni lo que va a costar. Casi todos los años se repite el mismo ciclo de episodios. Primero la incertidumbre de si se puede producir la meta en el período trazado. Una vez que se sabe que la meta no se puede cumplir —para este año, la meta es de 4.5 millones de toneladas— se decide extender el período de corte y molienda. Al extender la zafra, los costos de producción por unidad de producto aumentan, pues se tienen que cortar cañas jóvenes (las que se necesitan para el año siguiente).

Los costos aumentan proporcionalmente más que la producción porque la eficiencia (productividad) del corte se va reduciendo y las cañas rinden menos en sacarosa. Esto encima de que durante un período normal de zafra (generalmente, los 100 días que corren de mediados de enero hasta abril), ya las cañas cubanas sufren de un rendimiento de azúcar menor que el que predominaba antes de Castro. En aquella época se registraban rendimientos industriales que llegaban al 13 por ciento, mientras que ahora giran en torno al 10 por ciento. Los rendimientos agrícolas, por otra parte, también han descendido desde unas 65 toneladas métricas de caña por hectárea hasta unas 50, dicen los expertos. A estos descensos de eficiencia hay que añadir los supuestos descensos en la productividad del trabajo, sobre los cuales no hay datos.

En algún momento de la extensión de la zafra, los costos tienen que ser tan elevados que los mismos superan los ingresos que se derivan de esa extensión. O sea, se comienza a incurrir en pérdidas que van aumentando desproporcionadamente cada día que se extiende la zafra. Si esto es así, ¿por qué Fidel Castro empuja el período de zafra más allá del umbral donde comienzan las pérdidas? La respuesta es sencilla: porque él se queda con el producto y los cubanos con los costos y las pérdidas. A él lo que le interesa es vender el azúcar que producen los trabajadores cubanos con la ayuda de las tierras y los ingenios robados a sus propietarios. Fidel Castro no usa su poder para gobernar o administrar, sino para saquear. Es por eso que el salario del trabajador cubano se ha ido reduciendo al equivalente de unos pocos dólares al mes.

¿Cuál es la diferencia entre el más despiadado capitalista y Fidel Castro? Que el capitalista gana más mientras más gana el trabajador. Con Fidel Castro, el trabajador pierde más mientras más trabaja. Carlos Marx no previó este fenómeno al formular su teoría de la explotación.

En fin, es posible que la zafra se acerque a los 4.5 millones de toneladas, aunque con tanta presión por llegar a la meta no nos queda más remedio que dudar de lo que se anuncie oficialmente. Lo que sí sabemos es que Castro nunca anunciará los costos (posiblemente ni siquiera los conozca) y que mientras más haya sido la extensión del período de zafra, más habrán perdido Cuba y los cubanos.

Miami, 2 de junio de 1996

La oposición económica en Cuba

En Cuba no habrá reformas, pero hay definitivamente cambios. Es un tributo a la vitalidad y la rebeldía de los cubanos, que a pesar del estancamiento al que Castro tiene sometida a la sociedad cubana, la misma continúa evolucionando. No habrá podido liberarse del tirano, pero el tirano no ha podido ni podrá conquistarla completamente. Por eso resulta extraordinario que Castro ahora se dedique a culpar a los trabajadores azucareros y de la construcción por "haberle fallado a la revolución", como si no fuera Castro precisamente el que le falló a ellos. Tan extremadamente injustos fueron los comentarios de Castro en la Asamblea, que dos destacados miembros de la misma tuvieron el coraje de discrepar del líder máximo.

La regresión

Si Castro fuera un hombre justo, en lugar de vilipendiar a los trabajadores, les agradecería sus esfuerzos por lograr la subsistencia del país a pesar del empecinamiento del gobierno en limitar la actividad productiva privada. Desde que Castro y sus jinetes se montaron en la isla, la actividad económica sufrió una regresión equivalente a décadas. Esa caída nunca pudo ser detenida por Castro, pero sí ocultada por muchos años gracias a los subsidios soviéticos que al desaparecer dejaron al desnudo la verdad sobre el "milagro económico" cubano. Una consecuencia interesante de esa situación es que ha servido para conocer más a fondo la naturaleza del régimen de Castro y la del pueblo cubano. Contrario a la creencia de muchos, el poder de Castro no es ubicuo, es más bien asimétrico, o sea, tiene más poder para impedir y destruir que para construir. Destruyó la sociedad civil cubana y una gran parte de su economía, creyendo (o diciendo que creía) que construiría un sistema económico más eficiente y más justo junto con un supuesto "hombre nuevo" (el género es de ellos). La oposición política que Castro tuvo en este empeño fue y sigue siendo numerosa pero desorganizada. Por eso cayeron como moscas los muchos que fueron héroes.

El empeño de destruir

Sin embargo, en el empeño de destruir la economía que confiscó, Castro sí encontró una oposición que no podía meter en la cárcel. La oposición económica. Una oposición que no tenía que organizarse para impedir el triunfo del socialismo y cuyas actividades eran una mezcla de acciones por comisión y de acciones por omisión que se les escaparían a las fuerzas represivas del gobierno. Desde el comienzo del castrismo, cuando aparecen los primeros síntomas de totalitarismo económico y de escasez, los cubanos comienzan a oponerse a Castro en el mercado negro como consumidores y en el ausentismo y la baja productividad como trabajadores. Como los niveles de producción no alcanzaban para satisfacer las necesidades del país, los subsidios soviéticos no sólo se hicieron necesarios sino que crearon una verdadera forma de adicción a los mismos. En la crisis actual, son las decisiones de los cubanos y no las del gobierno las que imperan en muchas de las esferas de la actividad económica nacional. La llamada dolarización es posiblemente el mejor ejemplo. No fue Castro el que decidió que la economía cubana se "dolarizara", sino el propio pueblo cubano que decide por su cuenta que esta moneda es más confiable que el peso oficial, ya devaluado en la práctica por el pueblo como respuesta a las políticas descabelladas del régimen. Todo lo que hizo Castro en estas circunstancias fue reconocer a regañadientes un hecho consumado. Eran demasiados los cubanos que, para subsistir, algo que el gobierno no sólo no podía garantizar sino que dificultaba de hecho, transaban en dólares. Castro no podía meter a tanta gente en la cárcel y tuvo que ceder a la presión de las masas. Quizás no había heroísmo en esta victoria popular, pero era una victoria sobre Castro y el comunismo; y esa victoria cuenta aunque no haya sido debidamente reconocida.

Difícil de predecir

En esta guerra económica irregular entre un tirano y su pueblo, es difícil predecir en qué dirección la resultante de las fuerzas contendientes ha de llevar al país. Sin embargo, está claro que la oposición económica ha sido más eficaz en desafiar a Castro y al socialismo en Cuba que la oposición política. Castro consiguió establecer un sistema político totalitario, pero fue derrotado en el establecimiento de una economía socialista. Consiguió reducir a la nada a la sociedad civil, pero nunca pudo eliminar el mercado negro. El cubano económico ha sido más fuerte que el cubano político y será el primero el que salve al segundo; quizás sin actos heroicos, ni cargas al machete ni discursos martianos, sino con la energía vital del sobreviviente.

Miami, febrero de 1996

Cuba al garete

En los últimos días he recibido informaciones de personas que, hasta hace poco, ocuparon cargos importantes en la administración gubernamental cubana y que confirman mis sospechas de que la situación del país ha alcanzado un grado de deterioro más alarmante del que generalmente se supone. Tales informaciones pueden ser consideradas como buenas noticias porque parecen acercar el fin del castrismo. Al mismo tiempo abren serias interrogantes en cuanto a si un deterioro más profundo facilitará o hará más escabrosa la reconstrucción del país. En este punto es imposible hacer una predicción responsable y prefiero compartir con el lector estas informaciones y algunas de sus implicaciones.

Primero que nada, hay que advertir que el anuncio oficial sobre el crecimiento de la economía en un 9.6 por ciento en la primera mitad de este año no tiene fundamento. Todo indica que esa cifra fue resultado de un cálculo desesperado para mostrar a los inversionistas extranjeros alguna recuperación económica. El cálculo parece basarse en el crecimiento de la producción física, lo cual excluye los costos de la misma y, por lo tanto, no se puede saber si se generó una ganancia neta, que es lo que realmente importa en una economía. Las esferas más altas del gobierno no parecen estar al tanto de estas majaderías metodológicas, lo que obliga a extraer la inaudita pero verosímil conclusión de que el gobierno cubano no conoce el verdadero estado de la economía nacional ni sus tendencias.

En el sector turístico se esperan mil millones de dólares de ingresos brutos, pero se estima que los costos de las importaciones directas necesarias (comida, bebida, vituallas, etc.) sean unos 780 millones. Esto no incluye otros elementos de costo que se compran con pesos y cuya magnitud el propio gobierno no parece tener claro, por ejemplo, empleo, electricidad y otros insumos nacionales. Parte del sobrante en divisas se dedica a otras inversiones en turismo, pero una parte desconocida parece diluirse en el financiamiento de necesidades fuera del sector. La conclusión básica es que la contribución del turismo a la recuperación de la economía nacional no parece tener un gran peso, especialmente porque las empresas cubanas son incapaces de suministrar las necesidades del sector, de ahí la dependencia enorme en las importaciones. Se nos informa que hasta la yerbabuena para los mojitos hay que importarla.

Si bien es cierto que el gobierno cubano parece haber introducido un grado de control en sus finanzas, la incapacidad productiva, agravada por la falta de créditos a intereses manejables, impide alcanzar un nivel de actividad económica que detenga lo que parece ser un profundo proceso de descapitalización. O sea, los niveles de producción son tan bajos, que los recursos no alcanzan para mantener el parque actual de maquinarias, equipos y construcciones de todo tipo. Económica y físicamente, Cuba se está arruinando paulatinamente y el gobierno no sabe o no quiere impedirlo.

El deterioro del capital físico va acompañado del deterioro del capital humano. Un estudio secreto hecho recientemente por el gobierno señala que el consumo calórico medio del cubano alcanzó un máximo de 2,800 calorías diarias en los ochenta y ahora es de 1,300 (posiblemente excluye el autoconsumo). El estudio indica que en el mismo período el cubano ha perdido una media de treinta libras de peso corporal.

La debacle de la empresa socialista cubana (el gobierno acaba de reconocer que la mayoría de las unidades Básicas de Producción Cooperativa sufren pérdidas) ha hecho que todo administrador intente asegurarse de los suministros que necesita sin considerar los costos. El mejor ejemplo lo da el propio Fidel Castro que está personalmente a cargo de la administración de reservas de dinero (en divisas) y mercancías, de magnitudes desconocidas pero generalmente consideradas de importancia. Se sabe de su existencia porque se ha establecido la práctica de que cuando un administrador está en apuros, prepara una propuesta a Castro (que el Ministro Carlos Lage filtra primeramente). Si Castro decide dar la cantidad pedida después de una entrevista con la parte peticionaria, se llega a un acuerdo por medio del cual se devolverá el préstamo a Castro con un diez por ciento de interés en cierto plazo. Lo mismo ocurre con reservas de mercancías que incluyen alimentos, petróleo y vehículos de todo tipo que Castro administra y distribuye personalmente.

Este cuadro surrealista, con una economía a la deriva y haciendo agua, hace que la nomenclatura, cada día más preocupada por una situación que afecta a todos, piense en la sucesión, que es el tema del demorado congreso del Partido Comunista. Por eso es que se demora indefinidamente; porque Castro no está interesado en la sucesión. Como si hablar de ella fuera una renuncia al poder, sin darse cuenta de que no hablando lo reduce de hecho. Franco y Pinochet fueron más sabios. Ahora Castro nos da la imagen de un pobre diablo que ni sabe qué hacer con el poder que le queda, ni con sus ambiciones ni con su patria.

Miami, noviembre de 1996

¿Cómo ayudará Estados Unidos a Cuba?

El apoyo que el presidente Clinton le ha prometido a Cuba para desarrollar una democracia y una economía de mercado incluye recursos valorados tentativamente entre $4,000 y $8,000 millones. Como dice el informe, dichos fondos estarían compuestos de donaciones, préstamos y garantías de créditos. Los mismos serían aplicados sobre un período de seis años y provendrían de Estados Unidos, el Fondo Monetario Internacional, el Banco Mundial, el Banco Interamericano de Desarrollo, otros gobiernos y otras organizaciones multilaterales.

Primero que nada debe aclararse que estos recursos se diferencian de los subsidios soviéticos que Cuba recibió por muchos años en que los primeros están encaminados a reactivar un sistema económico sobre una base reproductiva. En contraste, la ayuda soviética estaba concentrada en el financiamiento de actividades no reproductivas.

Para evaluar la importancia del volumen de recursos señalados por Clinton, téngase en cuenta que los 15 países de la Antigua Unión Soviética y los 10 países de Europa Central y Oriental recibieron en su conjunto un promedio anual de $8.8 millones de dólares de ayuda oficial entre 1990 y 1995, según datos del Banco Mundial (World Development Report 1996, p. 136).

Esto significa que los 400.9 millones de habitantes del antiguo bloque socialista han recibido en seis años un promedio de $110 por cabeza. Por otra parte, la ayuda planteada por Clinton para los 11 millones de cubanos representaría unos $364 por cabeza. Esto es, si sólo se movilizaran $4,000 millones, o unos $727, en caso de que se consigan los ocho. O sea, en términos relativos al tamaño de la población, Cuba recibiría aproximadamente entre más de tres y hasta algo más de siete veces la ayuda dada en seis años a los países del bloque.

La experiencia internacional acumulada desde el Plan Marshall para la reconstrucción de Europa hasta hoy en materia de programas internacionales de ayuda es muy rica. Toda esta experiencia contiene lecciones que deben ser consideradas.

Primera lección: Los montos finales y la distribución de la ayuda varían en función directa al grado de compromiso, eficiencia y eficacia que el país beneficiario demuestre con relación a las reformas económicas y políticas. Nadie puede vaticinar quiénes serán los miembros del primer gobierno de transición en Cuba, mucho menos su integridad y competencia técnica y administrativa. Los donantes internacionales evaluarán estos elementos con cuidado, de manera que la ayuda será aplicada a los sectores dominados por los reformistas verdaderos, independientemente de donde se encuentren, en lugar de ir al revés, o sea, a los sectores teóricamente "prioritarios".

Segunda lección: El gobierno de transición, aun cuando esté formado por personal idóneo, estará demasiado ocupado manejando las reformas necesarias, y no deberá distraerse con los detalles de la administración de la asistencia internacional. La misma servirá de apoyo a las gestiones reformistas del gobierno, quien ejercerá la debida influencia sobre el uso de los recursos externos, en sus intercambios con las entidades donantes y de préstamo. Las reformas necesarias no sólo ocurrirán a nivel de gobierno central, sino también en las administraciones regionales y locales, el sector privado y las diversas organizaciones de la sociedad civil. Como el informe de Clinton lo explica, una parte de la ayuda será distribuida por medio de "organismos no gubernamentales" que deberán ir formándose en Cuba en diversas localidades y áreas de especialización.

Tercera lección: Por muy voluminosa que sea la ayuda externa que se plantea para Cuba, la misma no será suficiente para reconstruir la economía y colocarla en una trayectoria de crecimiento auto sostenido de largo plazo. Para alcanzar tal meta, se requieren inyecciones masivas de inversiones extranjeras, que sólo llegarán cuando exista un sistema legal y un ambiente macroeconómico que propicie el beneficio mutuo tanto para Cuba como para los inversionistas. La ayuda externa es sólo un lubricante inicial, pero nunca suficiente.

Puede que algunos piensen que la ayuda externa suministrada de esta manera infringe la soberanía del país en la medida en que el gobierno de transición no tenga un control absoluto sobre la asignación de los recursos correspondientes. Mi respuesta es que hay que dejar de pensar, como bajo el socialismo totalitario, que el gobierno es el que lo hace todo, correspondiéndole al resto de la sociedad un papel de espectador. Los donantes internacionales han aprendido, en el transcurso de los últimos 50 años, que los receptores de ayuda deben ser múltiples para que la ayuda tenga un impacto mayor.

Por otro lado, la soberanía es un cuento de hadas cuando el país está dominado por una sola persona o usufructuado por gobernantes corrompidos e incapaces. Cuba necesita ayuda para acelerar su marcha hacia una república soberana desde afuera y desde adentro.

Miami, febrero de 1997

Propaganda y terrorismo

Aquel famoso ministro de propaganda de Adolfo Hitler decía que cuando una mentira llega a repetirse mil veces se convierte en verdad. Y Fidel Castro parece ser de la misma opinión.

Uno de los temores de mi vida es el de que se me acuse de ser repetitivo. Prefiero no escribir o no decir nada, antes de convertirme en un productor de aburrimiento. En mis fantasías de que un generoso diletante quiera un día recopilar algunos de estos artículos y de que después otros esperanzados paleontólogos de la historia de Cuba encuentren algo de valor en ellos, me aterra la idea de que se pregunten: "¿Y por qué repite tanto?". Pues envío ahora mi respuesta por adelantado.

Simplemente, sigo atrapado por la inocente (o peor) creencia de que las cosas importantes hay que decirlas una vez. Creencia que se convierte en gran tontería cuando se vive en un mundo donde la mentira de la propaganda política llega a confundir incluso a los más avispados observadores. De esta manera, la propaganda política se convierte en el peor enemigo de la verdad, acosándola en todas partes, como una forma de terrorismo del pensamiento.

El bombardeo de la propaganda oficial cubana es cruzado, pertinaz y sutil, como el viento del Guadarrama, que no apaga un candil. De muchos lados vienen las andanadas que nos aseguran que la economía cubana creció en tanto y en más cuanto y que la famosa crisis económica se está superando. Por otro lado, vienen las cargas de caballería destinadas a liquidar el embargo de Estados Unidos. La libertad de prensa en todo su esplendor, incluyendo los costos que tenemos (y que debemos respetuosamente) pagar por la misma, incluye la libertad de que se digan y escriban todo tipo de mentiras y tonterías. ¡Menos mal que podemos responder de alguna manera! Y, en este caso, creo que es mejor hacerlo con una cierta dosis de pedantería técnica, a ver si no hay que repetir tanto.

Palabra de un economista que no sólo se gana la vida trabajando con estos temas, sino que fue testigo en Cuba de los quehaceres de la economía cubana en los años sesenta: No hay manera de sustentar las afirmaciones de funcionarios cubanos, que no son otra cosa que rehenes de Fidel Castro, sobre el crecimiento de la economía ni en el pasado ni en el presente y mucho menos en el futuro. No hay evidencia de que Cuba haya desarrollado un sistema confiable de cuentas nacionales. Esas dos palabras, "cuentas nacionales", que se leen con facilidad y que pueden dar la falsa impresión al profano de que entiende lo que lee, representa un sistema de recopilación de estadísticas económicas de alta complejidad técnica.

Cuando este humilde observador trabajaba en la Junta Central de Planificación, lo cual hizo hasta marzo de 1966, Cuba no tenía un sistema de cuentas nacionales que le permitiera medir los niveles de actividad económica por medio de los agregados macroeconómicos tradicionales (producto bruto, ingreso nacional, inversión, ahorro, consumo, exportaciones, importaciones, etc.). Peor todavía, en la Escuela de Economía de la Universidad de La Habana, hasta ese mismo año, no existía una asignatura que tratara de la definición y el análisis de dichas cuentas. Lo más que se estudiaba eran los modelos de reproducción simple y de reproducción ampliada de Marx, lo cual era insuficiente para tales quehaceres.

Sin embargo, muchos se dejan impresionar por las declaraciones oficiales del gobierno cubano, y se impresionan aún más cuando la prensa británica o neoyorquina se hace eco de tales declaraciones como si fueran confiables, sin calificarlas por un momento. Ya yo me he dejado de irritar por la manera en que muchos no sólo se hacen eco de lo que Fidel Castro quiere que se diga sino de que además se hacen sus amplificadores. Tal parece que la verdad ha dejado de ser importante cuando se habla de Cuba y de los cubanos que contemplan cómo la tiranía los humilla y desprecia.

Algo peor aún sucede con las declaraciones cubanas sobre la producción azucarera. Se discute febrilmente si la zafra llegó o no llegó a tales o más cuales millones de toneladas, pero a nadie se le ocurre preguntar: ¿Cuánto costó la zafra?, o, ¿cuánto ganó Cuba con el azúcar? y ¿adónde fueron a parar las ganancias? Año tras año se repite el mismo sainete y año tras año tenemos que salir a repetir lo mismo, que se resume en una proposición simple: el gobierno cubano no sólo no dice la verdad sobre la economía cubana, sino que no puede decirla aunque quisiera porque no tiene la base estadística que se necesita. A

Castro no le interesan las estadísticas que no dan una buena imagen. Él prefiere proyectar espejismos tratando de ocultar la realidad de un pueblo que se empobrece y se desintegra.

Miami, 21 de julio de 1997

La crisis económica de los 90 y el dualismo monetario[1]

Las subvenciones soviéticas se convirtieron en una característica permanente de la economía cubana desde los inicios del socialismo en 1961. Aunque nunca se han hecho públicos datos confiables sobre el volumen de los subsidios, la cifra de 6 mil millones de dólares anuales a finales de los 80 parece ser factible. Esto equivale a un 30 o 35 por ciento del Producto Interno Bruto (PIB) de Cuba (Pérez-López, 1997). Este nivel de subvenciones no solamente ayudó a la economía cubana a mantenerse a flote, sino que también permitió el despliegue de grandiosos programas gubernamentales en las áreas de educación y salud. Con la desintegración de la Unión Soviética que se inició en 1991 y se hizo realidad en 1992, Cuba perdió las subvenciones que habían contribuido a proyectar al país como un modelo de socialismo.

Simultáneamente, el comercio exterior de Cuba con el antiguo bloque socialista no sólo se vio severamente reducido con la desaparición del CAME —el grupo de comercio internacional del bloque—sino que fue afectado también con el cambio de un sistema de trueque a un sistema de pagos basado en moneda convertible. Las expor-

[1] Agradezco las sugerencias de René A. Monserrat y Carlos Quijano sobre una versión inicial de este ensayo (ASCE, Vol. 4, 1994). Por supuesto yo soy el único responsable del contenido final del trabajo.

taciones cayeron un 79 por ciento y las importaciones disminuyeron un 75 por ciento a finales de 1993. Las cifras oficiales cubanas indican una baja de PIB de un 35 por ciento de 1989 a 1993 (Pérez-López 1997). Sin embargo, se reporta que los ingresos brutos del azúcar, la principal fuente de ingresos externos, había caído un 73 por ciento durante el mismo período, lo que revela incongruencias que no pueden ser explicadas con la información que hay disponible. Para obtener una descripción y un análisis detallado de esta crisis, referirse a Rivero (1992), Alonso y Rathbone (1992), Mesa-Lago (1996), Pérez-López (1997) y Sanguinetty (1992, 1993).

A pesar de la profundización de la crisis, las empresas estatales cubanas no redujeron sus costos laborales proporcionalmente a sus pérdidas de ingresos. El gobierno mantuvo su política de pleno empleo, sin tomar en cuenta los niveles de producción ni las pérdidas financieras y siguió pagando los mismos sueldos nominales a todos los empleados que habían sido contratados antes de la crisis. Como el sistema de control de precios implementado desde 1960 y el régimen de racionamiento en vigor desde 1962 no ofrecían flexibilidad alguna en los precios de bienes de consumo, o por lo menos, ajustes temporales, las transacciones de bienes de consumo en el mercado negro —principalmente productos alimenticios— empezaron a mostrar fuertes señales de inflación. Con la excepción de un sector agrícola reducido (que cubría un 15 por ciento de la totalidad de la tierra arable y que provee aproximadamente un tercio del nivel de productos agrícolas del país), el cubano tenía prohibido ejercer una profesión liberal o ser dueño de ningún tipo de empresa privada, una política puesta en vigor desde 1968.

Con la resurrección de la industria del turismo extranjero en Cuba a principios de los 90, cuyo desarrollo fue precipitado por el gobierno para evitar un colapso total de la economía, volvieron a circular en el mercado negro dólares estadounidenses en grandes cantidades. El principal mecanismo de transferencia consistía en los pagos de turistas extranjeros ofreciendo propinas en dólares a los empleados de hoteles y centros turísticos hasta pagar a las prostitutas por sus servicios. Un mecanismo de difusión de los dólares entre la población consistía en vender en el mercado negro bienes robados a las empresas estatales, principalmente ron y cigarros. La demanda de dólares norteamericanos era una función directa de las expectativas de deterioro adicional del poder adquisitivo del peso.

Al mismo tiempo entraban al país dólares estadounidenses gracias a las visitas cada vez más frecuentes de exiliados cubanos y al apoyo de las remesas que estos ofrecían a sus familiares y amigos para enfrentar la caída de los niveles generales de consumo. Se utilizaban los dólares estadounidenses para obtener alimentos, primero en el mercado negro, y luego, en los mercados restringidos —pero libres y legales— y también para poder tener acceso a las tiendas administradas por el gobierno, las cuales, hasta poco antes, sólo proporcionaban servicios a turistas con dólares y a diplomáticos (United Nations/ECLAC, 1997, p. 153). Cabe subrayar que una gran cantidad de dólares estadounidenses que entraban al país eran recibidos directamente por ciudadanos privados, sin intervención alguna del gobierno. El estado no tenía la oportunidad de funcionar como intermediario y cambiar todos los dólares que entraban por pesos que se devaluaban continuamente.[2]

Contrario a los deseos del gobierno y en contraste con las tradicionales medidas represivas contra la posesión de divisas extranjeras, el dólar estadounidense invadió a la economía cubana con un impacto tal que al gobierno no le quedó más remedio que abandonar toda forma de persecución y legalizar su circulación así como la posesión de saldos en dólares. En 1993, por primera vez en tres décadas, ningún cubano sería encarcelado por posesión de dólares estadounidenses.

Esta medida instantáneamente permitió comparar el valor real del peso cubano con el dólar estadounidense, lo que culminó en una tasa de cambio de 130 pesos por dólar en un momento dado, (United Nations/ECLAC, 1997, p. 153), equivalente a una devaluación del 99 por ciento desde principios de 1958, cuando ambas monedas se negociaban a la par. La legalización del dólar estadounidense también ayudó de manera inesperada al gobierno de Cuba y a los ciudadanos cubanos con familiares en el extranjero, cuando estos últimos empezaron a transferir cantidades de divisas extranjeras en el orden de cientos de millones de dólares. La reducción del poder adquisitivo del peso y la incapacidad del gobierno de estabilizar los niveles de suministro de productos racionados habían generado una verdadera situación de crisis para la mayoría de las familias; por consiguiente, estas transferencias de dinero representaban una gran ayuda para ellos y para el

---

[2] Posteriormente el gobierno instauró el peso convertible o CUC para controlar y aprovecharse de la circulación del dólar.

gobierno. Aquéllos que no tenían familiares en el extranjero enfrentaban tiempos difíciles. Hoy en día, esta situación permanece igual.

En 1994, el gobierno empezó a preocuparse seriamente por la devaluación del peso cubano, el ausentismo subsecuente de los empleados del estado y la inflación en los mercados negros. Los trabajadores cubanos estaban perdiendo el incentivo de trabajar debido a que el sistema de racionamiento se había derrumbado completamente y el valor del peso era casi nulo. El sueldo de la mayoría de los trabajadores era inferior a 200 pesos, el equivalente de US$1.54 por mes en 1994, mientras que el suministro de alimentos racionados, cuyos precios permanecían iguales a los de 1962, apenas alcanzaba para cubrir la mitad de las necesidades mensuales. El resto de las necesidades alimentarias se obtenía a precios flotantes, en pesos o en dólares, en los mercados libres tolerados por el gobierno (muchos operados por las fuerzas armadas, que también eran dueñas de las cooperativas agrícolas), o en tiendas operadas por el gobierno cuyas ventas sólo eran realizadas en dólares.

En 1993, para reducir la nómina del estado y estabilizar el valor del peso y evitar despedir a una gran cantidad de trabajadores redundantes, el gobierno decidió permitirles a sus empleados trabajar por cuenta propia hasta el momento en que se decidiera convocarlos nuevamente a sus antiguos puestos de trabajo. (United Nations/ECLAC, 1997, p. 199). Cientos de miles de trabajadores abandonaron alegre y voluntariamente sus trabajos como empleados del estado y se unieron a las filas de los trabajadores por cuenta propia, mientras que el gobierno les otorgaba licencias para operar negocios en una de las categorías de trabajos oficiales permitidas. Esta medida, junto con los ajustes de sueldos en empresas parcialmente paradas o completamente paralizadas, redujo, o por lo menos frenó el crecimiento de la masa monetaria en pesos y permitió que recuperara gran parte de su valor, con un aumento de la tasa de cambio de 20 o 21 pesos por dólar; tasa que se ha mantenido relativamente estable desde entonces. La magnitud de esta corrección de la tasa de cambio es también atribuible al crecimiento del medio circulante en dólares debido al rápido auge del turismo y de las transferencias de dinero de los exiliados cubanos y al hecho de que los mercados de productos operados por los gobiernos locales o los militares, al igual que ciertos restaurantes, podían fijar sus precios libremente, generalmente bajo condiciones monopolísticas.

Mientras que las transferencias aumentaban y la capacidad productiva del estado seguía cayendo, el gobierno decidió abrir una red nacional de mercados donde se vendían principalmente productos importados a cambio de dólares estadounidenses. Cabe notar que se le cobra al consumidor un fuerte recargo sobre los costos directos. Por medio de estas tiendas, el gobierno recauda indirectamente gran parte de las transferencias ya que éste tiene el monopolio comercial sobre los productos importados.

Un puente ("by pass") monetario

Hasta ahora el gobierno cubano ha logrado, a pesar de todo, sobrellevar la crisis económica gracias a la rápida expansión de la industria turística, al apoyo de algunos inversionistas/operadores extranjeros y a las transferencias provenientes del extranjero. Aunque no parece haber crecimiento económico en general, el gobierno, a pesar de la crisis, ha sido capaz de implementar una estabilización parcial de la economía controlando el gasto público y evitando despidos laborales. ¿Cómo ha logrado el gobierno tal hazaña? Sin darse cuenta, el gobierno creó un puente o "by pass" monetario que le permitió a la economía funcionar bajo el régimen de una nueva moneda estable —el dólar estadounidense— mientras que la parte deprimida de la economía seguía operando bajo la moneda tradicional devaluada: el peso.

El gobierno, en lugar de despedir a miles de trabajadores para lograr cierta medida de equilibrio fiscal y estabilizar el peso, permitió que los trabajadores abandonaran por sí mismos sus empleos poco productivos remunerados en pesos y se dedicaran a trabajos más lucrativos, pagados en dólares. Muchos médicos y profesionales con diplomas universitarios, que cobraban sueldos en pesos, empezaron a trabajar como porteros en hoteles o choferes de taxi para recibir propinas en dólares. Así pues, el ciudadano privado se convirtió en el actor principal de este ajuste económico parcial: simplemente abandonando su trabajo de estatus alto, pero mal remunerado, por un oficio de menor prestigio pero mejor pagado.

Sin embargo, no se han creado suficientes empleos en el sector dolarizado para absorber completamente la gran masa laboral redundante y mejorar considerablemente la economía nacional. Esta insuficiencia, en presencia de las inyecciones de dólares originadas por el turismo y las remesas, ha contribuido igualmente a la proliferación de la prostitución y de varios tipos de transacciones adicionales, que van desde el alquiler de una habitación por hora hasta el tráfico de drogas. Sin embargo, el volumen de empleo generado por estas actividades todavía no es suficiente para estabilizar los niveles de consumo del país. Como resultado, el gobierno y la población de Cuba enfrentan serios problemas de criminalidad en las calles. Esto se debe, por una parte, al desempleo, y por otra, a la falta de medios de sostenimiento básicos, aún para aquellos individuos técnicamente empleados cuyo sueldo, sin embargo, es insuficiente (ver Orrio, 1998).

Mientras tanto, las empresas que operan en pesos están perdiendo trabajadores y los sistemas de gerencia, que ya han sido afectados por aproximadamente cuarenta años de mala administración, se están desintegrando. Será difícil reconstituir las viejas capacidades de producción a corto plazo. Para sintetizar, el futuro económico de Cuba está profundamente comprometido porque: 1) su capacidad de producción está seriamente limitada y sigue deteriorándose, 2) el país no tiene recursos naturales que puedan explotarse en volúmenes suficientes para financiar su desarrollo y además tiene una deuda externa enorme, que aunque fuera renegociada, representará una fuerte carga para emprender cualquier esfuerzo de reconstrucción. Esto implica que la velocidad de recuperación económica de Cuba dependerá del volumen directo de inversiones extranjeras que entren al país. Esta simple ecuación determinará el éxito de Cuba en una transición hacia una economía de mercado.

Elementos para un Programa de Reformas

De todos los países que pertenecían al bloque socialista antes de su disolución, Cuba probablemente representa el reto más grande y el caso más difícil para la implementación de reformas radicales y la construcción de una economía de mercado. Sin recursos externos, la recuperación económica de Cuba se verá seriamente limitada y estos recursos sólo estarán disponibles en volúmenes suficientes a través de inversionistas privados, aunque las organizaciones de préstamos multilaterales y bilaterales desempeñarán un papel importante.

Si el gobierno a cargo de la transición hacia la economía de mercado es competente y dedicado, el axioma central del programa de recuperación será la maximización de la inversión directa extranjera. La pregunta es: ¿Qué conjunto de medidas debe definir e implementar el equipo de gobierno a cargo de la transición? En esta ecuación el régimen monetario seleccionado por el gobierno de transición puede significar la diferencia entre un estancamiento crónico y una rápida recuperación.

La crisis actual ha creado condiciones atractivas que ofrecen fuertes incentivos para invertir en Cuba. Una de éstas es el bajo costo de la mano de obra, que permanecerá a ese nivel hasta alcanzar un punto en que el exceso de la demanda eleve los salarios a estándares internacionales. Otro factor atractivo es la calidad y el nivel de capacitación de la fuerza laboral cubana; el desarrollo de la educación en los últimos cuarenta años ha generado presumiblemente una gran cantidad de trabajadores educados y muy competitivos, aunque sin dar ninguna señal de poseer una ética de trabajo.

Un tercer factor es que la pauperización crónica del trabajador cubano y las necesidades acumuladas durante todos estos años ha generado incentivos para trabajar duro y así poder compensar por los años de privación de todos los aspectos de consumo. Cuarenta años de austeridad no parecen haber reducido la tradicional admiración del cubano por los patrones de consumo de los Estados Unidos.

Uno de los retos que enfrentará el gobierno de transición será la creación y la implantación de reformas institucionales para atraer un volumen mayor de inversiones. En lo que sigue, supondremos que el gobierno de transición tomará todas las medidas estructurales y de estabilización necesarias para crear un ambiente de inversión adecuado. Estas incluyen la liberalización del comercio nacional e internacional, la privatización de las empresas públicas, la creación de una política fiscal que controle el nivel de empleo público, complementada por una estructura y una administración tributaria adecuada y cambios concomitantes en el sistema legal, aunque sea temporalmente, hasta que se establezca un nuevo marco constitucional.

Dentro de estos parámetros, es necesario tomar una decisión en cuanto al tipo de régimen monetario que Cuba debe adoptar durante el período de transición. ¿Debe el gobierno de transición continuar con el sistema monetario dual o volver a un sistema donde el peso reinaba solo? ¿Existe un régimen monetario que ayude al país lograr a la vez una estabilidad macroeconómica, una reforma estructural y atraer un gran volumen de inversiones? La inestabilidad de la tasa de cambio aumenta la reticencia de las empresas a tomar decisiones de negocios (Krugman, 1990, p. 76) y en Cuba no habrá tasas de cambios fijas por algún tiempo mientras que la economía se ajuste estructuralmente a un sistema de libre mercado. ¿Existe un régimen monetario que pueda combinar las ventajas de una economía de tasa fija con la de movimientos flexibles de capital? ¿Qué tipo de sistema monetario ofrece a la vez las ventajas de una tasa de cambio estable y las de una tasa flexible?

Las respuestas a las preguntas anteriores radican en continuar con el sistema monetario dual con el peso y del dólar estadounidense como monedas de curso forzoso y poder liberatorio ilimitado. El dualismo monetario actual en Cuba ha demostrado que un sistema donde existe competencia entre las monedas crea un puente para que los trabajadores desempeñen gran parte del ajuste al abandonar actividades poco productivas en el área del peso para dedicarse a labores productivas orientadas hacia la exportación en donde predomina el dólar. El sistema dual genera incentivos para los trabajadores para que cambien de sectores no-productivos a productivos, sin que el gobierno tenga que imponer reducciones laborales drásticas.

Moreno (1992) fue el primero en sugerir para Cuba la idea de un sistema monetario similar al de Panamá como un instrumento para facilitar la transición de Cuba hacia una economía de mercado. Sanguinetty (1993, 1994) adaptó las ideas de Moreno a un modelo de dualismo monetario o de substitución de monedas. El dualismo monetario también le servirá al público general para distinguir el sistema económico obsoleto heredado del socialismo del sistema económico moderno por crearse. El sistema antiguo, asociado con el peso, requiere ajustes drásticos que no deben confundirse o mezclarse con las medidas necesarias para atraer recursos externos para inversiones. El dualismo monetario le permitirá al gobierno diseñar e implementar políticas monetarias con objetivos diferentes, sin que una interfiera con la otra.

El dualismo monetario en la historia de Cuba

El peso cubano nació en 1915, en una época donde el dólar estadounidense ya era moneda corriente en el país (Pérez y Pazos, 1940, p. 27; Wallich, 1950). El dualismo monetario existió legalmente en Cuba hasta 1950, con la creación del Banco Nacional de Cuba y fue resucitado en junio de 1993. En cada caso, el desarrollo del dualismo peso-dólar siguió un camino diferente, pero siempre, esencialmente, por la misma causa: la necesidad de financiar los gastos del gobierno. En 1915, la acuñación del peso cubano generó ganancias para el gobierno bajo la forma de *seigniorage*[3] (Black, 1987). Esto fue una vez más el tema central en 1932 durante la administración del presidente Gerardo Machado, cuando se necesitaban los ingresos por *seigniorage* para resolver la crisis fiscal. Pareciera que el peso nació, o por lo menos se desarrolló, como un "pecado fiscal".

Irónicamente, el resurgimiento del dualismo peso-dólar en 1993 siguió una secuencia de eventos a la inversa, peso primero, dólar después, pero con un motivo similar. Como el déficit del gobierno se disparó y estaba fuera de control, hubo que recurrir a finanzas inflacionarias "implícitas". El resultado fue que el peso perdió valor, y el país tuvo una vez más que depender del dólar estadounidense para poder efectuar transacciones más eficientes y proveer medios más confiables para acumular riqueza. Wallich describió la importancia del dólar estadounidense

---

[3] *Seigniorage.* Ingreso que se produce en las arcas públicas y que resulta de la diferencia entre el costo de fabricación de un billete o moneda y su valor nominal.

con unas palabras que pueden resultar proféticas (1950, pp. 41, 42).

"La característica excepcional de la circulación del dólar era indudablemente el alto grado de estabilidad de cambio que ofrecía a largo plazo comparado con lo que hubiera ofrecido una moneda independiente. Durante expansiones y depresiones, revoluciones y moratorias, el dólar ofreció a Cuba un régimen monetario externamente estable sin ningún tipo de dificultades cambiarias. [...] La característica notable del dólar en Cuba era que no había forma de deformarlo. En este sentido los hombres de negocios aciertan cuando se refieren a la circulación del dólar como a un gran factor de generación de confianza".

Igualmente, en las palabras de Wallich (1950, p. 42):

"La masa monetaria de Cuba dependía de préstamos de bancos privados y del proceso automático de creación de moneda de la balanza de pagos".

Esto es válido hoy en día para el lado dolarizado del sistema dual, excepto que no habrá creación de dinero por medio de préstamos bancarios hasta que el gobierno establezca o permita la creación de intermediarios financieros. ¿Por qué entonces fundó Cuba un sistema de banco central en 1950? Aunque el Banco Nacional de Cuba no fue fundado hasta diez años después de que escribieran su importante libro (1940, pp. 38-41, 62, 6, 71 y 74) Pérez y Pazos sugieren varias razones.

La primera, que era necesario tener un mecanismo capaz de estabilizar la tasa de cambio entre peso y dólar. Una vez que el peso circulaba junto con el dólar, la tasa de cambio entre las dos monedas había de variar por diversas razones, entre ellas la estacionalidad de la industria azucarera, las fluctuaciones en los mercados azucareros americanos y mundiales, otros factores que afectaban la balanza de pagos y finalmente, las variaciones en la oferta monetaria en pesos. La segunda era impedir la fuga de capitales mediante el establecimiento de controles de cambio. Se consideraba que los ingresos de las exportaciones no generaban suficientes volúmenes al país, pero la idea predominante en aquellos tiempos llevó a Pérez y Pazos a pensar que la solución radicaba en un mecanismo de intervención del mercado basado en una banca central.

Una tercera razón para establecer un banco central era proveerle elasticidad al sistema monetario cubano, es decir, flexibilidad para administrar los agregados monetarios para controlar el nivel de crédito y reforzar la capacidad del gobierno de implementar gastos compensatorios o contra cíclicos, popularizado por las ideas de Keynes (Pérez y Pazos, pp. 68-69). La cuarta razón para la creación de una autoridad monetaria independiente era lograr un tipo de *seigniorage* y la quinta era simplemente un asunto de prestigio nacional (Pérez y Pazos, pp.39-40).

Además, la creación de bancos centrales se estaba poniendo muy de moda en los países latinoamericanos paralelamente a diversas formas de intervencionismo económico por parte del gobierno, incluyendo las recetas keynesianas aplicadas a los ciclos económicos y al nuevo tema de política de desarrollo incrementando el poder económico del gobierno vía políticas fiscales y monetarias. Muchas fuentes influyentes opinaban también que la creación de un banco central era indispensable para que

Cuba pudiera ganar su independencia económica (Martínez 1959, p.99).

La implementación del dualismo monetario

El mecanismo básico para implementar el dualismo monetario en Cuba es permitir que los dólares provenientes de inversiones y turistas circulen dentro de la economía junto con el peso y dejar que la tasa de cambio entre ambas divisas fluctúe libremente. Esto, inadvertidamente, fue en parte lo que hizo el gobierno cubano en 1993, pero en lugar de inversiones en dólares las entradas provenían de las transferencias de dinero de los exiliados cubanos.

La principal característica del dualismo monetario en Cuba es la separación de la moneda local de la moneda extranjera. El objetivo central de la moneda extranjera (en forma de dólar estadounidense) es mostrarles a todos los agentes económicos, locales y extranjeros, privados y públicos, que Cuba es una economía abierta que depende del comercio exterior y aún más de la moneda extranjera para fines de reconstrucción y crecimiento. La libre circulación del dólar servirá para ajustar nuevamente la economía cubana tras tres décadas de severas y crónicas distorsiones de precios en los mercados de productos y de factores de producción. El dólar servirá igualmente para eliminar la incertidumbre, reduciendo así el riesgo percibido por los inversionistas y, subsecuentemente, convirtiendo el clima inversionista en Cuba en uno más atractivo. La estabilidad de precios en el segmento de la economía cubana dominada por el dólar, es decir la mayoría de sus sectores de inversión y exportación, no estará sujeta a los caprichos de políticas discrecionales en un país donde no existe tradición bancaria como en los Estados Unidos, Alemania, Reino Unido u otros países con economías adelantadas y estables.

La presencia de un sistema competitivo en dólares obligará al gobierno a preocuparse constantemente por el equilibrio fiscal del sistema del peso. Si el gobierno no reduce el déficit fiscal, los salarios reales en el sector público disminuirán a medida que los salarios en dólares de los empleados del sector privado aumenten junto con la recuperación económica. Bajo estas circunstancias, el sector público verá a sus empleados marchar hacia trabajos autónomos o hacia el sector privado. En otras palabras, no habrá desequilibrio en el sistema del peso a largo plazo mientras exista una recuperación económica alimentada por una entrada constante de dólares, la actividad inversionista simultánea y crecimiento en el nivel de empleo. Al no tener poder discrecional sobre la economía del dólar, el gobierno debe enfocar su atención sobre el desarrollo de la economía real. Sin embargo, aunque no haya una entrada suficiente de dólares para generar empleos en el sector privado, (un escenario posible si no se cumplen con otros factores cruciales durante la transición), el sistema seguirá ejerciendo fuerza en dirección del equilibrio a medida que la inflación en pesos continúe deprimiendo los salarios reales. Este proceso será más lento debido a la falta de incentivos para la reasignación del empleo hacia la economía privada. Sin suficiente inversión ni generación de empleos que lo acompaña, el ajuste deberá provenir de aumentos en los empleos por cuenta propia, que coincide más con el desarrollo de una economía cerrada y estancada que con el desarrollo de una economía moderna abierta.

De esta manera, a medida que la administración fiscal y económica se vuelve más transparente será más fácil juzgar el desempeño del gobierno de transición por su impacto sobre la economía. Bajo el régimen de dualismo monetario, la inestabilidad de la tasa de cambio no afecta al sector externo. Por otra parte, la Ley de Gresham no se aplica completamente mientras no se cumplan dos condiciones: La primera, que la tasa de cambio siempre debe determinarse mediante la libre oferta y demanda entre ambas divisas. La segunda, que la fluctuación de la tasa de cambio debe moverse dentro de cierto intervalo. Es evidente que las expectativas de futura inflación del peso aumentaría la demanda de saldos en dólares para propósitos de riquezas y fines especulativos, incluyendo acaparamiento fuera del sistema bancario.

La pregunta sobre si la Ley de Gresham se mantiene o no depende de cómo el gobierno de transición desempeñe la administración de la política de estabilización en términos del peso. La credibilidad del peso medirá la credibilidad del gobierno, como lo refleja la demanda privada del peso. Sin embargo, cualquiera que sea esta credibilidad, no afectará la credibilidad de la economía en general desde el punto de vista de las inversiones extranjeras. El peligro de un gobierno incompetente no afectará la reestructuración económica de Cuba si se protege esta última con una serie de reglas bien diseñadas y no se les otorga a los burócratas poderes discrecionales excesivos. Este tipo de dualismo monetario le provee al nuevo gobierno un poder discrecional limitado, suficiente para reparar el desastre creado por una administración socialista del sector de la economía del peso, pero no lo suficiente como para impedir la posibilidad de una rápida reconstrucción económica y la recuperación del sector del dólar.

Por último, la implementación de un régimen de dualismo monetario debe tomar en consideración la creación de una junta monetaria. La responsabilidad de esta institución, que no es un banco, se limitaría a cambiar el dólar por un certificado o una letra oficial a una tasa dada. La junta monetaria tiene autoridad para emitir moneda local con un 100 por ciento de respaldo financiero. En el caso de Cuba, una junta monetaria sería un instrumento de credibilidad monetaria durante los momentos más difíciles de la transición y serviría como instrumento para agilizar el flujo de capitales necesario para la reconstrucción de la economía (Walters, 1987, pp. 740-742).

El sistema panameño

El sistema panameño es totalmente dolarizado, no dual, a pesar de la existencia de una moneda fragmentaria local y la traducción panameña de la palabra dólar, el Balboa. En este sistema, el dinero funciona como mercancía, manera en que por siglos circulaba el dinero por el mundo a una tasa de cambio fija (Cooper, 1986, p. 85). El objetivo de su discusión en ese ensayo es que este sistema presenta características similares al sistema dual y que, además, ha dado resultados muy positivos hasta ahora (Calvo, 1997, p. 168). Esto permite pensar que un sistema dual podría funcionar con el mismo éxito en Cuba, por lo menos durante la fase de recuperación inicial. Además, el caso panameño puede también tomarse en cuenta para Cuba y otros países como la especie de unión monetaria experimental, parecida a la manera en que la Unión Europea está actualmente emprendiendo su integración monetaria.

El nivel de oferta monetaria en la economía panameña se determina de manera endógena por los agentes económicos que actúan por medio de la balanza de pagos. Los desequilibrios en la balanza de pagos se corrigen automáticamente, sin la intervención de un poder discrecional. Por ejemplo, una reducción en las exportaciones reduce la oferta monetaria, *ceteris paribus*, y produce un exceso de demanda de dinero en el sector afectado, lo cual, según la Ley de Walras, debe ser compensado por los agentes económicos (privados y públicos), por intercambios de activos no monetarios o por reducciones de los gastos correspondientes (Moreno, 1992, p., 221).

La determinación endógena de la cantidad de dinero contribuye a la convergencia entre las tasas de inflación internacionales y domésticas (Moreno 1992, p. 222). El nivel de gastos del gobierno se ve constreñido por la capacidad de generar ingresos y obtener préstamos en dólares. Bajo estas reglas, el gobierno no tiene el poder de emitir dinero "fuerte" para objetivos políticos o cualquier otro fin, una enfermedad crónica de la cual padecen las economías latinoamericanas y una de las situaciones desastrosas de la economía cubana. Además, en Panamá, las tasas de interés tienden a converger con las tasas internacionales, con una diferencia que indica el factor de riesgo del país. Esta convergencia entre las tasas de interés facilita las inversiones extranjeras sin presentar riesgo de cambio y la existencia de reglas estables y bien definidas. Este sistema permite igualmente una entrada y salida de flujos de capital del país, incluyendo retiros de ganancias (Moreno, 1992, pp. 222-223).

Moreno (1992, pp. 224-225) ha estimado que el costo del sistema panameño es inferior al del sistema fiduciario.

Asumiendo una tasa de interés de un diez por ciento, previsto sobre la cantidad de dólares en circulación, y un cinco por ciento de *seigniorage*, el resultado en cifras (US$82.5 millones). Este último sistema no incluye los costos de administración de un banco central, ni los costos de impresión y substitución de la moneda nacional. Este sistema sería más efectivo al costo si se introdujeran juntas monetarias (Walters, 1987, p. 740), como lo menciona también Moreno (1992, p. 232). Como estas entidades se limitan a intercambiar la moneda extranjera a paridad con la moneda local (no existen ni depósitos, ni préstamos), cabe la posibilidad de poner la moneda extranjera a ganar intereses mientras que simultáneamente se protege las riqueza del país contra la destrucción física de la moneda "buena".

Reglas versus discreción

Muchos argumentos sobre las ventajas y desventajas de un sistema de dualismo monetario en Cuba han sido parte de la controversia sobre si adoptar "reglas versus discreción" en política monetaria, o en otras palabras, del debate sobre si elegir o no un sistema bancario libre o centralizado. A pesar de que algunos economistas opinan que la intervención del gobierno en la administración de la oferta monetaria ha sido aceptada por la profesión de manera unánime (Klein, 1974), el debate sobre los pros y los contras de cada alternativa se inicia a mediados del siglo XIX en Inglaterra con Walter Bagehot y Vera Smith, y se prolonga hoy día con múltiples defensores de ambos lados de la controversia. Entre los defensores de las reglas se encuentran Hayek (1976) y Friedman y Schwartz (1963).

Quizás el razonamiento más persuasivo contra las reglas, y por asociación, contra el dualismo monetario, es que este último limita considerablemente la flexibilidad eventual que necesita el gobierno para "responder de manera rápida a las contingencias no previstas o no incluidas potencialmente en las reglas" (Fischer 1990, p. 1179). En un régimen flexible, las autoridades monetarias pueden responder a las circunstancias externas imprevistas manejando las variables monetarias para influir en la producción, el empleo y la inflación con el fin de minimizar las pérdidas en un solo período. Sin embargo, la defensa de una política discrecional o flexibilidad se ha debilitado considerablemente debido a la teoría de incongruencia dinámica.

Otro argumento en contra del dualismo monetario basado en el dólar es que depende de la solidez de la política monetaria estadounidense. Si aumenta la tolerancia de las autoridades monetarias estadounidenses con respecto a la inflación (por ejemplo, para reducir el valor real de la deuda pública creciente), esto afectaría directamente a toda economía que utiliza dólares, ya que el valor de sus reservas de dinero se devaluaría a la misma tasa. Además una inflación imprevista afectaría las decisiones de los inversionistas de la misma manera que en Estados Unidos, aumentando el nivel general de incertidumbre, incrementando las demandas de los inversionistas privados por recuperar las tasas de rendimiento de sus inversiones, y posiblemente disparando una fuga de capitales. Pero, ¿cuáles son las posibilidades de que esto suceda? A corto plazo, este escenario parece poco probable y, en el peor de los casos, es muy difícil que la economía huésped no sea capaz de atraer suficiente capital para su reconstrucción. A la larga, a medida que la economía que utiliza dólares logra alcanzar niveles superiores de crecimiento, no es necesario descartar un sistema monetario independiente si las autoridades se ganan la confianza de los agentes privados.

Aunque la lista de desventajas se puede alargar muchos más, se terminará este análisis con un tercer argumento en contra del dualismo. Este se basa en valores e inquietudes relacionados con la soberanía de un país; básicamente, se asume que el honor y la independencia de una nación dependen de su capacidad de que aparezca el emblema nacional sobre la moneda que se defina como la moneda de curso legal. Este argumento refuta la misma idea de que el prestigio nacional depende del hecho de que un país tenga una línea aérea nacional, aunque pierda dinero. En economías muy abiertas que deben crecer a un ritmo rápido y que dependen considerablemente de importaciones e inversiones extranjeras, ¿por qué no importar un sistema monetario si esto favorece al interés público?

Todos los argumentos anteriores suponen la existencia de una autoridad política responsable y competente, alguien que se comprometa a defender el interés público, o más importante, alguien cuyo período único y cuyas funciones de pérdida inter-temporales son idénticas a las correspondientes funciones de pérdida de los agentes privados. Pero esto, justamente, es el punto principal del problema. ¿Cuál es la probabilidad de que exista un individuo con estas características en un país que ha sido dominado por un dictador absoluto por varias décadas? ¿Qué nivel de credibilidad puede tener el equipo de un gobierno durante una transición post socialista en un país de este tipo? Aún en el contexto de sistemas políticos y económicos más avanzados, existen serias dudas sobre los riesgos en asumir este tipo de autoridad política. Milton Friedman, en su comentario sobre el primer borrador del ensayo elaborado por Fischer (1990, p.1181), sugiere implícitamente que, desde sus inicios, la actitud del Sistema de Reserva Federal de los Estados Unidos puede describirse más bien por funciones de pérdidas que incluyen variables poco ortodoxas como son evitar responsabilidades y lograr prestigio público, en vez de inflación y desviación del objetivo de producción como variables.

La historia monetaria de Cuba desde marzo de 1952 —cuando Batista destituyó el gobierno constitucional— hasta hoy en día, cumple con esa condición de manera exacta y no existen garantías de la competencia o integridad gerencial de una administración futura en Cuba. Por consiguiente, la ventaja principal que presenta el dualismo monetario o la substitución de divisas, es que limita el poder de cualquier administración para emitir moneda fuerte, que daña a aquella parte de la economía que debe crecer con más rapidez y que depende de manera crítica de la estabilidad de la tasa de cambio, particularmente durante la transición. El dualismo otorga suficiente poder discrecional a las autoridades monetarias para organizar la situación económica actual, pero nada más.

Otra gran ventaja del dualismo durante una transición post socialista, es que sirve para sugerir la idea al público de que existen dos sistemas económicos: uno que debe ser desmantelado (representado por la moneda local), y el otro que está por crearse (representado por el dólar estadounidense). El antiguo sistema requiere considerables ajustes cuyos esfuerzos para implementarlos deben mantenerse separados de los costos necesarios para crear nuevas oportunidades en el mercado o sector dolarizado de la economía. El sector dolarizado también servirá para sugerir la idea de que la economía del país es una economía abierta.

Por consiguiente, el dualismo monetario generará señales de mercado evidentes para fomentar una libre asignación de los recursos en la economía cubana, tras décadas de distorsiones fortuitas generadas por una planificación central y administración extravagantes. Los trabajadores estarían libres y alentados para transferirse hacia industrias de exportación y esto podría significar la necesidad de reducir los efectivos de hombres y mujeres dedicados a la seguridad interna y a las fuerzas armadas. También reduciría los rangos de burócratas y hasta los niveles de empleo en los programas sociales. En el último caso, el nivel de reducción dependerá del nivel de productividad que se logre en las empresas privadas y su capacidad de pagar impuestos. Cuántos programas sociales podrán mantenerse dependerá directamente del grado de éxito que logre la transición en crear empleos con niveles de productividad suficientes para generar la base tributaria. Será necesario explicar a la población cubana la importancia crítica de esta relación para que todos entiendan que los recursos necesarios para sostener los programas sociales deben ser producidos en alguna parte de la economía, y que entiendan que no hay nada de gratis.

Conclusión

Aunque el dualismo monetario sugiere un sistema hayeksiano de "monedas competidoras" (Visser, 1991, p.75), de hecho es un mecanismo de sistemas monetarios que compiten entre sí. En el contexto cubano las condiciones predominantes ayudan a que el dualismo monetario sirva de instrumento para comparar dos sistemas económicos en competencia. A pesar de que las medidas de política económica de comienzos de los 90 no conducen necesariamente a una economía de mercado, el proceso puede acabar siendo verdaderamente irreversible. En cualquier caso, el camino puede quedar abierto para que un gobierno de transición con la autoridad y la competencia necesarias experimente con nuevas instituciones económicas para acelerar la reconstrucción de la economía cubana.

Por ejemplo, una futura unión monetaria con EEUU pudiera ser de interés para los cubanos como parte de una futura transición. Siguiendo a De Grauwe (1992, p.1) y a Moreno (1992, p. 35) Cuba pudiera ir más lejos y adoptar la moneda de EEUU como propia. La cuestión a discutir es si tal opción puede ser beneficiosa o no para Cuba. En cualquier caso, el análisis de costo-beneficio sería más fácil que el del Tratado de Maastrich (De Grauwe 1992, p. 154).

La realidad es que en su campaña quijotesca a favor de la independencia económica de Cuba (un tema mal definido y recurrente sobre los asuntos públicos cubanos), Castro aumentó la vulnerabilidad del país ante factores externos. La noción de que Cuba es hoy menos independiente de lo que lo era en 1958 puede no encontrar mucha discrepancia entre los cubanos. La autonomía monetaria y el peso eran símbolos de esa independencia. Y sin embargo ninguno de estos temas ha sido seriamente discutido en muchas décadas. Después de Wallich (1950) ningún otro economista se ha enfocado en este asunto.

Una faceta interesante de las economías socialistas y en general de las economías con un alto grado de centralización del poder económico, es que se prestan a observaciones científicas debido a su aspecto experimental ex post involuntario. Particularmente, durante una crisis o durante la implementación de programas de reforma, estas economías ofrecen oportunidades de investigación únicas. Esto se debe a que la concentración extrema del poder económico y el predominio de consideraciones políticas sobre económicas a la hora de implementar políticas acordes con el interés público, generan situaciones poco frecuentes o que no suelen suceder en sociedades más abiertas. En ciertos casos, los desequilibrios que generan llegan a condiciones tan extremas que se producen escenarios que jamás podrían observarse analizando economías bien comportadas, bajo un equilibrio estático o dinámico.

Las políticas de ajuste de Cuba posteriores a la crisis de 1990 representan uno de estos casos, aunque el gobierno siguió estas políticas en contra de su voluntad como resultado de una combinación entre el temor a perder el control político y los atavismos ideológicos del régimen. Lo interesante es que fueron los trabajadores-consumidores quienes tomaron, casi sin saberlo, una decisión económica colectiva para la cual no se necesita organización alguna: eligieron al dólar estadounidense como moneda superior al peso y el impacto de esta decisión fue tal, que no había nada que el gobierno pudiera hacer para impedirlo. Puede que muchos no entiendan el valor de tal logro, probablemente porque desconocen la naturaleza represiva y omnipresente del gobierno cubano y su historia. Este fenómeno también es la prueba de que el "homo economicus" está vivo y coleando en Cuba a pesar de 40 años de vida sometido a restricciones severas como consumidor, trabajador y empresario. Irónicamente, fue la decisión del pueblo, al luchar por escasos mejoramientos en sus niveles de vida, la que empujó de manera forzada a un gobierno reacio a conseguir una solución, aunque parcial e incompleta, a una severa crisis. Una crisis que amenazaba su propia supervivencia política.

Nota

La versión original de este trabajo se publicó en inglés con el título "Monetary Dualism as an Instrument Towards a Market Economy: The Cuban Case" en el Volumen 4, *Cuba in Transition* de la Asociación para el Estudio de la Economía Cubana, Miami, Florida 1994. El trabajo aquí incluido es un extracto modificado de la ponencia presentada en la Universidad de Granada en 2000 como parte del homenaje a Julián Alienes Urosa bajo el título "El dualismo monetario - Estabilización y reforma estructural: el experimento cubano".

Miami, 2001

Referencias

Alonso, José F. and Rathbone, John Paul, "Panel Discussion: Current Political and Economic Trends in Cuba", *Cuba in Transition*, Vol. 2 Miami: Association for the Study of the Cuban Economy, 1992, 115-125.

Black, S., "Seigniorage", entry in The New Palgrave: A dictionary of Economics, London: The Macmillan Press Limited, 1987, Vol 4, 287.

Calvo, Guillermo A., *Money, Exchange rates, and Output*, Cambridge, Massachusetts, The MIT Press, 1997

Cooper, Richard N., "A Monetary System Based on Fixed

Exchage Rates", in Colin D. Campbell and William R. Dougan, eds., Alternative Monetaryu Regimes, Baltimore: The Johns Hopkins University Press, 1986, ch. 3.

De Grauwe, Paul, The Economics of Monetary Integration, Oxford University Press, 1992.

Fischer, Stanley, "Rules versus Discretion in Monetary Policy" in Benjamin M. Friedman and Frank H. Hahn, eds., *Handbook of Monetary Economics*, Vol. II, Amsterdam: Elsevier Science Publisher, B.V., 1990, ch. 21.

Friedman, M. and Schwartz, A.J., *A Monetary History of the United States, 1867-1960*, Princeton: Princeton University Press, 1973.

Goodhart, Charles, The Evolution of Central Banks, Cambridge: The MIT Press, 1991.

Hayek, F.A. "Choice in Currency: A Way to Stop Inflation", The Institute of Economic Affairs, London: Occasional Paper 48.

Klein, B., "The Competitive Supply of Money", Journal of Money, Credit, and Banking, Vol 8, no. 4, 1974.

Krugman, Paul. R., *Exchange Rate Instability*, Cambridge: The MIT Press, 1990.

Martínez-Sáenz, Joaquín, Por la Independencia Económica de Cuba: Mi Gestión en el Banco Nacional, La Habana: Editorial Cenit, S.A.., 1959.

Mesa-Lago, Carmelo, "The Social Safety Net in the Two Cuban Transitions", in *Transition in Cuba*, Miami: Florida International University, Latin American and Caribbean Center, 1993, 601-670.

Mesa-Lago, Carmelo, "The State of the Cuban Economy: 1995-1996" in *Cuba in Transition*, Vol. 6, Miami: Association for the Study of the Cuban Economy, 1996.

Moreno-Villalaz, Juan Luis, "Una Política o un Sistema Monetario Optimo", en *Cuba in Transition*, Vol. 2 Miami: Association for the Study of the Cuban Economy, 1992, 221-240.

Orrio, Manuel David, "Contrapunto Cubano entre Turismo y Delincuencia", CubaNet News:

Pérez-Cubillas, José M. And Pazos y Roque, Felipe, *El Problema Monetario de Cuba*, La Habana: Imprenta La Verónica, 1940.

Pérez-López, Jorge F., "The Cuban Economy in Mid-1997" en *Cuba in Transition*, Vol. 7, Miami: Association for the Study of the Cuban Economy, 1997.

Rivero, Nicolás, "Thoughts on the Cuban Sugar Industry",en *Cuba in Transition*, Vol. 2, Miami: Association for the study of the Cuban Economy,1992, 126-132.

Sanguinetty, Jorge A., "The transition Towards a Market Economy in Cuba; Its Legal and Managerial Dimensions" in *Transition In Cuba*, Miami: Florida International University, Latin American and Caribbean Center, 1993, 463-500.

Sanguinetty, Jorge A., "Non-Walrasian Properties of the Cuban Economy", en *Cuba in Transition*, Vol. 2, Miami: Association for the Study of the Cuban Economy, 1992, 311-326.

Sanguinetty, Jorge A., "Monetary Dualism as an Instrument towards a Market Economy: The Cuban Case" en *Cuba in Transition*, Vol. 3, Miami: Association for the

Study of the Cuban Economy, 1993.

United Nations, Comisión Económica para América Latina y el Caribe, *La Economía Cubana: Reformas Estructurales y Desempeño en los Noventa*, México: Fondo de Cultura Económica, 1997.

Visser, Hans, Modern Monetary Theory: A Critical Survey of Recent Developments, Edward Elgar Publishing Company, 1991.

Wallich, Henry Christopher, *Monetary Problems of an Export Economy: The Cuban Experience*, 1914-1947, Cambridge: Harvard University Press, 1950.

Walters, Alan, "Currency Boards" en *The New Palgrave: A Dictionary of Economics*, London: The Macmillan Press Limited. 1987, Vol. 1, 740-742.

Sueños y realidades de una revolución

Soñar no cuesta nada y es legítimo tener sueños y aspiraciones con relación a las sociedades en que vivimos. Cuando percibimos la injusticia social, la pobreza masiva y la ignorancia endémica en nuestros países queremos y proponemos soluciones y, además, queremos soluciones rápidas y completas, no parciales. Los cínicos nos llaman idealistas, gentes que quieren cambiar al mundo. Es especialmente cuando somos más jóvenes que nuestros ímpetus no nos dan tiempo a saber si lo que soñamos es factible con los recursos y el conocimiento disponibles.

Con los años, el conocimiento (o la desilusión) se abre paso. Poco a poco nos damos cuenta que las cosas no son tan fáciles como creíamos y se produce una bifurcación de actitudes con respecto a si se puede o no mejorar las condiciones de vida en nuestras sociedades. La bifurcación consiste en que algunos se vuelven más realistas, en el buen sentido de la palabra, y puede que ganen una mayor comprensión sobre los procesos sociales, económicos y políticos que están involucrados en la evolución de las naciones. Estas personas no renuncian a introducir mejoras en las sociedades y continúan luchando de alguna manera por las mismas.

La otra rama de la bifurcación consiste de los que se dan por vencidos y se vuelven cínicos con relación a las posibilidades de introducir cualquier tipo de cambio. Algunos de estos individuos se vuelven reaccionarios y llegan a adoptar modos de conducta o apoyar políticas no sólo contrarias a todo cambio, revolucionario o gradual, si no concebidas para favorecer los intereses estrechos de minorías privilegiadas y monopolísticas.

Muchos de los que apoyamos inicialmente el proceso revolucionario dirigido por Fidel Castro en 1959 vivimos estas disyuntivas y experiencias. Vimos cómo la retórica revolucionaria de los días románticos se basaba en una mezcla de realidades y prejuicios o fantasías económicas y sociales. Aunque a veces se exageraba, la pobreza, el analfabetismo, los problemas de salud y el alto desempleo crónico que afectaba grandes segmentos de la población cubana eran parte de las realidades, pero las raíces de esos males y las soluciones que se proponían constituían la parte de las fantasías. Las primeras se confundían con las segundas y la masa de la población, en su natural incapacidad de discernir técnicamente lo que era factible de lo que era demagogia, aceptaba las proposiciones del líder confiando plenamente en él. Sobre esa confianza ciega, se iniciaba un proceso de concentración de todos los poderes que jamás se había visto en Cuba, ni siquiera en los días más oscuros de la colonia española o en las otras dictaduras latinoamericanas.

No pocos percibieron estas tendencias con gran preocupación, pero la desarticulación política heredada de una república debilitada por divisiones internas y por la dictadura militar que le preparó el camino a Fidel Castro, hizo que esas voces fueran calladas por el clamor de las multitudes enardecidas. Pero lo trágico de todo esto no era que comenzara un período de prueba y error en búsqueda de una mejor sociedad. Si hubiese sido así, era de esperarse que desde 1959 hasta el momento en que estas líneas se escriben, hubiera habido algunas mejorías a partir de los costosos errores iniciales. La realidad es que la retórica revolucionaria fue engañosa aunque hábilmente presentada al público. Las ansias de cambios sociales y económicos fueron explotadas por el liderazgo autodenominado revolucionario para perseguir agendas completamente divorciadas del interés nacional y de los objetivos inicialmente enunciados como revolucionarios. La verdadera agenda era la de jugar un papel predominante en la escena internacional aunque fuera como fuente de problemas, como agente destructor y no como el agente constructor que se prometió al principio. Cuando grandes segmentos de la población cubana se dieron cuenta de que la revolución prometida no se realizaba, ya era demasiado tarde para protestar o para rectificar. Se había creado un poder totalitario que de socialismo tenía más de retórica que de realidad. En verdad, la revolución cubana nunca existió.

De hecho, Cuba sufriría no sólo las desventajas y la ineficiencia de una economía socialista que ya iba en decadencia, sino los costos adicionales de un gobierno que nunca había estado interesado en el desarrollo económico y social del país, a pesar de los discursos ardientes y de las apariencias. La verdadera política nacional se centraba en utilizar los escasos recursos del país y de la Unión Soviética para financiar aventuras militares y poder ejercer influencia en geografías remotas que le permitiera a Fidel Castro proyectar un liderazgo mundial en el contexto de una nación que era incapaz de mantener por si sola semejante agenda.

El desarrollo económico prometido no se cumplió. Las inversiones del gobierno fueron generalmente desastrosas, las empresas socializadas no fueron administradas eficientemente y pronto necesitaron subsidios del gobierno, mientras que unos volúmenes enormes de recursos se dedicaban a gastos militares que no eran de defensa y al desarrollo de un aparato gigantesco de policía política, dedicada a neutralizar los movimientos internos en favor de mayores libertades civiles. Los únicos beneficios que los más pobres recibieron se concentraron en un mayor acceso a la educación y a los servicios de salud. Estos servicios, sin embargo, no eran financiados con los recursos propios de una nación en desarrollo, sino por los cuantiosos recursos soviéticos asignados a Cuba con motivos propagandísticos. De hecho, en lugar de desarrollo económico la economía nacional se deterioraba y Cuba dependería como nunca antes de un sólo mercado externo.

Inesperadamente, el gobierno cubano necesitó cubrir las apariencias de su doble fracaso: la desaparición del bloque socialista y su negligencia al no desarrollar la economía nacional. La desaparición de los subsidios obligó al gobierno desde 1990 a reducir severamente los programas educativos y de salud insostenibles en condiciones normales. Traumatizado primero por el advenimiento de *perestroika* y después por la desaparición inesperada de la Unión Soviética y los mencionados subsidios, Fidel Castro no podía reconocer que la profunda crisis que se avalanzaba sobre Cuba era resultado de su gestión administrativa y de su agenda política. La crisis económica reduciría aún más el nivel de vida de la inmensa mayoría de la población, reduciendo los niveles de ingreso per cápita desde el segundo o tercer lugar de América Latina en 1959, hasta los niveles más bajos de todo el hemisferio, con la excepción de Haití. En esta situación y temiendo una erosión catastrófica de su poder político, Fidel Castro tuvo que buscar una excusa que ubicara las causas de la crisis fuera de su propia responsabilidad. La excusa sería el embargo de Estados Unidos, embargo que él mismo había provocado al comienzo de su gobierno. Más que a la economía cubana en su conjunto, el embargo se había concentrado en la economía de Fidel Castro, la que él maneja directamente como el dueño de una gran plantación o sistema feudal. Pocos recuerdan los orígenes del embargo y las fuerzas que provocaron esa situación a principios de la era castrista y pocos recuerdan igualmente que mientras existían los subsidios soviéticos, Fidel Castro no se quejaba tanto como ahora del embargo norteamericano.

Es cierto que el embargo no consiguió derrumbar el gobierno de Castro hace años, pero eso no significa que el embargo no haya tenido impacto alguno. Su principal resultado fue limitar los recursos en manos del gobierno cubano, recursos con que se financiaron movimientos guerrilleros en muchos países y que todavía sirven para mantener un enorme aparato represivo interno en Cuba. Se justificaría más un levantamiento del embargo si Fidel Castro levantara lo que equivale al otro embargo de la economía, esta vez impuesto por él desde adentro, y es el que él mismo mantiene sobre los trabajadores cubanos que se ven imposibilitados de operar pequeñas empresas para su propia subsistencia. Es precisamente esta falta de liberación de la economía interna lo que hace que no se justifique el levantamiento de un solo embargo, pues esto mayormente beneficiaría a Fidel Castro y a su entorno gubernamental sin que los beneficios se transmitan a la mayor parte de la población de una manera más equitativa. La liberación de la economía interna es la que verdaderamente le permitiría al productor cubano acercarse a los sueños revolucionarios de mejorar sus condiciones de vida en base a su propio esfuerzo. Habiendo fracasado como administrador de un enorme aparato productivo basado en las empresas expropiadas en 1960 y 1961, el gobierno cubano pudiera contribuir significativamente al mejoramiento de la economía nacional confiando en las fuerzas productivas representadas por el trabajador cubano. Pero la gran interrogante es ¿por qué no lo hace? ¿Qué le impide a Fidel Castro permitir que la Asamblea Nacional, totalmente controlada por él adopte la ley sometida a su consideración hace varios años sobre la creación de la pequeña empresa cubana? ¿Por qué se permiten inversiones extranjeras mientras al cubano residente en la isla se le impide invertir en su propia tierra?

El gobierno cubano ha evitado siempre dar respuesta a estas interrogantes. De hecho, las respuestas llevarían la clave de lo que haría falta hacer en Cuba para aproximarse a los sueños iniciales de la revolución prometida y no entregada. Dicha clave consiste en la verdadera liberación de las fuerzas productivas que constituyen la base de una economía de mercado. Y aquí hay que hacer una distinción importante; una economía de mercado no es una economía de capitalismo monopolístico, ni una economía de lo que se ha dado por llamar capitalismo salvaje. Una economía de mercado es una que se basa en un sistema legal que garantiza que ningún individuo o grupo empresarial acumule demasiado poder económico como para impedir que otros individuos o empresas puedan lograr sus objetivos de desarrollo. En realidad una economía de mercado se aproxima a una economía socialista en teoría en lo referente a que persigue objetivos de igualdad de oportunidades económicas al mismo tiempo que intenta el desarrollo continuo de la sociedad.

El establecimiento de una verdadera economía de mercado es de por sí una empresa revolucionaria, pero tampoco ofrece soluciones mágicas e instantáneas a los muchos problemas sociales y económicos que padecen nuestros países en América Latina. En este aspecto, no existen ni han existido milagros económicos sin que se alteren profundamente las instituciones y organizaciones que componen una economía moderna ni las actitudes y mentalidades que las complementan. La pobreza crónica y masiva, por ejemplo, no se reduce o desaparece sin que medien largos períodos de tiempo con grandes inversiones en educación. Las inversiones en educación, por otro lado, tienen que ser financiadas con el desarrollo económico; no se logran gratuitamente y no son suficientes sin que exista un compromiso nacional para que tanto los maestros como los padres de familia sean mucho más eficaces en los procesos educativos de lo que han sido hasta ahora. Pero la educación por sí sola no es generadora de empleo ni promotora de la productividad. Estos últimos factores dependen del nivel de la actividad inversionista, el nivel de comercio y el desarrollo tecnológico que a su vez proviene de la eficacia de las empresas.

Las empresas por su parte, necesitan la libertad de acción y las garantías contractuales con que puedan identifi-

102

car las formas de asignación de recursos más rentables y menos riesgosas. Los trabajadores necesitan tener el conocimiento y la libertad de gestión que les permita tener altos niveles de productividad que es la base de sus salarios reales y su nivel de vida a la vez que pueden tener garantías contractuales con sus empleadores y los derechos de propiedad que les aseguren que sus ahorros sean bien invertidos para sus retiros o para su ulterior actividad empresarial o de otra naturaleza.

En fin, el sistema económico con que se debe soñar en las revoluciones es de una naturaleza compleja, que no se crea por decreto ni con una simple manifestación de ideales. Es un sistema económico que nunca nace perfecto si no que conlleva un mejoramiento paulatino pero sistemático en una atmósfera de libertades civiles y de democracia. La verdadera revolución es una que no está dirigida centralmente por un poder único que toma todas las decisiones, si no aquélla en la que participan los millones de agentes económicos y políticos de una sociedad. En tal revolución, el papel del gobierno es el de definir las reglas del juego y hacer que las mismas se cumplan por y para todos por igual. La verdadera revolución latinoamericana es la que logre que en el caos aparente de las libertades civiles y de mercado predomine el orden complejo de la actividad económica que es necesaria para que los ciudadanos tengan el derecho de perseguir su felicidad en sus propios términos, sin la tutela paternalista de una burocracia o de un autócrata. Paradójicamente, este tipo de régimen económico persigue las metas más importantes de una economía socialista, pero es a la vez más complejo y más realista y, por lo tanto, más genuinamente revolucionario pues permite llevar a la realidad los sueños del progreso humano.

Miami, diciembre de 2000

¿En qué manos caerá la manzana?

El prestigioso e influyente Consejo de Relaciones Exteriores (Council of Foreign Relations) acaba de publicar el informe de un grupo de trabajo independiente sobre las relaciones entre Estados Unidos y Cuba en el siglo XXI. El grupo de trabajo fue presidido por Bernard W. Aronson y por William D. Rogers, ambos ex subsecretarios de Estado para Asuntos Interamericanos, quienes coordinaron el trabajo de otros destacados expertos de diversas persuasiones políticas e ideológicas como Daniel Fisk de la Heritage Foundation y William Watson de Nature Conservancy.

Como es tradicional, este tipo de informe tiene como foco el interés nacional de Estados Unidos. Sin embargo, independientemente de cuáles sean sus recomendaciones, a quiénes les satisfagan y a quiénes no, la publicación del informe invita a preguntarse: ¿y quiénes están haciendo un ejercicio similar pero desde el punto de vista del interés nacional de Cuba? Otra pregunta, pertinente e impertinente a la vez es: ¿por qué el informe del Consejo ha sido recibido con tanta indiferencia en el exilio a pesar de lo polémico de su contenido?

Existen tres grupos que reclaman la representación del interés nacional cubano, a saber, el régimen de Fidel Castro, el exilio cubano y los grupos independientes que operan en la isla. Que se sepa, ninguna entidad equivalente al Consejo que se identifique con alguno de estos tres grandes grupos está trabajando para definir alternativas similares de política. Es lógico que esto suceda entre los grupos independientes en la isla por las condiciones existentes allá. Entre las entidades gubernamentales cubanas, por otra parte, ninguna iniciativa es colectiva, todas son de Fidel Castro personalmente.

¿Pero cómo explicar la inercia entre los grupos del exilio? Es como si el tema no tuviese importancia. Cierto; Cuba nunca se caracterizó por ser cuna de grandes visionarios, con las poquísimas excepciones del caso, pero llama la atención que no haya habido la menor muestra de interés entre casi ninguna de las organizaciones del exilio (una excepción fue la del *Center for a Free Cuba* dirigido por Frank Calzón), ni siquiera por medio de las múltiples fuentes de Internet.

Esto muestra la tradicional incapacidad cubana de influenciar los acontecimientos que acaban moldeando la historia de Cuba. Así se implantó la Enmienda Platt. Había intereses del lado de Estados Unidos empujando la enmienda, pero del lado cubano la halaba el vacío dejado por la falta de liderazgo y de organización. Muchos explican aquella coyuntura con la manida queja de que "los americanos" no reconocieron a los líderes o los intereses cubanos, como sucedió después de la derrota de España por Estados Unidos hace poco más de un siglo.

Tal argumento denota una cierta inexperiencia en materia de relaciones internacionales. Los países tienen intereses, no amigos. Las pérdidas que lloramos porque nuestros aliados no nos regalaron nada por puro altruismo son nuestras pérdidas, las que se derivan de nuestra incapacidad para la acción colectiva, que requiere mucho más esfuerzo que nuestras entretenidas tertulias o nutridas manifestaciones.

La realidad es que hoy la historia tiende a repetirse. La falta de liderazgo de pensamiento y de organización hace que el interés público de Cuba esté al garete. Cuando llegue la coyuntura de los cambios radicales, será muy tarde para definir los rumbos y las posiciones adecuadas a ese interés nacional y los acontecimientos impondrán con premura las condiciones que amoldarán las relaciones generalmente a favor de Estados Unidos y de otros países como por fuerza de gravedad y, con gran probabilidad, de la oligarquía que suceda a Castro.

Quizás años después nos daremos cuenta de que los términos de las relaciones con Estados Unidos y el resto del mundo pudieron ser más favorables a Cuba, que nuestros aliados se aprovecharon de nosotros, etc., y repetiremos el mismo ciclo de incomprensión y conflicto que caracterizó una buena parte de las relaciones entre Cuba y Estados Unidos durante el siglo XX y de las, que se aprovecharon los peores enemigos de la nación cubana, especialmente Fidel Castro. Se repetirá la maldición cubana de quejarnos de lo que otros aliados y enemigos no hacen a nuestro favor, sin que nosotros nos esforcemos por definir y garantizar nuestros intereses nacionales.

A pesar de nuestro patriotismo verbal, pertenecemos a una nación débil, a medio construir, porque no hemos tenido colectivamente la visión, el sentido del deber, la disciplina, la imaginación o la sabiduría para hacer algo más creativo y digno que culpar a nuestros enemigos de nuestras desgracias históricas y a nuestros aliados de no ir en contra de sus intereses y a favor de los nuestros. ¡Vaya pueblo! ¡Qué manera tan poco decorosa de evadir nuestras responsabilidades! ¿Quién nos va a tomar en serio en este mundo? A pesar de las libertades que disfrutamos en el exilio, no hemos sabido definir estrategias para una transición post Castro y completar la labor de construcción nacional dejada incompleta por nuestros próceres. Aunque entre nosotros existan individuos de gran valía, son otros los que están pensando en el futuro de nuestro país, tomándonos la delantera, y cuando las condiciones permitan que haya cambios fundamentales en Cuba, será demasiado tarde para reaccionar a favor de nuestros intereses. Se repetirá la alegoría de la famosa manzana madura. ¿En qué manos caerá la próxima vez?

Miami, diciembre del 2000

SEGUNDA PARTE
CASTRO BAJO PRESIÓN

…Y tiempo de recoger lo sembrado

Entrevista con Jorge Sanguinetty
realizada por Emilio Ichikawa

PREGUNTA

Su artículo, **¿En qué manos caerá la manzana?** publicado por *El Nuevo Herald* de Miami en diciembre del 2000, fue bastante debatido. Contenía algunos puntos realmente polémicos. UD. requería a los cubanos, política e históricamente, por no saber conceptualizar y por tanto luchar y negociar por el "interés nacional". ¿Cree UD. que tras casi medio siglo de representación personalista de la nación los cubanos comprendamos cabalmente de qué hablamos cuando hablamos de "interés nacional"?

RESPUESTA

Yo no tengo evidencia de que los cubanos hayan ganado alguna comprensión del concepto de interés nacional, pero apostaría fuerte a que están hoy mejor preparados que nunca para comprenderlo. Después de los últimos 42 años sobre lo que usted llama representación personalista y de la falta de discusión sobre alternativas de representación, yo esperaría que muchos cubanos estén listos para reconceptualizar profundamente las ideas relativas a las formas de gobierno. Creo que sería fácil para los cubanos asociar directamente el principio de representación personalista con la existencia de un estado primitivo incompatible con el interés nacional o bienestar colectivo, incluso el interés privado de los ciudadanos, pero la falta de libertades internas para plantear y discutir alternativas es un gran obstáculo para que los cubanos puedan romper con la parálisis actual del pensamiento político en la isla. Es precisamente en este punto donde los intelectuales fuera de Cuba, aprovechando las libertades que tienen, pueden ir adelantando el trabajo de pensamiento sobre estas ideas, sin olvidarnos de los muchos intelectuales que están en la isla y que tienen más ansias que cualquiera de nosotros sobre un cambio de régimen en el país y un cambio profundo de las ideas predominantes. De hecho tenemos que provocar un renacimiento de las ideas independentistas mediante un intercambio continuo entre todos los cubanos pensantes de aquí y de allá. En este proceso descubriremos los gigantes entre nosotros, los nuevos próceres.

PREGUNTA

En el referido artículo aparecen algunas sentencias dignas de ser recogidas en una suerte de catecismo político de la cubanidad. Voy a citar un aforismo de su propia cosecha sobre el que me gustaría que profundizara: "Los países tienen intereses, no amigos".

RESPUESTA

El aforismo no es mío y no he podido encontrar ni la cita original ni su autor. Debí haberlo encerrado entre comillas o indicar de alguna manera de que el pensamiento no era mío, por lo que pido disculpas.

PREGUNTA

Adam Smith escribió todo un tratado buscando el origen de *la riqueza* de las naciones. El pensamiento económico latinoamericano parece ubicarse más a la defensiva; es decir, le preocupa el origen de *la pobreza* de las naciones. En su interminable lista de culpables para justificar el subdesarrollo regional, destacan al Fondo Monetario Internacional y al Banco Mundial. ¿Hay algo de verdad en esa inculpación? ¿Podría hacer alguna distinción entre las políticas de estas instituciones?

RESPUESTA

En el pensamiento económico latinoamericano parece predominar la idea de que toda riqueza acumulada es producto del despojo o de la explotación y nunca del trabajo, del conocimiento, de los descubrimientos y de las invenciones, del ahorro y de la inversión. Independientemente de cuáles sean las raíces de tales ideas, las mismas han dado lugar a una búsqueda sistemática de culpables externos por el menor desarrollo de los países de la región, ejemplo de lo cual llegó a ser la conocida y ya obsoleta teoría de la dependencia.

Culpar al Fondo Monetario Internacional o al Banco Mundial de la continuidad de la pobreza de las naciones es una medida de la indigencia educativa e intelectual que impera en los ámbitos latinoamericanos y que tanto ha favorecido la prevalencia de la ideología como un sustituto del conocimiento. Culpar a dichas instituciones de la pobreza existente es una forma desesperada y al mismo tiempo oportunista de explicar el fenómeno de la complejidad de la pobreza. Desesperada porque se han querido dar explicaciones rápidas y fáciles a un fenómeno que para comprenderlo cabalmente requiere investigaciones de índole científica que a su vez exigen recursos, paciencia, rigor metodológico y talento. Oportunista, porque en la confusión e ignorancia sobre los orígenes de la pobreza muchos han buscado atribuir causas a fuentes falsas para motivar a terceros a actuar en función de agendas políticas inconfesables. Recuerdo hace años en una entrevista con un líder sindical latinoamericano, que afirmaba que el Banco Mundial era un "instrumento del imperialismo" con qué sorpresa él mismo reaccionó cuando le indiqué que su país era miembro del Banco, como si fuera parcialmente dueño o accionista, y que el Banco Mundial no era una institución que pertenecía a Estados Unidos.

Los dos organismos fueron creados dentro del Acuerdo de Bretton Woods en 1944 como una parte muy independiente de la familia de las Naciones Unidas. La misión del Fondo Monetario era muy específica y consistía en contribuir a la estabilidad de las tasas de cambio entre las monedas de los países miembros, para lo cual la organización estaba dispuesta a dar préstamos de corto plazo a los países que enfrentaran crisis temporales. La estabilidad de las tasas de cambio era deseable para estimular el comercio internacional y la inversión y, por ende, ayudar a los países a crecer económicamente y disminuir su subdesarrollo.

Posteriormente, al comienzo de la década de los setenta, con el abandono de la irrealista doctrina de mantener las tasas fijas de cambio, el Fondo Monetario se transforma en una organización que continuaría prestando dineros de corto plazo a los países que tuvieran desequilibrios en sus balanzas de pago, o sea entre sus ingresos y egresos internacionales.

La mayor parte de las críticas que se dirigen al Fondo Monetario estriban en que cuando un país pide ayuda financiera al Fondo Monetario (casi siempre como resultado de su propio mal manejo de los asuntos fiscales), éste exige como condición el recorte del gasto público y a veces el aumento de los impuestos para corregir la situación y evitar que la crisis de corto plazo se prolongue indefinidamente. Tales medidas son impopulares pero, son generalmente inevitables, pues cuando el Fondo Monetario se hace necesario es porque ya el problema está creado en el propio país, casi siempre por sus autoridades y muchas veces empujados por la población. Es una función no oficial del Fondo Monetario absorber parte de la culpa de la crisis, para aliviar al gobierno de responsabilidad y apoyar las medidas de ajuste.

Al Fondo Monetario se le puede criticar porque no ha sido más discriminatorio en el corte del gasto público. Por ejemplo, en los años ochenta muchos países sufrieron severos recortes en la educación lo cual todavía está teniendo consecuencias nefastas en algunos de ellos. También se puede alegar que la mera existencia del Fondo Monetario crea un mecanismo de salvamento fiscal que contribuye a que las autoridades fiscales de muchos países no sean lo suficientemente cuidadosas en el manejo de sus recursos y que, sin el Fondo Monetario, algunas de las crisis que hemos visto desde que existe el organismo no hubieran sucedido.

El Banco Mundial, oficialmente el Banco Internacional de Reconstrucción y Desarrollo o Fomento, se fundó con el objeto de apoyar los esfuerzos de reconstrucción después de la Segunda Guerra Mundial: Al comienzo, una proporción muy alta de su financiamiento venía de Estados Unidos, al igual que el Fondo Monetario, pues los países europeos y Japón no tenían recursos suficientes para equiparar la participación estadounidense. Hoy estas proporciones han cambiado y el peso de Estados Unidos en estos organismos es relativamente menor, aunque todavía muy importante. Pronto la función reconstructora del Banco Mundial cesó y se transformó en un instrumento de apoyo para los países menos desarrollados. De este modo, el Banco Mundial se concentra en dar préstamos de largo plazo a los países miembros para financiar proyectos de largo plazo, generalmente en obras de infraestructura como sistemas viales, comunicaciones, acueductos y energía, así como grandes proyectos en el área de salud, educación y otras formas de desarrollo.

Al Banco Mundial se le puede criticar por haber contribuido al crecimiento desmesurado del sector estatal en muchos países, especialmente en forma de empresas que típicamente pertenecen al sector privado. La hipertrofia del sector público ha sido un obstáculo del desarrollo, pero no se puede decir que es el origen de la pobreza en la región. Otra crítica que se le puede hacer al Banco Mundial es que no siempre da en el clavo en el diseño de los proyectos más convenientes para los países, o en el pasado, haber sido algo indiferente a las consecuencias de los proyectos que financiaba, como el impacto en el medio ambiente. Una crítica adicional es que el Banco Mundial sustrae una buena cantidad de economistas de sus países para trabajar en otros lo cual los hace mucho menos eficaces que si trabajaran en el medio que conocen mejor. El Banco Mundial puede que haya sido ineficaz en reducir la pobreza, pero decir que son su causa es una acusación ridícula y definitivamente inválida.

PREGUNTA

Se han presentado, sobre todo por parte del sector intelectual, muchas quejas morales y sentimentales contra la dolarización de la economía y, en particular, contra la circulación de la moneda norteamericana. En resumidas cuentas, ¿es conveniente o no este proceso para las economías regionales?

RESPUESTA

Un sistema monetario no es otra cosa que un instrumento de una economía del mismo modo que un tubo canaliza el agua o un alambre conduce electricidad. El problema es que para que el dinero pueda ejercer su función conductora eficientemente debe ser un instrumento confiable, que no falle a cada rato. Lo lamentable en el uso del dólar no está en el dólar sino en el fracaso de los gobiernos de mantener su sistema monetario propio en condiciones satisfactorias.

La falta de confiabilidad de las monedas nacionales, debido a políticas monetarias incorrectas y hasta engañosas por parte de las autoridades monetarias de los países, hace que las monedas locales se devalúen hasta un punto en que la población pierde confianza en su sistema monetario y comienza a depender de otra moneda más capaz de mantener su valor.

La inflación ha sido una patología endémica de muchas de las monedas latinoamericanas desde poco después de la Segunda Guerra Mundial. ¿Por qué el dólar? Porque esta moneda se ha caracterizado por mantener su valor por largos períodos de tiempo, sobre todo en los últimos años. Aun cuando ha sufrido de alguna inflación moderada, los gobiernos y las autoridades monetarias de Estados Unidos han tenido más cuidado en emitir papel moneda para pagar excesos de gasto público.

El caso cubano desde 1959 es un contraejemplo que llegó a su máxima expresión a principios de la década de los noventa, cuando el peso llegó a cambiarse a cerca de 150 por dólar y hoy se cotiza a poco más de 20. Pero el caso cubano tiene una característica adicional y es el de la dependencia creciente, posiblemente crítica, de la economía en las remesas de dólares de los cubanos exilados hacia sus parientes y amigos en la isla. En tales condiciones, la legalización del dólar facilita las remesas, y obliga a manejar el peso de manera que mantenga su valor. La gente se confunde porque le atribuye entonces al dólar la debacle económica del país sin darse cuenta que sin el dólar la situación sería mucho peor, posiblemente insostenible. Es un ejemplo de lo que Marx llamó el "fetichismo de la mercancía dinero". La raíz del problema está en la caída catastrófica de los niveles de producción cubana y mientras había racionamiento y subsidios soviéticos además de préstamos cuantiosos, los precios se mantenían junto con un régimen de racionamiento. Al desaparecer los subsidios con la desintegración de la Unión Soviética, la economía cubana quedó al desnudo. Treinta años de abandono e incompetencia se hicieron visibles de pronto y la producción nacional no era suficiente, como lo había sido en otros años, para cubrir algunas de las necesidades del país. Por eso es que los precios en dólares parecen inalcanzables y, realmente, lo son. No es porque el dólar valga más, sino que el producto del trabajo del cubano vale menos como resultado de que la economía se ha politizado y la eficiencia productiva no es tan importante como era antes.

En términos generales la estabilidad monetaria, o sea, la capacidad de una moneda de mantener su valor, es una característica altamente deseable en las monedas. Mientras los países no sean capaces de mantenerlas, sus economías se beneficiarán si esa estabilidad se "importa" mediante la adopción de una moneda extranjera estable. El día que esa moneda pierda su estabilidad, el esquema se quiebra y habría que buscar estabilidad de otra manera.

PREGUNTA

En su temprano exilio en Francia, el joven Marx realizó estudios de economía política. Sus notas, resúmenes y comentarios fueron recogidos en un volumen conocido como **Cuadernos de París**. Aquí, Marx hace una afirmación interesante: "El crédito es la expresión monetaria de la moral de una persona". ¿Qué comentarios le sugiere la tesis? ¿Es aplicable a los estados en calidad de personas jurídicas y económicas? ¿Puede considerarse a "la confianza" un tipo de capital moral en el ámbito económico?

RESPUESTA

Cuando no existen garantías contractuales que sostengan la institución del crédito, el mismo depende de la moralidad del que recibe dineros o bienes por anticipado y de su sentido de obligación para respetar el compromiso. Sin embargo, el papel de la moralidad disminuye en la medida en que aumenta la seguridad contractual en una sociedad y la eficacia de su sistema legal en cuanto a hacer cumplir los contratos de crédito. Además, aquellas actividades económicas que dependen del crédito de una manera continua se perjudicarían severamente si quisieran obtener una ganancia momentánea y relativamente marginal; y consecuentemente, se verían afectadas sus obligaciones en un período dado, provocando la interrupción de los flujos futuros de créditos, y afectando a su vez los suministros sucesivos.

La moralidad entra también por el lado del que presta, especialmente si presta lo que no es suyo, como es el caso de los banqueros. Un banquero no hace otra cosa que prestar a terceros los dineros que recibe como depósitos de ahorristas o de cuentas corrientes y debe mantener un sistema de equilibrio muy delicado, pues generalmente tiene más prestado que lo que tiene en depósitos. Si todos los que tienen depósitos los exigen a la vez, el banco no puede cumplir, tendrá que "llamar" sus préstamos o tendrá que pedir dineros prestados, de lo contrario se presentará un pánico bancario. Por eso es que tienen que existir regulaciones "de prudencia" para evitar que los banqueros abusen y presten más de la cuenta, comportamiento que también puede estar influenciado por el código moral del banquero.

Yo diría que el concepto es aplicable a los estados, por vía de los que manejan sus asuntos, en la medida en que el estado también presta y pide prestado, da crédito y usa el crédito, de hecho, más lo segundo que lo primero. Un estado que no puede pagar sus deudas, como sucedió en gran medida en la crisis internacional de la deuda de agosto de 1982 y en otros casos, puede que haya llegado a esa situación por una combinación de debilidad moral e incompetencia, generalmente imposible de separar.

En la medida en que los compromisos crediticios no se cumplan, tanto a nivel de las organizaciones del estado, como de corporaciones o personas jurídicas e individuos, la credibilidad de la intermediación financiera en todas sus formas sufre significativamente y llega a afectar severamente la eficiencia asignadora de recursos de una sociedad. Definitivamente se puede afirmar que "la confianza" es un bien público de gran valor y, por lo tanto, parte importante del capital intangible o "moral" de una sociedad.

PREGUNTA

En el pueblo cubano se puede percibir cierto cansancio respecto a la demagogia nacionalista. Esto, lamentablemente, ha alcanzado algunas zonas de la historia; incluso al propio legado martiano. Sucede también que el nacionalismo independentista recurre solo a argumentos morales y no aporta ninguna razón práctica o de bienestar a su favor. ¿Cómo ve este asunto un economista? ¿Qué ventajas reales, en términos de acumulación y producción de riqueza, puede aportar un gobierno futuro cuyo valor político central sea la independencia nacional?

RESPUESTA

El nacionalismo cubano se ha basado en los últimos 42 años en una versión exagerada de los antagonismos entre Estados Unidos y Cuba. El gobierno actual, persiguiendo una agenda a favor del engrandecimiento internacional del jefe de gobierno y no una acorde con el interés de los cubanos, produjo una forma de nacionalismo de conflicto que le permitiera crear un estado de excepción, como si el país estuviera en guerra permanente, que acabara con las libertades individuales, especialmente las de expresión del pensamiento. Por otro lado, en la medida en que en el mundo todavía tengan mucha importancia los intereses de diversos países, aun cuando se haya ganado algún terreno en materia de cooperación internacional, es necesaria una sana medida de nacionalismo para poder defender los intereses nacionales de los cubanos en materia de seguridad, comercio internacional, inversiones, etc. Hoy yo no sé y no creo que se sepa a ciencia cierta si el cansancio cubano sobre la demagogia nacionalista lo ha llevado a abandonar su sentido de nacionalidad. Yo pienso que eso sería muy triste. A veces pienso que Cuba es hoy más cultura que nación. Que el peor aspecto del legado de este gobierno absolutista puede haber sido la deconstrucción del concepto y del sentimiento de nación que se supone existió en algún momento, si no tanto en el comportamiento del cubano, en su discurso.

Si un gobierno futuro no es capaz de revivir el concepto de nación y definir dónde yace el interés de los cubanos, más allá de frases bonitas pero insuficientes como "con todos y para el bien de todos," Cuba correrá el riesgo de perpetuar su pobreza actual. Un alto grado de dependencia de la economía de otras naciones, como ocurrió con las relaciones con la Unión Soviética, coloca al país en una posición muy vulnerable, como se vio a comienzos de los años noventa. La independencia económica de Cuba, por otra parte, no tiene por qué ser incompatible con el proceso de globalización y del cual puede llegar a beneficiarse, pero tiene que desarrollar un sistema productivo creador y no destructor de riqueza como ha resultado el régimen actual. Sin duda muchísimo dependerá de cómo se conforme un nuevo gobierno y qué direcciones defina. Esa es la gran incógnita en el futuro del país, especialmente en ausencia de una sociedad civil, en presencia de lo que se puede calificar, por analogía, como un estado de ingravidez institucional y orgánica, donde no hay principios ni organizaciones capaces de influenciar ese futuro, ni dentro ni fuera de Cuba.

PREGUNTA

Una última pregunta. Aunque Fidel Castro haya dicho que le daba lo mismo cualquiera de los dos candidatos que ganara las elecciones norteamericanas, lo cierto es que sus movimientos mostraron claramente su preferencia por el candidato del Partido Demócrata. En su múltiple condición de economista, hombre de negocios y cubano, ¿tiene alguna preferencia en el ámbito de la política norteamericana?

RESPUESTA

Si Cuba no existiera yo seguiría siendo un ciudadano registrado como elector independiente, que no pertenece a ningún partido y que vota sobre los temas que se debaten y por quién considera el mejor candidato o candidata. Mis preferencias en materia de política pública tienden a ser, en cuanto a asuntos fiscales, conservadora. No me gusta el abuso del gasto público, estoy en general en contra del endeudamiento, no creo que el gobierno deba ser muy grande en tamaño, ni debe exagerarse la recaudación de impuestos. Desde el punto de vista de la necesidad de reducir o llegar a eliminar un día la pobreza, la discriminación en todas sus formas y la marginalización, así como las concentraciones de poder, tiendo a ser liberal, pero todo con moderación y con un ojo crítico.

Si se pone a Cuba en el cuadro, mi preferencia en materia de política pública incluye el deseo de que las decisiones que se tomen en Estados Unidos que afecten a Cuba no estén restringidas al interés nacional del primero en su sentido más estrecho. Puede suceder que por ganancias económicas de corto plazo Estados Unidos llegue a arreglos con Cuba que mantengan el régimen actual de falta de libertades de todo tipo. Yo me opondría a esa trayectoria. Creo que por otra parte, el interés nacional de Estados Unidos estaría mejor servido si sus políticas fueran compatibles con el advenimiento de una democracia en Cuba, junto con un régimen económico que pueda mejorar las condiciones de vida del cubano. Sin embargo, tal cosa no debe depender de las decisiones que se tomen exclusivamente en Estados Unidos. El cubano es el primero que tiene que velar por sus intereses. Sin embargo, una buena parte del exilio está mayormente en falta en este aspecto y los residentes en la isla están imposibilitados de actuar consecuentemente.

Jorge A. Sanguinetty
Washington y Miami, 21 de febrero de 2001

Emilio Ichikawa Morin
Washington D.C. enero de 2001

El gambito de Payá

Algunos "líderes" del exilio aspiran a proyectar su liderazgo en el postcastrismo, a ser figuras prominentes en un nuevo gobierno o en los partidos políticos que se vayan formando. No hay nada ilegítimo en tales aspiraciones ni éticamente inaceptable. El problema es cuando adoptan conductas que intentan impedir lo que perciben como competencia de otros líderes potenciales. Por eso no toleran que surjan figuras prominentes en Cuba que les tomen la delantera. Temen que al igual que Walesa y Havel, los que se arriesguen en su país puedan ser los que más crédito ganen ante los cubanos de la isla. Entonces la táctica de estos "líderes" es desprestigiar a los que despunten como verdaderos líderes en el futuro de Cuba bajo el pretexto de que no están de acuerdo con lo que proponen, en parte o en su totalidad. En este esfuerzo, donde llegan al extremo de acusar de traidores a cualquiera que haga algo que ellos no aprueban (gran arrogancia y soberbia, a pesar de que muchos se las dan de cristianos) o que ni siquiera se les ha ocurrido, contribuyen a prolongar el poder de Fidel Castro y comienzan desde temprano a crear obstáculos para una transición hacia una democracia.

Estemos o no de acuerdo con el Plan Varela, debe reconocerse que lo que ha hecho Osvaldo Payá es plantearle a Castro un gambito que nadie ha logrado elaborar en 45 años. Esto le crea al tirano una disyuntiva donde pierde en ambos casos. Si acepta el gambito, abre una Caja de Pan-

125

dora con repercusiones imprevisibles para su poder absoluto; si no lo acepta, Castro luce como intransigente e inflexible frente a los ojos de un mundo que evitaba por todos los medios ofenderlo hasta que nació el Plan Varela. El hecho de que Payá logra movilizar las firmas de miles de cubanos es un acto sin precedente en la historia del castrismo.

La friolera de cuarenta y cinco años han transcurrido sin que hayamos visto una, tan sólo una manifestación masiva y organizada contraria a los caprichos del tirano. Hasta el Plan Varela, el mundo se cuestionaba, como otros muchos cubanos exilados, por qué los cubanos no se manifestaban de una manera más contundente y masiva si la revolución era tan terrible como lo afirmaban sus enemigos. Según esta línea de pensamiento, si no se manifiestan en contra del régimen en números mayores que los representados por los heroicos pero aislados disidentes, debe ser porque la mayoría lo acepta de alguna manera.

Sin embargo, estas percepciones han ido cambiando en contra de la tiranía y a favor de la democracia. Incluso hay razones para pensar que la reacción internacional de protesta contra el encarcelamiento de los disidentes cobró más fuerza en presencia de la actitud de Castro frente a la iniciativa de Payá y sus seguidores en Cuba. El hecho es que la imagen de Castro como dictador benevolente ha desaparecido en muchas mentes, especialmente en países donde hasta el otro día contaba si no con admiradores, con gran indiferencia.

Todo esto es lo que ha ido sucediendo como resultado de la renuencia de Castro en aceptar el gambito de Payá. Por primera vez, Estados Unidos no representa la única fuente de oposición a Castro, que es lo que posiblemente Payá quiere decir con la desamericanización del problema cubano. Al criticar a Payá de la manera que algunos lo hacen, le restan apoyo a los miles de cubanos que han firmado con gran riesgo el Plan Varela haciendo uso del mísero espacio político que posiblemente por omisión ha dejado el marco legal de la tiranía. Además, llena de dudas a otros muchos cubanos que apoyarían a Payá si no lo acusaran de confabulado con Castro. Estas calumnias, que son más dignas del tirano que de los defensores de la democracia, favorecen al régimen en la medida que le restan fuerza moral y filas a la oposición.

¿Por qué no le damos el beneficio de la duda a Payá y pensamos que lo que está haciendo es aprovechándose de una grieta en el sistema para tratar de cambiarlo sin ir de inmediato a la cárcel? ¿Qué perdemos con hacerlo? ¿Acaso no nos damos cuenta que en una lucha abierta pero desigual contra Castro desde dentro de la isla, los que luchan no pueden revelar todas sus cartas?

Recordemos las palabras de Benjamin Franklyn cuando refiriéndose a la Constitución Americana sobre la que había tantos disidentes antes de ser ratificada dijo: "Acepto esta constitución porque no espero una mejor ni estoy seguro que no sea la mejor. Las opiniones que yo haya tenido de sus errores las sacrifico por el bien público".

Todo país, Cuba incluida, necesita personas de la estatura de Franklyn. No importa que el país esté lleno de pigmeos que no puedan ver más que los zapatos de los gigantes; cuando hay gigantes, ellos acaban prevaleciendo aunque sean pocos. Pero cuando sólo hay pigmeos, ellos son los que prevalecen. El futuro de Cuba depende de la estatura de los cubanos y estas lides sirven para medirnos.

Miami, 5 de diciembre de 2003

Cuba desposeída

Ocultos tras el aparente estancamiento de la sociedad cubana bajo el régimen actual transcurren procesos que pueden afectar profundamente el futuro del país. Uno de estos procesos tiene una alta probabilidad de convertirse en un problema que prolongaría por muchos años las consecuencias nefastas del castrismo aun después de la desaparición de Fidel Castro. Se trata de la venta a terceros de los derechos de propiedades confiscadas por parte de sus dueños originales o sus herederos. Un número desconocido de propiedades confiscadas se ha ido vendiendo a precios muy descontados por los propietarios legales. Las razones para estas ventas son naturales pues un propietario que después de muchos años pierde la esperanza de recuperar sus bienes, puede desear o necesitar liquidarlas a una fracción muy pequeña de su valor. Aquí cabe recordar los viejos refranes "del lobo, un pelo" o "más vale paloma en mano que ciento volando". Aclaro que tales transacciones son legítimas por realizarse libremente por las partes involucradas.

Pero ¿quiénes son los compradores? Son personas y organizaciones cubanas y extranjeras dispuestas a esperar un número indefinido de años hasta que la desaparición del castrismo presumiblemente abra la oportunidad de recuperar sus inversiones. También se reporta que inversionistas extranjeros que operan actualmente en la isla están adquiriendo propiedades vendidas por el gobierno,

129

probablemente a precios de ganga. El alto riesgo de estas operaciones hace que se realicen a precios muy bajos. Es también natural que dichas operaciones de compra-venta se mantengan en secreto por ambas partes, mientras se realizan con la mayor salvaguarda legal posible dadas las circunstancias. Para esto último algunos viejos propietarios han tratado de conseguir copias de las escrituras que avalan sus propiedades en los registros de la propiedad que todavía existen en Cuba y que el gobierno ha mantenido. Algunos observadores reportan que hasta hace poco algunas copias de los títulos se vendían por custodios de los registros a cambio de dólares. También se reporta que el gobierno cubano, al darse cuenta de tales filtraciones de documentos, ha impuesto recientemente controles que ya las impiden o las restringen severamente.

Examinemos ahora las consecuencias de estas operaciones desde el punto de vista de la nacionalidad de los compradores. Si la mayoría de los compradores fuese de origen cubano, es difícil prever consecuencias de mayor trascendencia para el futuro de Cuba, pues el proceso se limitaría a un simple traspaso de propiedades entre nacionales, aun cuando muchos de ellos sean ciudadanos naturalizados de otros países. Pero si una gran mayoría de los compradores fuera de individuos o empresas de otras nacionalidades, se crearía una situación con profundas implicaciones para el país. Una de las más importantes sería que los cubanos tendrían poca influencia en los asuntos económicos y políticos de la nación, aún después de la desaparición del castrismo. Esta situación sería una especie de repetición del fenómeno que afectó a Cuba al comienzo de su inauguración como república hace cien años y que marcó toda su existencia.

Muchos de los propietarios que se arruinaron durante las guerras de independencia no pudieron recuperarse económicamente y se vieron forzados a liquidar lo que quedaba de sus propiedades, lo cual resultó en que "el comercio y la industria estaban en manos extranjeras" como nos dice Octavio R. Costa. Para colmo de males, los cubanos tenían grandes dificultades en encontrar empleo, lo cual profundizaba su pobreza, situación que se prolongó por varias décadas y que se alivió parcialmente con la famosa Ley del Cincuenta Por Ciento promovida por Antonio Guiteras en la década del treinta. O sea, los cubanos sufrieron un primer *apartheid* económico como secuela de la lucha por su independencia. Actualmente es una muestra del desprecio de Fidel Castro hacia su pueblo el hecho de que siendo él un cubano haya creado las condiciones para un segundo *apartheid* económico, esta vez más oneroso que el anterior.

La nueva desposesión del cubano comenzó en 1960 con las expropiaciones de las grandes empresas, se consolidó con la gradual desaparición de los pequeños negocios privados y se extendió en los años noventa a nuevas formas de propiedad mixta donde sólo participan extranjeros y, aparentemente, unas pocas personas privilegiadas del régimen. El cubano no sólo ha perdido el derecho a la propiedad, sino que además se le restringe o impide el acceso a las propiedades extranjeras. Pero lo que es peor, las condiciones extremas en que se ha ido desenvolviendo la economía nacional hacen pensar que el acceso de los cubanos a la propiedad privada se verá seriamente restringido en el futuro, si las tendencias que están apareciendo se confirman y extienden.

Un ciudadano desposeído es un ciudadano con libertades limitadas. Aún bajo una democracia y un estado de derecho, el ciudadano sin propiedades no puede hacer uso de sus libertades del mismo modo que cuando es propietario. Sin propiedades, las libertades individuales son más teóricas que reales. Los cubanos deben prepararse para poder enfrentar este problema y evitar que el legado de Fidel Castro se proyecte indefinidamente en la historia futura del país. Puede que el castrismo muera con Castro, pero sus consecuencias más dañinas podrían perdurar si oportunamente no se adoptaran las políticas adecuadas.

Miami, 8 de octubre de 2004

Castro bajo presión

La reciente presentación televisada de Fidel Castro sobre las ollas arroceras y de presión nos brinda una oportunidad de analizar el estilo de gobierno que sufre Cuba y el estado de miseria en que vive el cubano. Primeramente hay que señalar lo insólito que resulta que el jefe de gobierno de una nación de once millones de habitantes, que supuestamente alcanzó un cierto grado de civilización pero que sufre una aguda crisis crónica tanto en lo económico como en lo político y social, le dedique cinco horas a dar consejos culinarios a la población y al uso y distribución de ollas de cocina. Esto solamente puede ocurrir en una nación organizada en torno a instituciones primitivas, casi tribales, donde un solo hombre centraliza un grado exagerado de poder y donde el resto de la ciudadanía, desde sus colaboradores más cercanos hasta los ciudadanos más humildes, está sometida a una humillante indigencia y una abyecta servidumbre. Esa comparecencia posiblemente represente el nivel más bajo en que ha caído la nación cubana y su pueblo en toda su historia.

En segundo lugar debo indicar que esta forma personal de dirección, lo que en inglés se denomina *micro management* y que pudiéramos traducir como micro dirección, ha sido el estilo de administración de este gobierno desde sus comienzos. Es el estilo que predomina en las organizaciones deficientes, unas veces por pura incompetencia administrativa, otras como resultado de una centralización

133

excesiva de poder. La característica esencial del micro director es que desconfía de sus subalternos y no les da suficientes grados de libertad para ejercer sus funciones con la mayor eficiencia. El resultado es siempre el mismo: todo se hace con menos eficiencia, cuesta más y a veces ni siquiera se logra terminar lo que se comienza, o sea, además de sacrificarse la eficiencia, se sacrifica la eficacia. El derrumbe de la economía cubana es la consecuencia lógica de dicho sistema de dirección administrativa.

El tercer punto que hay que mencionar es el estado de deterioro mental en que compareció Castro ante las cámaras. Aquí tenemos que plantearnos una interrogante: ¿Por qué va él en persona ante las cámaras en ese estado a hablar de ollas y de un posible mejoramiento de los niveles de consumo de la población? Alguna razón de estado tiene que haber para dedicar cinco horas a disertar sobre ollas y métodos culinarios. El dictador puede parecer decrépito en la forma de expresión, pero yo dudo que también esté decrépito en formular el objetivo general de una comparecencia como ésta. Sabemos que el gobierno cubano lleva a cabo regularmente encuestas de sentimiento político entre la población (por supuesto, no son de opinión, no pudieran serlo) cuyos resultados son reportados al jefe máximo. También sabemos que los niveles de consumo del cubano sufrieron una caída catastrófica con la desaparición del bloque soviético. Esos niveles de consumo parecen haberse recuperado parcialmente gracias a los nuevos subsidios ofrecidos por segmentos del exilio cubano y a los ingresos provenientes del turismo y otras fuentes. Sin embargo, la información fragmentada pero que fluye sistemáticamente desde Cuba indica que una gran proporción de la población vive en una constante zozobra sobre la alimentación diaria de sus familias.

Con base en estas consideraciones yo me atrevo a especular que la comparecencia de Fidel Castro y sus promesas de un mejoramiento de los niveles de alimentación popular son muestras de una gran preocupación oficial sobre el descontento del pueblo y las posibilidades reales de una explosión social en el país. Todos estos años nos hemos venido preguntando, ¿hasta cuándo van a resistir los cubanos semejante régimen? Los avances que han ido logrando hasta ahora los dos grandes movimientos opositores del país, el de la Convocatoria del 20 de mayo y el del Diálogo Nacional, a pesar de las diferencias entre ellos, indican claramente que hay muestras serias de descontento y efervescencia en la ciudadanía.

No nos dejemos distraer por las payasadas y fallas seniles de Fidel ante las cámaras. El régimen puede estar necesitando usar la ascendencia que al dictador aún le queda sobre el segmento de población que todavía se deja impresionar por él, para enviar un mensaje de esperanza a esos infelices que al fin y al cabo están sufriendo las mismas carencias que los demás cubanos. Perder el apoyo de ese segmento marginal, pero importante, puede quebrar el equilibrio precario sobre el cual el totalitarismo sobrevive. Irónicamente, Castro está tratando de meter el vapor reprimido y la presión del pueblo en unas ollas. Es una carrera contra el tiempo. ¿Qué llegará antes, el fin de su vida o la explosión del pueblo?

Miami, 11 de marzo de 2005

Comentarios preliminares sobre el itinerario de reflexión.
Primera parte

I

Ante todo quiero reconocer el enorme valor tanto del documento *Itinerario de Reflexión sobre un Pensamiento Económico para Cuba* preparado por el Centro de Formación Cívica y Religiosa de la Diócesis de Pinar del Río, como del gesto de sus integrantes y autores al reunirse y pensar organizadamente en el futuro de Cuba en medio de tantas circunstancias adversas. Este esfuerzo representa un verdadero canto a la capacidad humana para pensar libremente aun cuando está rodeada de toda suerte de restricciones y amenazas a la libertad individual. Hay en ese gesto una forma callada pero profunda de heroísmo que será ampliamente reconocida en el futuro por la historia. Estas mujeres y hombres no tuvieron muchas oportunidades de trabajar a plenitud por el bienestar de sus conciudadanos, no se dejaron amedrentar por las condiciones de su entorno, pero tuvieron la audacia, el coraje y el amor al prójimo para encontrar un espacio donde expresar lo que piensan sobre el bienestar de su patria.

Anticipándome al posible cierre de las comunicaciones por Internet a fines de este mes de abril de 2007, los comentarios que siguen son de naturaleza preliminar y posiblemente no pueda decir todo lo que quisiera. Mi intención en los comentarios es la de añadir al proceso de reflexión, contribuyendo los conocimientos que creo tener y mi experiencia en la aplicación de los principios de la ciencia económica, práctica que comenzó en Cuba mi país natal entre los años 1960 y 1967 trabajando como planificador y analista estadístico sucesivamente en el Instituto Nacional de la Industria Turística (INIT), la Junta Central de Planificación (JUCEPLAN) y el Ministerio de la Industria Azucarera (MINAZ). Por estas razones, no tengo tiempo tampoco de poder documentar ahora muchas de las cosas que digo, ni apoyarlas con referencias bibliográficas adecuadas. Espero poder hacerlo en una segunda versión de este trabajo.

II

Primero quiero referirme a la "Primera Etapa: Análisis de la Realidad Económica" del documento. En mi opinión casi todos los puntos comprendidos en los acápites "Políticas Económicas", "Métodos", "Resultados", "Prioridades" y "Desaciertos" son válidos pero obedecen a la naturaleza misma del régimen establecido en Cuba, sobre lo cual comentaré a continuación. Después expondré mis discrepancias con los puntos de la Sección "Aciertos" lo cual haré punto por punto.

Creo que es importante examinar la economía cubana desde otro ángulo muy distinto al que vemos usualmente. Lo que hoy llamamos economía cubana, ese conjunto amorfo, inconexo y poco dinámico de empresas y otras organizaciones que se encargan de producir lo que los cubanos consumen, lo que el gobierno gasta, más lo que se exporta otros países es el resultado de un programa oficial primordialmente dedicado a maximizar la influencia internacional del jefe de gobierno. Virtualmente toda la economía cubana está dedicada a implementar una agenda personal que requiere asignar la mayor parte posible de los recursos del país a perseguir objetivos totalmente divorciados de los intereses individuales de los cubanos. En rigor, el gobierno cubano nunca formuló un plan coherente de desarrollo económico para el país, a pesar de las declaraciones. Es imperativo reconocer que la economía cubana no es ni nunca fue una economía socialista, aunque adoptó algunas de sus formas de organización para distraer la atención de, en primer lugar, aquellos cubanos que creyendo en el socialismo, esperaban un sistema que mejoraría sus niveles de vida y la justicia social en Cuba y, en segundo lugar, el visto bueno de aquellas fuentes internacionales de recursos necesarios para la agenda oficial y que no podían ser suministrados por una economía tan pequeña como la nacional. El programa de gobierno estaba enfocado en maximizar la estatura y la presencia internacional del líder máximo mientras se adoptaban todas las medidas necesarias para perpetuarse en el poder.

Posiblemente la evidencia más sólida del desinterés en el desarrollo económico radica en el abandono tácito, nunca hecho oficial, del Plan Cuatrienal 1962-1965 elaborado por la Junta Nacional de Planificación en 1961. Dicho plan intentaba consolidar los planes de los organismos centrales del estado, ya entonces a cargo de las empresas acabadas de socializar, pero el jefe de gobierno nunca lo respetó ni lo sometió a un proceso organizado de revisión, evaluación y modificación. A pesar de toda la propaganda oficial, los discursos y las formas de operación de los organismos estatales, no se puede afirmar que la economía cubana se regía por una planificación como era lo tradicional de las economías socialistas. El esfuerzo en que el gobierno embarca al país en el siguiente lustro para alcanzar una zafra azucarera de 10 millones de toneladas en 1970, acaba supeditando toda la economía a planes formulados personal y caprichosamente por el jefe de gobierno. Mientras tanto, la capacidad productiva de la economía cubana iba decayendo y el país comenzaba su dependencia crónica de los subsidios soviéticos para mantener un equilibrio entre la oferta y la demanda agregadas que se necesitaba para cubrir el consumo mínimo de la población y el gasto gubernamental del cual se sabe muy poco.

En resumen, la economía cubana ya desde los años sesenta representa una desviación considerable de lo que en teoría sería la economía socialista construida sobre preceptos marxistas o marxistas-leninistas. De hecho, tanto "las fuerzas productivas" como "las relaciones sociales de producción", usando la nomenclatura de Marx, heredadas de la economía capitalista cubana sufren un severo retroceso a pesar de que era lógico suponer, como lo hicieron muchos viejos socialistas cubanos, que ambas servirían de base para el desarrollo económico del país bajo un marco socialista. El resultado de este engaño tan bien orquestado es un sistema económico increíblemente primitivo donde el jefe de gobierno opera virtualmente como el dueño único de todo el país, como se pone de manifiesto en sus decisiones y la manera en que llega a ellas y las pone en marcha. Y junto con las organizaciones del gobierno, el Partido Comunista y sus diversos órganos, así como entidades como la Asamblea del Poder Popular forma parte de un tinglado inoperante en la práctica y, por lo tanto, insignificante, por lo menos mientras el actual jefe de gobierno, que fue quien montó el sistema debido a su autoridad y poder personal, se encuentre al frente del mismo.

En este marco analítico, es necesario comprender que la economía ha sido utilizada por el jefe de gobierno como un instrumento de control ciudadano, por medio de la reducción de sus libertades y como un fondo del cual extraer recursos para apoyar empresas internacionalistas costosas sin el apoyo explícito de los demás cubanos, ni siquiera de los organismos del gobierno o del partido. Quiero subrayar que uso el término libertad en plural para denotar que existe una amplia gama de grados de la misma, gama que el gobierno ha manejado e ido reduciendo casi imperceptiblemente (para evitar cambios traumáticos y por ende disminuir la probabilidad de una crisis o sublevación popular). La reducción de los grados de libertad posiblemente ha llegado a su máxima expresión en los momentos actuales. El racionamiento de los bienes de consumo, que se instituyó en Cuba en 1962 bajo el pretexto de que el país necesitaba maximizar sus gastos de capital y por lo tanto necesitaba minimizar su consumo para poder hacer crecer su economía a tasas muy elevadas, no fue otra cosa que un mecanismo de control y vigilancia de los cubanos. Además, en la medida en que los cubanos tienen que usar una gran parte de su tiempo en líneas de espera de todo tipo, en transporte y en la búsqueda de casi diaria de alimentos, casi no queda tiempo para otra cosa que no sea la subsistencia. Todo un mecanismo con partes muy bien interconectadas que puede catalogarse de lo que yo llamo la tecnología del totalitarismo

Por todas estas razones yo pienso que es un serio error hablar de los errores e ineficiencia del gobierno. Prácticamente todos los puntos de los cinco acápites mencionados encajan en esta visión de la economía cubana. La misma fue deliberadamente montada (aunque de manera improvisada, irresponsable y descuidada) por el jefe de gobierno porque su agenda así lo requería. Cada uno de los puntos mencionados, que repito, son correctos, son aspectos del mismo diseño caprichoso de una economía que ni siquiera le ofrece a los cubanos los frutos mediocres de un socialismo tomado en serio. Por supuesto que no todas las cosas salieron como el jefe de gobierno quería. A pesar de todo su poder, el gobierno cubano también está sujeto a la "ley de las consecuencias no intencionadas". Por ejemplo, el mercado negro es algo que el jefe de gobierno puede considerar indeseable, sin saber que muchos de sus colaboradores lo necesitan para contrarrestar las limitaciones en materia de consumo. Lo mismo puede decirse de la corrupción endémica que sufre el país, especialmente en sus empresas estatales. Al leer los puntos de los "desaciertos" del documento vemos los resultados naturales de una economía montada con fines ajenos a los intereses ciudadanos. Por ejemplo, el punto 2 donde se afirma que "se hacen inoperantes las medidas económicas…" es enteramente congruente con una política donde el desarrollo económico de los cubanos no es deseable. El punto 3, "se impide el desarrollo de la ciencia y la técnica" es resultado de la necesidad de restringir las libertades individuales, en áreas como las comunicaciones, en especial el acceso a Internet.

En función de esta interpretación de la naturaleza de la llamada revolución cubana es claro comprender que para el jefe de gobierno sería absolutamente inconfesable e impensable descubrir públicamente su verdadera agenda. Dicha agenda tuvo bastante éxito mientras existió la Unión Soviética y suministró grandes subsidios a la economía cubana. Nótese que a pesar de la cuantía de los mismos, prácticamente no ha quedado nada en términos de nuevas capacidades instaladas o formación real de capital. De hecho hay muchas indicaciones que Cuba se ha ido descapitalizando en los últimos cuarenta y ocho años. Una buena parte de los subsidios se utilizaron en financiar y dar apoyo logístico a las empresas militares o subversivas del gobierno cubano en otros países, especialmente en América Latina y en África. En los años setenta Cuba llegó a tener varias divisiones de soldados, equipo blindado, aviones y artillería en varios países africanos. Ningún otro país en el mundo ha tenido tal poderío militar en ese continente desde el fin de la Segunda Guerra Mundial, incluyendo Estados Unidos.

Insistir en los errores del gobierno cubano es equivalente a darle el beneficio de la duda, al mismo tiempo que precluye las acciones que pudieran contribuir a desmantelarlo si los cubanos tuvieran una comprensión más precisa y cabal del fenómeno que les ha tocado vivir. De hecho, el mismo término revolución aplicado al proceso de desmantelamiento y saqueo nacional que comienza en 1959 carga la sutil implicación de que fue un proceso reformista para mejorar algo en el país. Esta consideración es importante también porque hay muchos cubanos que todavía creen que el socialismo bien organizado puede rendir frutos y resolver los dilemas clásicos entre el bien común y el individual. No se dan cuenta de que una vez que se crea un estado poderoso bajo la ilusión que el mismo puede resolver todos los problemas económicos y sociales de un país, se crea una maquinaria cuyo poder es fácilmente usado para limitar las libertades ciudadanas por los mismos intereses personales de los que ostentan ese poder. Es una forma de privatizar el estado desde adentro, clandestinamente, sin que la población esté consciente del proceso. Por eso es indispensable controlar todos los medios de comunicación, para poder operar en un estado de oscuridad absoluta en los asuntos públicos. Pasemos ahora a analizar los puntos de la sección de "aciertos".

El primer punto afirma que Cuba se desarrolló técnica y científicamente en parte por la ayuda que recibió del campo socialista. Yo creo lo contrario. Independientemente de que hubo algunas importaciones en este sector, el aislamiento de Cuba del resto del mundo, especialmente de Estados Unidos, le impidió obtener los adelantos que han proliferado en todo el mundo en materia de electrónica, comunicaciones, biotecnología, transporte, etc. Los indicadores muestran un cuadro lamentable en un país que alardeaba de ser consumidor puntero de cuanto adelanto se ponía de manifiesto en el mundo. Grandes ejemplos de esto lo constituyen la introducción del ferrocarril, la televisión en blanco y negro y a colores y la medicina. El problema es que afectados por el enorme aislamiento en que los mantiene el gobierno cubano, los cubanos han perdido el estándar comparativo de antaño por falta de información, oportunidades de viajar y acceso a las fuentes de intercambio.

La seguridad social no ha alcanzado un nivel satisfactorio si se le compara con lo que han obtenido otros países en América Latina sin necesidad de un estado totalitario ni subsidios externos o, mejor todavía, si se le compara con lo que Cuba estaba en camino de lograr aún bajo un crecimiento modesto de su economía. El problema de la seguridad social en Cuba hay que examinarlo en una perspectiva de largo plazo, para darnos cuenta de lo grave de la situación que afectará al país en un futuro cercano como resultado del profundo envejecimiento de la población y su baja tasa de fertilidad. La población cubana en la isla está empezando a mostrar un estancamiento demográfico y pronto estará decreciendo, lo que hará que la población trabajadora tendrá una enorme carga que sobrellevar manteniendo a una proporción enorme de personas jubiladas. Esto también implica una transición epidemiológica con graves consecuencias para el país, especialmente para sus servicios de salud. El gobierno cubano no ha dado muestras de preocupación al respecto.

La "aplicación de políticas de inmediatez" no es precisamente un acierto, sino una necesidad que resulta de la eliminación de toda forma de iniciativa privada tanto con fines de lucro como con otros fines, caritativos, religiosos, culturales, etc. Esto forma parte de un sistema de gobierno y de organización del estado para maximizar la dependencia ciudadana del estado y de los gobernantes, con la esperanza de que los cubanos estén agradecidos y se comporten dócilmente ante el estado paternalista y benefactor.

Lo mismo se puede decir del siguiente "acierto". Cuando es el estado el que se convierte en redistribuidor de los bienes de la nación es porque ha alcanzado un poder tal que puede hacerse cargo de semejante función. Ese no debe ser el papel del estado en una sociedad libre. El estado no distribuirá los bienes en función de los intereses ciudadanos sino en función de los intereses de los políticos y los burócratas. Los cubanos tienen que superar la noción ilusa de que "el estado" es un *deus ex machina* manejado por ángeles. El estado no es otra cosa que un sistema manejado por individuos que tienen intereses privados y que usan y pueden llegar a abusar sus posiciones con fines egoístas, no altruistas.

Las inversiones en policlínicos, escuelas, etc. fueron posibles por los subsidios soviéticos para distraer la atención y comprar el apoyo de ciudadanos desinformados y descriteriados. Hoy Cuba no resiste una comparación en estos aspectos con casi ningún país de América Latina, con la posible excepción de Haití. Su mayor ganancia puede que esté en la calidad del docente y, posiblemente todavía, en la calidad del personal de la salud, pero eso es en gran parte debido a que los estándares prerevolucionarios se mantuvieron. Lo que sí puede apuntarse como un acierto en estos sectores es la expansión de la cobertura educativa y la de los servicios primarios y preventivos de salud.

No comprendo el significado de "reducir los gastos en las tribunas abiertas".

La "identificación y priorización de renglones económicos" es una tarea que corresponde al sector privado. La experiencia histórica e internacional enseña que rara vez el estado hace esta labor eficientemente. Nuevamente, como argumenté antes, el estado hace estas cosas porque ha desplazado todas las otras iniciativas. Es cierto que el estado puede participar en el desarrollo de ciertas industrias o actividades económicas mediante políticas parecidas a la de los llamados "tigres asiáticos" pero el papel predominante lo juega el sector privado. La experiencia del estado cubano ha sido nefasta en el desarrollo de ciertas ramas, incluso mucho peor que la tradicionalmente ineficiente gestión de los otros estados socialistas.

Aquí debo concluir esta Primera Parte de mis comentarios pues tengo entendido que este es el último día que se puede mandar algo al Centro por Internet. Continuaré trabajando en el resto de los comentarios y los trataré de hacer llegar por otras vías.

Arlington, Virginia, 27 de abril de 2007

Comentarios sobre el itinerario de reflexión
Segunda Parte

I

En esta segunda parte de mis comentarios cubriré el material tratado desde la Segunda Etapa del Itinerario hasta la Sexta. El objetivo de la Segunda Etapa es el de definir una "visión ética" que serviría de base para evaluar proyectos económicos de acuerdo a una escala de valores. De este modo se listan 13 objetivos en una escala de valores que requiere mucha más definición y trabajo analítico. Aunque encomiables en términos generales y dejando ver la preocupación de los autores o participantes sobre el deseo común de que la economía del país esté al servicio de los intereses del ser humano, muchos de los conceptos están planteados de una manera vaga. Por ejemplo, el concepto de subsidiaridad no está claro. El de apertura no tiene sentido como está planteado pues "indica la posibilidad de aprovechar la riqueza que existe entre lo interno y externo. Lo cerrado conduce al inmovilismo, lo abierto al dinamismo".

¿Qué se entiende por lo interno y lo externo, por lo cerrado y lo abierto? El quinto concepto suena muy bien, pero ¿cómo se logra el bien común? ¿Qué es el bien común? ¿Cómo se define rigurosamente? ¿Cómo se logra que cada miembro de una sociedad libre se comporte en función del bien común, como quiera que se defina? El sexto se enfrenta al mismo problema en la "búsqueda del bien común". Yo creo que en este punto es bueno aclarar que una economía de mercado, razonablemente organizada en torno a un estado de derecho que funcione y en un contexto democrático y de libertades individuales plenas, sin ser el paraíso, es hasta hoy el mejor sistema que la humanidad ha inventado para satisfacer los intereses del ser humano. Hay que evitar caer en la tentación y en el error de que cuando esa economía no resuelve todos los problemas comenzamos a proponer soluciones intervencionistas por la vía del estado o de algún *deus ex machina*.

En la lista de 25 "criterios de juicios" se postulan algunos criterios que son elementales como el primero que establece que "la persona humana debe ser centro y fin de la vida económica y social". Del mismo modo hay planteos que son deseables, como los de los puntos 4, 5, 17 y 18. Otros expresan un cierto grado de confusión en el manejo de conceptos económicos como es el caso de los puntos 11, 13, 24 y 25. Sin embargo, la lista presenta algunos problemas importantes, pues a unas indefiniciones se unen incongruencias o contradicciones entre algunos de los criterios, además de que algunos de ellos son cuestionables como elementos éticos de juicio. Un ejemplo de indefinición (que no se resuelve en ninguna otra parte del Itinerario) se encuentra en el punto 2 donde se afirma que "el estado debe participar en la economía como regulador de las relaciones económicas". El papel del estado, especialmente en presencia de la experiencia cubana de estos últimos cincuenta años, es demasiado importante para definirse con una sola oración. ¿En qué consiste el papel regulador? No se menciona el papel del estado en la producción de los bienes públicos, que sería su misión primordial en una democracia y una economía de mercado. Dependiendo de cómo se interprete el papel "regulador" Cuba pudiera acabar con un estado intervencionista que impida la recuperación y el desarrollo económico del país en el futuro.

En el punto 3, tácitamente se plantea que el estado debe hacerse cargo, aunque aclara "en lo posible" de "las necesidades de los que no tienen las mismas oportunidades", pero ¿quién determina la diferencia entre desigualdad de oportunidades y otras formas de desigualdad? El punto 7 es, en mi opinión, el más polémico de todos cuando propone la participación de los trabajadores en las decisiones de las empresas donde trabajan, además de la participación de los mismos en las utilidades que se generan en los respectivos procesos productivos. Las empresas no pueden operar como si fueran democracias en un ambiente competitivo sin correr el riesgo de desaparecer. Los trabajadores pueden participar en las utilidades siempre y cuando posean acciones sobre las empresas, pero en general ésta no es una práctica aconsejable porque eleva el nivel de riesgo del trabajador en depender de una sola empresa tanto para su trabajo como para sus ahorros. Lo más aconsejable es que el trabajador invierta sus ahorros y sus fondos de pensión en otras empresas, sobre las cuales podrá tener poderes directivos como miembro de las respectivas juntas de accionistas.

El punto 9, que expresa el deseo de que haya una sola moneda circulante, no es un criterio ético sino más bien técnico. El punto 10, además de encerrar una contradicción entre la libre iniciativa y la inversión extranjera, sugiere de nuevo un papel indebido para el estado, lo cual tampoco debe listarse como un criterio de valor, proponiendo sin definir una función reguladora sobre la inversión extranjera y recomendando el control de los movimientos de capital, lo cual es contrario a una economía de mercado. En el punto 12 hay una contradicción entre la búsqueda de los mayores niveles de rentabilidad y el cuidado del medio ambiente. La maximización de la rentabilidad, en una economía competitiva, es una condición sine qua non de las empresas que en ella operan. No tiene sentido listar la maximización de la rentabilidad como si fuera un objetivo ético, ya que es una condición operativa de las empresas privadas.

El punto 20 no tiene cabida en una economía de iniciativa privada como se propone en el punto 10. El objetivo de redistribuir la riqueza lo más equitativamente posible promueve la expectativa de que se cree (¿quién, el estado?) algún mecanismo capaz de llevar a cabo la redistribución, lo cual haría regresar el país a los poderes omnímodos del estado socialista. Por otro lado la doctrina de "salarios justos" se basa en un concepto obsoleto y contrario al de una economía de mercado donde los salarios tienden a equipararse al valor de la productividad marginal del trabajo cuando se opera bajo la libertad de los mercados de trabajo. El punto 23 plantea el criterio de que un "marco legal adecuado" garantice "el desarrollo sostenible". Esto es posible. Un marco legal como el que deberá tener Cuba podrá facilitar el desarrollo del país, pero nunca garantizarlo.

II

La Tercera Etapa del Itinerario está centrada en "dos valores determinantes" para evaluar proyectos económicos. Uno es "la primacía de la persona humana en todo proyecto económico". El otro es "la búsqueda del bien común". Ambos se plantean como resultado de discusiones entre los participantes del Itinerario de Reflexión pero sin mayor discusión o elaboración. El primero es obvio; ninguna economía basada en la libertad de la "persona humana" ignora la primacía de la misma en sus diversas actividades. Sin embargo creo que es aconsejable apuntar que esa primacía se logra cuando un estado de derecho garantiza las libertades individuales y los derechos de los ciudadanos. O sea, en una sociedad libre son precisamente las personas las que están a cargo de que la economía les dé la primacía que se desea. La primacía no debe venir del reconocimiento del estado o de las empresas, sino del individuo mismo que tiene el poder de usar su libertad para elegir en función de sus intereses. Sin este enfoque, la primacía de los intereses de las personas dependería del reconocimiento de otras entidades y la economía estaría organizada sobre una concepción paternalista.

Sobre "la búsqueda del bien común" creo que hay que señalar que el bien común es una abstracción que no existe por sí sola, sino por medio de la agregación de los bienes individuales, los cuales pueden ser contradictorios y antagónicos. El planteo de este concepto generalmente acarrea la interpretación de que una autoridad superior o árbitro podrá decidir cuándo una actividad dada satisface o no el bien común. Esto implica que hay un bien común diferente, divergente del bien individual o hasta incompatible con el mismo. O, lo que es peor, que el bien individual hay que supeditarlo a un supuesto bien común o a la razón de estado. Otra cosa es hablar sobre lo común entre los bienes individuales correspondientes a las personas o familias. En este punto hay que estudiar la extensa bibliografía existente y que se ha ido acumulando por muchos años por diversos investigadores. Es también importante advertir que el bien individual, como "agregando" (no sumando) del bien común no es un concepto para ser definido separadamente del individuo. En una sociedad libre, el bien individual es definido por el individuo mismo, nadie lo define por él. El bien individual es, por lo tanto, resultado de sus preferencias como consumidor, las cuales pueden gustarnos o no además que pueden afectarnos o no por medio de lo que en teoría económica moderna se conoce como externalidades tema sobre el cual debemos tener en cuenta los trabajos de Ronald Coase y sus seguidores.

III

Los objetivos específicos enunciados en la Cuarta Etapa incluyen muchos encomiables y otros discutibles y casi todos requiriendo mayor definición. Por ejemplo, el primero, "trabajar para que la economía cubana sea competitiva" es deseable, pero ¿quién hace el trabajo? ¿De qué y quiénes depende que se logre ese objetivo? ¿De qué competitividad estamos hablando, de la externa (con relación a las empresas de otros países) o de la interna (con relación a otras empresas domésticas)? Estos temas deben ser discutidos ampliamente para saber cómo deben crearse las condiciones que propicien y logren tal objetivo. La competitividad es una condición concreta de las empresas productivas, tanto en la esfera de los bienes como en la de los servicios. Pero las empresas deben operar en un ambiente propicio a la competitividad.

Concentrémonos brevemente en la competitividad externa. Primero hay que tener en cuenta que muchas empresas domésticas no querrán competir con empresas extranjeras y pedirán protección para poder sobrevivir la competencia extranjera bajo las excusas tradicionales de "competencia desleal", necesidad de proteger la "industria insipiente" y la necesidad de proteger empleos y capitalistas nacionales. Los gobiernos y las sociedades que sucumben a tales argumentos aplican trabas al comercio exterior que acaba distorsionando la economía interna y obstaculizando su desarrollo. Posiblemente el factor número uno que determina la competitividad de las empresas es su capacidad de competir con otras en condiciones de igualdad ante la ley y con plena libertad de acceder a los mercados correspondientes, tanto los de bienes como los de factores (trabajo y capital).

Pero la competitividad externa puede ser dañada por políticas o condiciones internas adversas. Por ejemplo, un monopolio estatal eléctrico o telefónico con tarifas excesivamente elevadas aumenta el costo de operación de todas las industrias y reduce su competitividad de costos. Un país con legislación laboral excesivamente paternalista pero irrealista a favor de los trabajadores puede elevar el precio de la mano de obra hasta niveles que desestimulen la inversión nacional y la extranjera, disminuyendo la capacidad de creación de empleos y el nivel de vida de los trabajadores, precisamente aquéllos que tal legislación intenta beneficiar.

Hay muchos otros factores que propician la competitividad de las empresas, como son la estabilidad de las políticas macroeconómicas, especialmente la monetaria y la fiscal; las garantías contractuales dadas por un sistema de administración de justicia eficiente y eficaz; las facilidades de crédito y de financiamiento; la estabilidad de los suministros; etc. Pero dadas todas estas condiciones, la competitividad de las empresas depende en última instancia de ellas mismas, de su capacidad para manejarse en medio de la incertidumbre de mercados que cambian continuamente, de enfrentarse o de desarrollar nuevos productos o nuevas tecnologías, de saber contratar personal competitivo, de saber despedir personal ineficiente, etc. Es también importante tener en cuenta que la competitividad de una economía depende de su capacidad para que desaparezcan las empresas que no son competitivas por su cuenta. Tratar de mantener o de proteger empresas que no son competitivas significa crearle a alguien, generalmente al estado y a los que pagan impuestos, una carga que desvía recursos hacia actividades improductivas, evitando que esos recursos se dediquen a actividades productivas.

La competitividad interna depende también de las propias empresas pero el estado tiene que velar por evitar prácticas monopolísticas como la colusión de empresas para fijar precios evitando la competencia en desmedro de los intereses de los compradores. Otras prácticas son el desarrollo de monopolios de intermediación de productos agrícolas, el desarrollo de otros monopolios como el de transporte de carga y de pasajeros, tan común en América Latina, la penetración de pandillas de extorsionistas (crimen organizado) en ciertos sectores de la economía (los estibadores y otras actividades portuarias y de la construcción son frecuentes), etc.

El instrumento principal por parte del estado para el mantenimiento de la competitividad y los mercados libres consiste en el sistema legal del país lo que incluye la normativa jurídica (la constitución y las leyes), los organismos y su personal debidamente calificado y la práctica acumulada de años.

El punto 2, "estimular la inversión en tecnologías que absorban fuerza de trabajo sugiere que "alguien", una fuerza exógena (¿el estado?), intervendrá en la economía de las empresas para forzar a las mismas a adoptar tecnologías que pueden ser obsoletas y que con la ilusión de acelerar la creación de empleo acabaría reduciendo o destruyendo la competitividad de las empresas. O sea, el punto 2 implica una contradicción flagrante con lo que se desea en el punto 1. Las empresas deben tener la libertad de seleccionar las tecnologías que mejor consideren para ser rentables. Nadie mejor que la empresa puede tomar estas decisiones. Ninguna burocracia está ni capacitada ni motivada para reemplazar la eficiencia empresarial desde afuera. Pensar que se puede micro-manejar la economía es repetir las fantasías fracasadas de América Latina y de los socialistas.

Los puntos siguientes contienen algunas proposiciones que tienen sentido y algunas otras no. Por ejemplo en el 3 la autonomía de la banca central es aconsejable, pero no tiene sentido que su modelo organizativo pueda garantizar las reservas de la nación, ni la fortaleza de una moneda única. En el punto 4 no hay que proponer un sistema bancario eficiente. El mismo debe desarrollarse como parte del desarrollo empresarial e inversionista de una economía de mercado. La eficiencia del sistema estará dada por su competitividad y será responsabilidad de las empresas bancarias mismas. El papel del estado y de una banca central autónoma será el de establecer y garantizar el marco regulador apropiado sobre la base de reglas prudenciales. El punto 5 propone ajustes regulares de las tasas de cambio y los aranceles. Lo primero es altamente discutible si se cree (como yo lo creo) que es mejor que el país tenga tasas libres de cambio. Lo segundo es absolutamente imposible. Los aranceles no se cambian de esa manera sino que tienen mucha más estabilidad. El manejo de la tasa de interés es un tema de política monetaria y es potestad de una concepción orgánica deseable para Cuba.

Los puntos 7 y 8 proponen eficiencia y eficacia fiscal, lo cual está bien, excepto que no es comprensible cómo el fisco puede propiciar "el desarrollo y la creatividad del ciudadano". El punto 10 está planteado de una manera confusa pero puede entenderse que el sistema legal debe permitir el desarrollo sostenible en un estado de derecho, todo lo cual es muy deseable. Los puntos 11 y 12 no reconocen las posibilidades de intercambio ("trade offs") entre la economía y los problemas del medio ambiente. Existen intereses antagónicos en este aspecto que deben ser reconocidos explícitamente pero cuya solución no es susceptible de fórmulas automáticas, legales o simplistas. En el punto 13 se reconocen los derechos de los dueños expropiados después de 1959, así como el de los usufructuarios actuales de los activos involucrados. Esto es correcto, pero omite reconocer las compensaciones de todos aquellos ciudadanos que sin haber sido dueños de activos fijos expropiados sufrieron grandes pérdidas en función de su capital humano por prisión o pérdida de la vida a manos del gobierno actual.

El punto 14 que promueve "la participación de los trabajadores en la toma de decisiones y en los dividendos de

156

las empresas" es, lo tengo que decir claramente, un disparate. Semejante principio impediría el desarrollo económico del país, pues no habría inversionista que se arriesgaría a colocar recursos ante tal amenaza. El punto refleja una concepción caprichosa y voluntarista sobre cómo funciona una economía de mercado, partiendo de un enfoque humano pero equivocado, simplista y paternalista. El punto 15 propone la protección de las empresas medianas y pequeñas, lo que muestra de nuevo una falta de comprensión de cómo operan estas empresas dentro de las reglas de juego y el marco legal de una economía de mercado. Cuando en tales condiciones una empresa necesita protección para sobrevivir es una indicación inequívoca de que no debe existir. En estos casos el sistema económico debe facilitar su desaparición en lugar de prolongar su agonía. Hay que dejar que los inversionistas de cada empresa corran el riesgo y tomen ellos las decisiones necesarias para que sus empresas prosperen. Esta es la base de eficiencia que se declara como un objetivo deseable en el Itinerario.

La propuesta de tener legislación antimonopolio es adecuada y parte del marco legal en que debe operar una economía de mercado. También propiciar el crecimiento del empleo como aparece en el punto 17 es adecuado, pero la palabra "paulatino" está demás. Aquí lo que hay que propiciar es la inversión nacional y extranjera, especialmente la inversión directa, pues es la generadora de empleo por excelencia. Conjuntamente, el estado debe facilitar la fundación de nuevas empresas, de todo tamaño, reduciendo a un mínimo las licencias y permisos, además del tiempo y los costos necesarios para su creación. La mayor parte de las empresas deben poder crearse e inscribirse como entidades que contribuirán al fisco en cuestión de pocos días, sin intervención de abogados y con muy poco dinero y burocracia. Algunas empresas como las productoras o procesadoras de alimentos, las farmacéuticas y las médicas, entre otras requerirán más tiempo para la obtención de licencias, pero este proceso debe ser lo más expedito posible.

El punto 18 propone la creación de condiciones para desarrollar una fuerza laboral calificada, lo cual es muy deseable y debe ocurrir en la medida en que se desarrolle una economía de mercado. Sin embargo el punto 19 plantea otra disposición incompatible con una economía de mercado. Razones al absurdo. ¿Cómo puede lograrse una distribución equitativa del ingreso nacional? ¿Es razonable esperar que cuando la economía cubana comience su recuperación todos los agentes económicos, independientemente de su edad, su educación, su habilidad organizativa y sus deseos de progresar van a generar el mismo ingreso? Obviamente la respuesta es no.

Entonces el objetivo de equidad significa quitarle a los que más ganen para darle a los que menos ganen, o sea, lo que comenzó a hacer el gobierno de Fidel Castro hasta que eliminó todo incentivo a trabajar y redujo la economía cubana a la indigencia actual. La economía cubana jamás se recuperará si se aplican principios ingenuos y caprichosos como éste, lo cual condenaría a los cubanos a la prolongación de su miseria.

La reducción de las desigualdades en la distribución del ingreso y de la riqueza se logrará mediante una mayor equidad en la distribución de las oportunidades educativas. La experiencia enseña y la teoría demuestra que cuando el gobierno interviene en la economía para lograr objetivos deseables pero poco factibles, lo que logra es precisamente el efecto contrario al buscado. En este punto tengo que decir con toda franqueza y honestidad que se requiere mucha más reflexión sobre estos puntos y mucha más comprensión sobre cómo operan las economías y cómo aplicar el análisis económico eficazmente a cuestiones como ésta.

De aquí en adelante me concentraré en los puntos más álgidos. No tengo comentarios sobre los puntos 20, 21 y 22. Sin embargo el punto 23 regresa aunque de manera más explícita, a plantear el papel del estado como interventor en la economía, esta vez en forma de gerente. Lo que este punto debe definir es el papel del estado como productor de bienes públicos, lo que hemos mencionado anteriormente. Un bien público es uno tal que no puede excluir de su consumo a un cierto número de consumidores, o sea, es de consumo colectivo. Por ejemplo, el alumbrado público no es "consumido" típicamente por un solo transeúnte, sino por todos los que están a su alcance. De ahí que generalmente no se produce por el sector privado. Otros ejemplos de bienes públicos es la seguridad nacional, la existencia de una administración de justicia que garantice los derechos individuales, la estabilidad de la moneda, la salud pública, la existencia de una ciudadanía educada y culta, la seguridad en las calles, etc.

Cuando uno se pone a pensar lo difícil que es para un gobierno establecer la estructura tributaria necesaria para colectar los ingresos fiscales y organizar todas las entidades que se necesitan para producir los bienes públicos que la sociedad demanda, se puede percibir la carga de trabajo que lleva todo gobierno de un país bien administrado.

El punto 24 aboga por el desarrollo del interior del país, lo cual es adecuado y se logrará en la medida que un gobierno de transición cree las mismas condiciones a lo largo de la isla. En este aspecto, los gobiernos locales deben organizarse adecuadamente, pues unas regulaciones locales que no estén sincronizadas con las nacionales pueden propiciar desequilibrios regionales en materia de oportunidades de desarrollo. Un razonamiento similar puede hacerse con relación a la distribución regional de las inversiones en infraestructura. En este sentido hay que reflexionar también sobre el papel de los gobiernos locales y qué clase de sistema fiscal deberá tener el país en el futuro. Por ejemplo, uno de los temas es el de federalismo fiscal o el grado de centralización o descentralización que tendrán las administraciones provinciales y municipales en materia de estructura y administración tributaria y qué grado de autonomía en el uso de los fondos. Los temas son numerosos, por ejemplo, ¿qué localidades tendrán que ser subsidiadas por el gobierno central por no tener suficiente base económica para pagar los impuestos que cubran los gastos locales del gobierno? Es necesario que el Itinerario de Reflexión alcance el resto de la isla.

El punto 25 propone una solución inadecuada al movimiento de los llamados capitales golondrina. En la medida que los mercados de capital se desarrollen en Cuba, lo que no debiera ocurrir en el principio de una transición para estimular la concentración de capitales en inversiones directas, las restricciones artificiales de tales capitales pueden crear más problemas de los que resuelve. El punto 26 sobre garantizar una seguridad social es irrealista. No se puede ni se debe prometer que el estado de una Cuba que intenta reconstruir su economía y sus instituciones democráticas sea cargado con garantías que no podrá cumplir. Al comienzo de una transición, la seguridad social será probablemente precaria y se irá mejorando de acuerdo a cómo se desarrolle la economía y se amplíe la base tributaria.

El punto 27 no existe en el documento. El 28 es una buena idea, pues propone la creación de un sistema de monitoreo de las condiciones económicas del país con independencia del gobierno. Igualmente el 29 sobre la prevención de la corrupción es un objetivo que debe ser prioritario. Cuba efectivamente debe unirse a los tratados internacionales que la beneficien, como lo plantea el punto 30. El punto 31 sin embargo plantea como un apotegma que los trabajadores deben ser protegidos de los empleadores con un salario mínimo justo. La teoría económica insiste en que el salario mínimo va en detrimento de los trabajadores menos productivos, que suelen ser precisamente los más pobres. Al mismo tiempo hay que apuntar que a pesar de muchos esfuerzos investigativos y de alto rigor metodológico, nadie ha podido confirmar o invalidar empíricamente el precepto teórico que se basa en la Ley de la Demanda. También como apuntamos más arriba, la doctrina de salario justo está basada en un concepto obsoleto que no es aceptable en la mayoría de las instituciones académicas serias del mundo.

Los puntos 32 y 33 sobre el derecho a crear sindicatos y el derecho a la igualdad de oportunidades son perfectamente congruentes con los objetivos de una economía de mercado en una democracia. Lo mismo puede decirse sobre la necesidad de promover el desarrollo de la sociedad civil, como lo propone el punto 34. En el punto 35 que trata de la deuda externa, el papel de tal negociación le corresponde al poder ejecutivo cuyas negociaciones podrán ser refrendadas por un cuerpo legislativo. El Banco (aunque no se especifica, suponemos que el Central) deberá jugar un papel asesor e instrumental de apoyo al ejecutivo.

IV

La Quinta Etapa presenta muchos puntos que ya han sido discutidos arriba. Sin embargo, creo que debo hacer cuatro comentarios pertinentes. El primero es sobre la estrategia recomendada de "que la constitución garantice un sistema de Seguridad Social". ¿Cómo se le puede pedir a una constitución que garantice un sistema de seguridad social? ¿Se quiere decir que se cree un mandato de crear un sistema de seguridad social? Parece que se desea garantizar legalmente una acción económica que depende de la economía no del cumplimiento de las leyes. Esta Quinta Etapa está llena de objetivos paternalistas que han plagado las economías latinoamericanas hasta evitar que se desarrollen debidamente. La felicidad no puede legislarse, no puede ser objeto de un mandato constitucional. Una cosa es que la constitución defina las reglas del juego y la estructura orgánica del estado y de la administración pública y otra es que se pretenda usar para garantizar lo que no es garantizable, lo que crea expectativas irrealistas en la población que cuando no son cumplidas conllevan al descontento, a la desconfianza en las instituciones del país y oportunamente a la inestabilidad.

En la Quinta Etapa se supone que el ciudadano tiene que ser protegido de diversas formas contra las empresas y contra poderes superiores. Esto puede ser adecuado hasta cierto punto, pero hay que tener en cuenta que una sociedad en que impera un estado de derecho y donde los ciudadanos son libres, los mismos tienen facultades que les permiten ser los principales custodios de sus intereses. El documento peca de un excesivo paternalismo, como si el ciudadano tiene que ser continuamente protegido sin que se piense que parte del beneficio de ser libre y de vivir en un estado de derecho es el saber cuidarse de los depredadores que existen en todas partes, sean empleadores, empresarios, políticos, vendedores, líderes sindicales, profesionales de distintas ramas, o hasta religiosos.

Mi tercer comentario es a la estrategia del Itinerario en que se recomienda el uso de los recursos de organismos internacionales de carácter multilateral, como el Banco Mundial, el Fondo Monetario Internacional y el Banco Inter-Americano de Desarrollo y otras agencias de la colección de las Naciones Unidas. Es mi experiencia directa con estas entidades que aunque pueden jugar un papel útil en el desarrollo de ciertos proyectos, pueden constituir una distracción importante a la gestión gubernamental. Los recursos financieros de los organismos de préstamo pueden ser útiles para el desarrollo si se administran bien y se definen adecuadamente con las respectivas misiones de esos organismos.

Esto va como una advertencia seria a los cubanos que alguna vez estén en posición de recibir y negociar con estas entidades. Prepárense adecuadamente antes de recibir cualquier oferta, pues puede ser más beneficiosa para el gobierno (o su burocracia y sus políticos) que para la ciudadanía en su conjunto. Los proyectos que se discutan deben ser debida e intensamente estudiados por personal competente y economistas de experiencia internacional. Desafortunadamente Cuba ha sufrido en estos últimos casi cincuenta años de una educación económica insuficiente y de un aislamiento internacional de tal magnitud que la hace muy vulnerable a los designios de entidades externas que no comparten los intereses de la ciudadanía cubana. Existen personas en Cuba que le tienen una especie de fe ciega a los organismos internacionales y se olvidan que los mismos están manejados por individuos con intereses privados. Insisto. Tales organismos pueden brindar recursos financieros y técnicos de utilidad, pero hay que saber identificarlos y administrarlos. Una última palabra en este aspecto. No hay que olvidarse, como lo hace el Itinerario, de los organismos bilaterales de asistencia para el desarrollo. Muchos de estos ya están operando en Cuba aunque a una escala muy pequeña.

Mi cuarto y último comentario en esta sección es una observación sobre la propuesta de que una "ley de prensa que garantice el respeto al código deontológico". ¿Qué significa esto? Suena como si lo que se publique deberá estar sujeto a restricciones de naturaleza ética, lo que requiere una vigilancia y sistema de aprobación desde afuera. Si esta interpretación es correcta, la estrategia sería inadmisible en una democracia, donde la prensa no debe tener restricciones en cuanto a la libertad de expresión.

V

La Sexta Etapa, al igual que la Quinta, presenta puntos ya discutidos anteriormente. Sin embargo es pertinente indicar que el documento en su conjunto puede ser sustancialmente mejorado si se le estructura mejor dentro de un plan que tenga una lógica interna más diáfana y donde haya más foco en los objetivos, en las estrategias para lograrlos, en los recursos que se requieren y en un marco dinámico, o sea, dentro de diversos horizontes de planeamiento. Por ejemplo, los objetivos estratégicos deben estar claramente separados de lo que es deseable pero no puede ser objeto de las operaciones concretas de entidades privadas o estatales. Por otro lado, los objetivos deben ser confrontados con los recursos para saber lo que es factible en diversos períodos. El Itinerario necesita más desarrollo en la exposición de ciertas ideas o proposiciones, que se presentan de una manera demasiado lacónica y se prestan por lo tanto a confusión.

A modo de conclusiones de estos comentarios quiero hacer dos observaciones de carácter general. De la lectura de los trabajos se desprende que los participantes se debaten entre la necesidad de buscar una salida a la insólita situación en que se encuentra el país donde nacimos y una cierta timidez en plantear las ventajas de una sociedad de plenas libertades individuales. Habiendo vivido en Cuba hasta 1967, creo que tengo un marco de referencia sobre las condiciones de vida bajo el totalitarismo y la necesidad de que estos ejercicios se hagan con una cierta prudencia para que no se vayan a presentar maliciosamente como actos subversivos. Esta observación no le quita un átomo de mérito al esfuerzo hecho por todos los participantes y organizadores del Itinerario de Reflexión. Sin embargo me atrevería a decir, en aras de la continuidad de estas reflexiones (a pesar de las nuevas condiciones) que la timidez que me parece notar sobre la libertad individual es resultado de un temor a la economía de mercado acaso influenciado por la propaganda antidemocrática de que tal economía es una de "capitalismo salvaje".

¿Habrá este bombardeo propagandístico establecido un prejuicio contra la economía de mercado en algunos o todos los participantes del Itinerario? Es posible y es hasta natural, pero no hay nada de malo en ello mientras se esté consciente del sesgo. Como he indicado en otra parte de estos comentarios, la economía de mercado y la sociedad que opera bajo plenas libertades civiles produce muchos resultados indeseables, pero eso no puede convertirse en una excusa para coartar esas libertades o para crear un aparato estatal bajo la ilusión de que el mismo tendrá la solución a todos los problemas que se presenten. No debemos olvidar que tanto el estado como otras organizaciones están manejadas por individuos privados, con intereses propios, que dejados solos se inclinan a usar sus prerrogativas a favor de los que les conviene a ellos y no a otros. No obstante, las preocupaciones éticas del Itinerario son absolutamente legítimas y deben ser expresadas y debatidas amplia y permanentemente, pero debemos tener cuidado en no tratar de canalizarlas mediante mecanismos ilusorios que crean más problemas de los que resuelven

Sobre el mismo tema, y aunque me resulte un poco difícil decirlo, no puedo soslayar un problema que se refleja en el documento. De nuevo, mi experiencia en la Cuba totalitaria incluyó el haber sido estudiante de economía de la primera promoción de la primera carrera de economía de la Universidad de la Habana que se llevó a cabo en el Instituto Juan Noyola. Esta experiencia, junto con mi trabajo en planificación económica en el gobierno, me permitió conocer de primera mano las profundas deficiencias en la educación económica que sufría el país y seguiría sufriendo por mucho tiempo. Las teorías económicas modernas no se discutían abiertamente porque se consideraban "burguesas" y por lo tanto contrarrevolucionarias. Esto ha hecho más heroico el esfuerzo de los participantes del Itinerario de Reflexión que de todas maneras emprendieron el ejercicio a sabiendas de la necesidad de enfrentar los graves problemas del país aun en condiciones de desventaja y con limitaciones en los materiales de referencia y estudio.

También estoy consciente del trabajo que se ha hecho en Pinar del Río para enseñar economía con los pocos materiales y recursos disponibles y en medio de un ambiente adverso y amenazante. Pero hay que seguir el esfuerzo de educación económica en el país, y al decir esto no me refiero a la educación de economistas del más alto nivel académico, sino a la educación de la población en general para que tengan un nivel mínimo de comprensión sobre temas económicos, del mismo modo que se intenta tener una educación para la salud, una educación cívica y otras formas de educación general. El ciudadano debe tener una educación mínima en general en las ciencias sociales para que pueda ejercer su influencia de una manera más eficaz y eficiente en la economía, en la gobernación y en los procesos de política pública del país.

Por último yo deseo reiterar mi firme convicción, expresada en la primera parte de estos comentarios, del enorme valor que este itinerario de Reflexión tiene como un paso indispensable para que la ciudadanía se prepare para emprender un proceso de reconstrucción nacional que ayude a Cuba a superar la situación actual. Aunque mis comentarios puedan parecer un poco duros o poco diplomáticos, yo creo que la crítica directa es absolutamente necesaria para llegar a soluciones de problemas tan graves y serios como los que nos ocupan. Ojalá podamos repetir este ciclo de intercambios y continuarlos en el futuro con nuestros compatriotas en la isla.

Miami, 30 de julio de 2007

Diez pasos para rehabilitar la economía cubana

Este trabajo supone que una rehabilitación de la economía cubana se basará en la instalación de una economía de mercado operando en el marco de un sistema legal que garantizará los derechos de propiedad, la libertad de empresa y contratación, la eficiencia de los mercados y la movilidad de los factores productivos. Me refiero a una rehabilitación de la economía cubana cuyo objetivo central es el rápido mejoramiento del nivel de vida de su población, para lo cual será necesario que se eleven los niveles generales de producción y de productividad, que existan amplias oportunidades de empleo y de inversión y que nadie sea discriminado por sus opiniones políticas, creencias religiosas, origen étnico o racial, u otros rasgos distintivos de minorías o grupos especiales. O sea, en este trabajo señalo el mejoramiento económico general de la población en dos dimensiones básicas, una de crecimiento macroeconómico o global y otra de equidad distributiva de oportunidades para los diversos agentes que componen una economía.

La rehabilitación, por otro lado, no debe entenderse como un intento para restaurar la economía prevaleciente en Cuba hasta 1959, ni tampoco para eliminar completamente algunos de sus rasgos. Lo que intento aquí es definir aquellas características institucionales y organizativas que son necesarias en una economía moderna y capaz de satisfacer las necesidades de la sociedad expresadas libremente por los ciudadanos. Una economía moderna no es una economía donde una súper-autoridad económica determina el rumbo y la naturaleza del desarrollo económico, sino que el desarrollo es más bien el resultado de las preferencias y acciones de los ciudadanos actuando libremente para perseguir sus intereses privados y comunes. Bajo ese entendido voy a resumir las medidas a tomarse al comienzo de tal esfuerzo en diez pasos, cada uno de los cuales será explicado detalladamente más adelante. Los diez pasos son los siguientes:

Legalizar la libertad de empresa. Levantamiento inmediato de los impedimentos hacia el libre comercio, la libre contratación de factores productivos y el establecimiento de nuevos negocios y empresas productoras y distribuidoras de bienes y servicios;

Restaurar la propiedad privada. Definición de una política de restauración de la propiedad privada de los medios de producción que incluya la restitución y/o la compensación de propiedades confiscadas, la privatización de todas las empresas estatales y la legalización de las empresas creadas por ciudadanos cubanos;

Facilitar las inversiones. Crear las condiciones necesarias para atraer la inversión directa (nacional y extranjera) en todos los sectores de la economía cubana, pero especialmente en el sector exportador;

Redefinir el régimen monetario. Establecimiento de un régimen monetario y formulación de las políticas monetarias que ayuden a maximizar la inversión y mantengan la estabilidad cambiaria y de precios internos;

Reforma fiscal. Definición e instalación de un sistema tributario compatible con la base económica del país según se recupera y capaz de satisfacer las necesidades de mayor prioridad del gasto público;

Modernización del estado. Redefinición del papel del estado en la nueva sociedad, favoreciendo la reducción del tamaño de los gobiernos central y locales, un alto nivel profesional y salarios concomitantes para los servidores públicos, la descentralización fiscal y la eficiencia en la administración de justicia;

Desarrollo constitucional. Desarrollo de las bases necesarias para la formulación de una constitución moderna que facilite el desarrollo de la economía e impida la introducción de distorsiones y la intervención en los mercados;

Creación del sector financiero. Creación de las condiciones para estimular el desarrollo de bancos privados con participación de entidades nacionales y extranjeras y de todos los tipos de empresas que forman un sector financiero moderno;

Reforma educativa. Depuración ideológica del sistema actual y desarrollo de la base de capital humano del país cubriendo todas las formas en que el mismo se hace necesario para el desarrollo económico de Cuba, desde la enseñanza pre-escolar y básica, hasta la técnica y superior y sistemas de financiamiento;

Reforma del sector salud y del seguro social. Implantación de una política de recuperación de gastos combinada con mecanismos de financiamiento de las pensiones y de programas preventivos y asistenciales de salud. Desarrollo de los sistemas de pensiones que permitan hacerle frente a las necesidades de una población con una proporción alta y creciente de personas de la tercera edad.

Antes de proseguir con algunas explicaciones detalladas de cada uno de estos acápites, vale la pena aclarar que estos diez pasos representan más bien un conjunto de medidas que deberán ser tomadas de una manera más o menos coordinada en diversos momentos cuando comience un programa de reforma o rehabilitación económica. Los "diez" pasos son solamente una forma sencilla de presentación, al alcance de todo ciudadano educado, de los elementos que deben tenerse en cuenta en este proceso. Tampoco debe entenderse que los "pasos" son para ser seguidos secuencialmente. En realidad, algunos de los mismos son para ser adoptados paralela o simultáneamente. Por ejemplo, la liberalización de la economía debe iniciarse desde el primer día de un plan de transición o reforma, al mismo tiempo que la reforma del sistema fiscal y las decisiones que se tomen en materia de inversiones y política monetaria, por citar sólo un caso.

La experiencia de los otros países socialistas desde la caída del Muro de Berlín en 1989 y la desaparición de la Unión Soviética en 1991 nos ha dejado y sigue dejando muchas lecciones que deben ser tenidas en cuenta en Cuba. No se trata de copiar experiencias mecánicamente sino de aprender lo que es pertinente y aplicable de las experiencias de otros.

Una de las más importantes es que si la transición hacia un nuevo sistema económico se lleva a cabo simultáneamente con la transición hacia un sistema político de más amplia participación de lo que fueron los regíme-

172

nes anteriores, es de esperar que habrá grandes dificultades en lograr los acuerdos necesarios para crear los marcos constitucionales y legales indispensables para que un nuevo sistema económico opere eficientemente. Los legisladores no siempre entienden los requisitos para que una economía de mercado funcione plenamente. En los países socialistas existen muchos que cargan con años de prejuicios sobre la libertad económica y de empresa. En este aspecto, es necesario que el gobierno a cargo de una transición sepa explicarle y le explique a la población los detalles y las razones de las medidas que se tomen para mejorar la economía. Lo ideal sería que dicho gobierno estuviera preparado para llevar a cabo una empresa de semejante tamaño, pero la realidad nos indica que lo contrario prevalece, o sea, la improvisación, las presiones de ciertos grupos de intereses especiales, las relaciones internacionales, etc. Debido a estas razones es muy útil la discusión anticipada de estos temas, para crear consenso sobre los problemas que tienen soluciones más técnicas que políticas, aunque no siempre es fácil separar ambas.

La transición hacia una economía de mercado no es una actividad factible mediante el mercado, sino que tiene que ser lograda por alguna autoridad estatal que crea en la eficiencia y en la ética del mercado, lo cual representa una paradoja. De por sí, la disminución del tamaño del estado y del poder político es algo que casi todos los políticos de cualquier pensamiento ideológico tienden a evitar o rechazar, pudiera decirse, por puro instinto. Es aquí donde uno desea que se imponga la voluntad de la sociedad civil que, al actuar coordinadamente con sus propios intereses, induzca a las autoridades, incluyendo a los legisladores si los hubiere, a que adopten las medidas necesarias para desconcentrar los poderes económicos y políticos acumulados anteriormente. Esto pudiera ser una forma ideal de proceder en una transición. Lo mejor sería que en el momento de comenzar el proceso hubiese entre la población un grado de consenso lo suficientemente amplio como para lograr las medidas con el acuerdo de la mayoría de los ciudadanos. Pero nadie sabe en qué condiciones se encontrará el país cuando pueda emprender el camino de la reforma económica. El legado de estos cuarenta y tantos años de casi nula participación ciudadana en asuntos públicos, tanto a nivel nacional, como local, dejan una secuela de interrogantes que sólo serán dilucidadas en el marco de una sociedad abierta.

En cualquier caso, hoy es posible visualizar que el camino hacia una reforma económica de la magnitud que se requiere en Cuba está lleno de obstáculos concretos, muchos de ellos (pero no todos) engendrados por las condiciones en que ha venido operando el régimen actual, el cual ni siquiera tomó en serio el desarrollo de una economía socialista. Uno de estos obstáculos es la falta de economistas adecuadamente capacitados en Cuba, listos para formular y dirigir exitosamente una estrategia de transición hacia un sistema económico superior y de mayor complejidad. Aunque este es un tema sumamente delicado, es necesario abordarlo con valor, franqueza y con sensibilidad para encontrar soluciones y no para que permanezca como una fuente de dificultades y hasta de discordia en el futuro. La realidad es que los economistas cubanos, residentes en Cuba en el momento de una transición serán los que estarán a cargo de la instalación de una nueva economía, independientemente de la asistencia técnica o del apoyo que quieran recibir de otros economistas fuera de la isla, ya sean cubanos de origen o no. Por esto es necesario que dichos economistas, disidentes o no, se preparen para una transición. La responsabilidad que recaerá en ellos y ellas, mujeres y hombres, será enorme y, como tal, no se le escapará al juicio de la historia. Con estas ideas en mente es que he escrito estas páginas. Las mismas no están escritas en un lenguaje técnico, si no en uno al alcance tanto de los economistas cubanos como de los no economistas cuya participación en el proceso es indispensable. Ahora vamos a pasar a una discusión más detallada de los diez pasos que nos ocupan.

La Libertad de Empresa no es un dogma o principio ideológico a ser impuesto mecánica o dictatorialmente siguiendo a ciegas un programa de gobierno o de reforma. La libertad de empresa es una necesidad práctica de los miembros de una sociedad que aspira a lograr un progreso continuo en sus niveles de vida. Dicha libertad incluye también la libertad del ciudadano de consumir lo que se le antoje y de trabajar donde más le convenga. La libertad es necesaria porque las múltiples actividades económicas que tienen éxito no pueden ser administradas por una sola fuente o consorcio, si no por el concurso de muchos agentes económicos buscando las actividades más lucrativas. El lucro o la ganancia, cuando se obtiene competitivamente y no por privilegios, es una medida que combina la eficiencia de la producción con la capacidad de satisfacer las necesidades de una sociedad. Todas estas formas de libertad económica se hacen necesarias para que todos los miembros de una sociedad tengan oportunidades de progresar y contribuir al progreso de la sociedad en su conjunto, de lo contrario las ventajas del desarrollo económico se concentrarían en los grupos privilegiados, como es en el caso de las economías que no son de mercado, como las socialistas o planificadas centralmente o las basadas en monopolios u otros privilegios.

Las economías socialistas, tal como fueron conocidas por el mundo hasta su casi total extinción, no lograron materializar el objetivo marxista de lograr un nivel de "desarrollo de las fuerzas productivas" ni unas "relaciones de producción" superiores a las del capitalismo de mercados libres. De hecho, Marx mismo no pasó de una definición utópica de economía socialista y nadie logró posteriormente, desde el triunfo de la revolución bolchevique en 1917 hasta nuestros días, establecer las condiciones teóricas y prácticas para que una economía pudiera operar eficientemente. Los esfuerzos de economistas marxistas como Michael Kalecki, Oscar Lange y otros fueron en vano. Si hay un sistema económico superior al de una economía de mercado todavía está por descubrirse. Con todos los defectos que se le puedan señalar, la práctica demuestra que la economía de mercado ha sido capaz de mejorar las condiciones de vida de los seres humanos por encima de cualquier otro sistema. Los defectos que vemos son, muchas veces, resultado de que el modelo de mercado no opera porque en algunos países sufre trabas causadas por privilegios existentes a grupos especiales, como medidas proteccionistas que restringen el libre comercio, o sindicatos que obstaculizan la creación de empleo.

La libertad de empresa consiste primordialmente en la libertad que todo ciudadano debe tener de poseer propiedad, producir, consumir, utilizar, comerciar, almacenar, vender, comprar o intercambiar bienes o servicios de todas las maneras que le convenga a los participantes en las diversas transacciones sin que intervengan fuerzas superiores de ninguna índole como la de un gobierno o coalición de intereses especiales. La libertad de empresa no es un sistema de economía salvaje como algunos quieren hacer ver, sino que en su versión más desarrollada es un sistema sujeto a reglas muy claras donde, en primer lugar, se respetan los derechos de propiedad de todos los miembros de una sociedad y, además, se impiden que las concentraciones de poder económico puedan llegar a ejercer un control monopolista sobre los mercados y limitar las opciones de los agentes económicos que buscan legítimamente su propio beneficio.

La capacidad productiva, base del progreso humano de una economía, depende de sus empresas y de la libertad que las mismas tengan para tomar las decisiones que las hacen más eficientes y competitivas, mejores fuentes de trabajo, y poseedoras de más posibilidades de crecimiento y de desarrollo técnico. En este contexto, el papel del gobierno es asegurar la existencia y el cumplimiento de las leyes que garantizan los derechos de propiedad y la seguridad de los contratos entre entidades o agentes económicos y no obstaculizar la libertad de las empresas, aunque sí impedir las conspiraciones que limitan la libertad de comercio, la flexibilidad de los precios y la eficiencia de los mercados. El gobierno debe facilitar tanto la apertura de nuevas empresas evitando trámites burocráticos absurdos, engorrosos o costosos, como el cierre de las empresas que fracasan o que deciden retirarse de los negocios por diversas razones. Es especialmente importante que las empresas tengan la libertad de ser capaces de competir con otras empresas, tanto nacionales como extranjeras, y que ofrezcan los precios más bajos posibles así como productos que atraigan suficientes consumidores.

La libertad de empresa no tendría mucho sentido si no existiera la libertad de los consumidores de comprar lo que se les antoje, de los trabajadores de trabajar donde crean que más les conviene, de los ahorristas de colocar sus reservas en donde piensen que están más seguras o son más lucrativas y de los inversionistas de asignar fondos en las empresas que ellos opinen que ofrecen mejores ventajas financieras y económicas. Las familias en sí mismas son como pequeñas empresas y deben tener las libertades necesarias para poder elegir aquellos productos, servicios y actividades en general que le sean más convenientes o provechosos, sin intervención de fuerzas externas como es el estado.

Es por todas estas razones que el primer paso a dar en la rehabilitación de la economía cubana es el de proclamar la libertad absoluta de crear empresas de todo tipo y de eliminar el sistema de racionamiento del consumo. Esto incluye el levantamiento de todas las trabas al libre comercio, la liberación de precios, la liberación de contratación de personas y la liberación de todo otro obstáculo a la producción.

Aunque es necesario que las empresas estén debidamente registradas para que paguen oportunamente los impuestos que les corresponden, es necesario que tales trámites sean sencillos y rápidos para que no reduzcan la eficiencia económica ni requieran muchos recursos burocráticos en su administración. Será igualmente necesario que ciertas empresas estén sujetas a un mínimo de regulaciones, por ejemplo, las expendedoras de alimentos deben regirse por códigos mínimos de salud, las agrícolas en el uso de pesticidas y así sucesivamente.

La libertad de empresa también requiere que existan mecanismos gubernamentales que vigilen la competencia y detecten, prevengan y hasta lleguen a penalizar a los que aplican prácticas monopolísticas como son la formación de carteles para elevar los precios por encima de los de mercados libres, limitar la calidad de los productos, o cualquier acción que impida la flexibilidad y eficiencia de los mercados competitivos. Habrá más sobre este tema cuando veamos las inversiones más adelante.

La Propiedad Privada incluye toda forma de propiedad, productiva o no, de cualquier tamaño, de cualquier dueño o asociación de dueños y la libertad de hacer con ella todo lo que desee, siempre dentro de las leyes que garanticen la libertad de empresa y otras libertades civiles. La propiedad privada cuando es legítima, o sea, cuando no es resultado de expropiaciones ilegales, robo, u obtenida con la compra con fondos mal habidos, es sacrosanta pues representa la materialización de las libertades individuales y el producto del esfuerzo sostenido de los propietarios.

La rehabilitación de la economía cubana debe enfrentar inteligentemente, pero con suma rapidez, el problema de la restitución de los derechos de propiedad a toda la población. Esto incluye a aquellos individuos y entidades, nacionales y extranjeras, que fueron expropiados y no compensados por el gobierno revolucionario. Este proceso no incluye solamente la restitución o compensación de dichas propiedades sino también el de la recreación del

179

sector privado de la economía que incluiría la apertura de nuevos negocios y la privatización de las propiedades estatales creadas por el gobierno revolucionario y que nunca fueron privadas.

Este es un problema de suma complejidad que requiere mucha reflexión, pero también una capacidad administrativa y ejecutiva que permita la resolución rápida de las reclamaciones pendientes. Sin que este problema se resuelva, la economía cubana puede llegar a demorarse significativamente en atraer las inversiones necesarias para una plena rehabilitación. El mundo inversionista internacional, así como los organismos bilaterales y multilaterales de asistencia y/o financiamiento internacional de desarrollo estarán observando el comportamiento del gobierno cubano en esta fase crítica de la transición hacia un sistema económico más eficiente y equitativo que el vigente durante el socialismo. Las nuevas inversiones necesitarán garantías legales y de otro tipo antes de llevar fondos, tecnologías y nuevos mercados a Cuba y del compromiso del gobierno y de la sociedad en su conjunto de que dichas garantías serán estables y respetadas de manera permanente. Es importante no confundir dichas garantías con privilegios especiales como exenciones de impuestos o medidas de protección comercial o trato preferencial. La garantía involucra el derecho de propiedad y a no ser expropiado sin compensación, así como de no estar las empresas sujetas a medidas confiscatorias como impuestos excesivos o códigos laborales irrealistas.

La restitución de todas las propiedades confiscadas o socializadas por el gobierno revolucionario no será posible por muchas razones. Una de ellas es porque algunas de esas propiedades ya no existen o han sufrido transformaciones o fusiones con otras propiedades que impiden en la práctica la simple devolución. En tales casos, el gobierno de transición deberá formular y poner en práctica una política de compensación que, aun cuando no existan muchos fondos para que tenga un gran impacto, debe ser una muestra del compromiso con una economía basada en el sector privado. Otras propiedades, cuyos antiguos dueños puedan ser fácilmente identificados y con instalaciones claramente separables de otros intereses, podrán ser devueltas estén o no sujetas a compensaciones adicionales por daños o pérdidas significativas.

Un grupo de propiedades que presenta una problemática especial es el de bienes raíces urbanos, especialmente inmuebles que se utilizaban para alquiler de viviendas o para la vivienda directa de sus dueños y que hoy están ocupados por otras familias o inquilinos individuales. Es obvio que el gobierno de transición no podrá poner a todas esas personas en la calle en el momento en que se hace cargo de una economía depauperada y endeudada, por lo tanto una de las soluciones a ser contempladas para reconocer los derechos de propiedad de los antiguos propietarios es el de brindarles instrumentos de deuda, bonos o certificados de exención tributaria negociables en mercados financieros. Nótese que la eficacia de estos mecanismos dependerá del ritmo de recuperación de la economía. En la medida que no haya crecimiento del Producto Interno Bruto, los fondos que se puedan hacer disponibles para pagos de deudas no crecerán *pari passu*. Por otra parte, hay que cuidar que no se emitan instrumentos que acarrean compromisos futuros de pago que sean cuantitativamente incompatibles con las capacidades del estado de generar ingresos fiscales y las necesidades de gasto. Es por esto que el diseño de estos sistemas tiene que ser llevado a cabo por profesionales especialistas en cuestiones fiscales.

Una parte de los fondos necesarios para compensar las pérdidas sufridas por expropiaciones puede ser generada por los ingresos que pudieran obtenerse de la venta, por subasta o por otras vías, de los medios en manos del estado cubano y que nunca tuvieron dueños privados. Este proceso, sin embargo, debe llevarse a cabo con suma agilidad y con máxima transparencia pues se presta para transacciones que no respondan al interés nacional o que sean simplemente ilegales.

De todo lo expuesto hasta aquí, hago hincapié en que la rehabilitación o el resurgimiento del sector privado vía restitución o privatización más importante es posiblemente el que debe realizarse en la constelación de pequeñas empresas que constituían una buena parte de la economía cubana, posiblemente mayoritaria, antes de la revolución. Este sector es el de los pequeños comercios, bodegas, barberías, restaurantes y cafeterías, talleres de todo tipo, gasolineras, bufetes de abogados, oficinas de contadores, clínicas y consultas médicas, transportistas, granjas, almacenes, etc. Un ejemplo del poder de desarrollo económico de estas pequeñas entidades actuando en gran número, con poco financiamiento, pero con suficientes libertades económicas y garantías contractuales es el crecimiento de la ciudad de Miami a partir del éxodo de los cubanos exilados desde 1959.

Las inversiones serán la piedra clave de la rehabilitación de la economía cubana. En esta sección me refiero especialmente a las inversiones directas, o sea, a las inversiones que las empresas hacen directamente en fábricas, construcciones, plantas, maquinaria, equipo y capital de trabajo en lugar de las inversiones financieras que son las que se hacen en mercados de capital y que, en lugar de activos físicos, se hacen con transferencias de fondos para comprar títulos de propiedad, acciones y otros instrumentos de inversión.

No hay ecuación más crítica en la rehabilitación futura de la economía cubana que aquélla que refleja que la velocidad del crecimiento económico de Cuba dependerá primordialmente del volumen de las inversiones que el país consiga atraer hacia la isla. Esto no sólo se refiere a las inversiones que provengan del exterior, sean de cubanos exilados o de extranjeros. En el mundo actual, con la movilidad internacional que el capital ha logrado, los recursos financieros no tienen nacionalidad. Por otra parte, es importante comprender que cuando se dice "atraer inversiones" tal proceso incluye el capital en el país que opte por invertir en lugar de salir a ser invertido en otros países. No hay patriotismo en los movimientos de capital y aun cuando existan individuos altruistas dispuestos a arriesgar sus fondos en países de alto riesgo, una política económica de rehabilitación o reconstrucción nacional no puede ni debe depender de comportamientos altruistas o patrióticos. De hecho al país no le conviene que sus capitales se pierdan en negocios que no son lucrativos. El fracaso de una inversión, nunca es buena noticia; mucho menos el fracaso de muchas inversiones. Por otro lado, el fracaso es generalmente inevitable y cuando resulta de las condiciones normales de incertidumbre que afectan las inversiones en toda economía de mercado, es generalmente preferible dejarlas fracasar. Para eso debe haber leyes como las de bancarrota, para que se facilite la muerte de las empresas que no tienen condiciones de subsistir por su cuenta.

Son muchos los factores que pueden desestimular la inversión en un país. Cuando esto sucede, las inversiones extranjeras desaparecen por regla general (con la sospechosa excepción de aquéllas que se hacen en busca de rentas, como la de los monopolios o industria protegidas). Los capitales nacionales tampoco se invierten y buscan salir del país. La fuga de capitales no es otra cosa que un síntoma claro que la política económica del país que la sufre no está siendo lo suficientemente competitiva como para atraer las inversiones adecuadas y que las inversiones hechas en otros países sean consideradas o esperadas como más lucrativas. La fuga de capitales es simplemente un proceso de inversión y el país que la experimenta debe tomar medidas correctivas en sus políticas, leyes e instituciones, en lugar de poner trabas a la misma. La experiencia acumulada enseña que tales medidas restrictivas nunca logran sus objetivos y crean más problemas de los que resuelven.

En materia de inversiones debe tenerse en cuenta que los recursos internos pueden ser tan importantes o hasta más importantes que los recursos externos, especialmente en el ámbito de las pequeñas empresas. En estas últimas, la inversión más importante suele ser el del tiempo que los dueños dedican a montar y operar el negocio mientras descubren y desarrollan nuevos mercados, productos y modos de administración. Es en este aspecto donde la libertad de empresa de que hablo al principio es especialmente crítica. El ser humano, cuando decide ser empresario, aunque comience con una empresa modesta, depende principalmente de su esfuerzo sostenido durante largas horas del día y por largos períodos de tiempo. Esto no quiere decir que el capital financiero no sea importante, pero es altamente sustituible por el esfuerzo, especialmente cuando se trata de empresas de servicios o cuando se puede poner a trabajar a otros miembros de la familia a los que no hay que pagarles un salario regularmente en las primeras fases del desarrollo del negocio. La falta de libertades de las empresas, muchas veces en forma de legislaciones anticuadas, artificiales o arbitrarias, como la prohibición de trabajar a ciertas horas o durante ciertos días de la semana, reducen las posibilidades de éxito de tales empresas, que son precisamente las que se montan por los segmentos más pobres de la sociedad.

De hecho, el trabajo del empresario es generalmente un gran desafío para cualquier persona o familia y representa una gran prueba de su carácter y de su capacidad de enfrentar la incertidumbre, manejar el riesgo, ser creativo y mantenerse contra toda adversidad hasta tener éxito o fracasar. El acervo empresarial de un país es una forma esencial de su capital humano y no debe menospreciarse. Muchas veces algunos caen en el error de ver al empresario como una persona movida exclusivamente por el lucro y bajo tal prisma los empresarios no son siempre vistos con buenos ojos.

Sin embargo, es esencial comprender que aun cuando el lucro sea el motivo fundamental en muchos individuos, la capacidad empresarial es esencial para que las inversiones puedan tener éxito pues en ellas es donde se genera la producción y el empleo y las que generan los ingresos que el estado gana por medio de impuestos. Bajo la dirección

185

de los empresarios, las empresas representan las células motoras de la economía y las inversiones son los instrumentos que le dan vida y que les permiten crecer. El fracaso de las economías socialistas y la economía cubana en especial se debe a ignorar estos principios básicos. Por eso es que ahora, después de la desaparición de la Unión Soviética a costa de la cual se mantenía parasitariamente la economía cubana, el gobierno ha tenido que depender de inversiones, empresarios y empresas extranjeras para sobrevivir.

Independientemente de las inversiones nacionales, grandes o pequeñas, la inversión que provenga del extranjero puede ser crucial en aumentar considerablemente las posibilidades de una recuperación rápida de los niveles relativos de producción global que la economía cubana tuvo en otros años. Aquí no estamos queriendo decir que la rehabilitación de la economía cubana dependerá de replicar la estructura de esa economía antes de la revolución de 1959. Nadie sabe a ciencia cierta si una nueva economía, como resultado de las nuevas inversiones que lleguen al país, se concentrará en unos sectores o en otros.

Hay muchos que piensan, como este autor, que será difícil que Cuba vuelva a depender del azúcar en la medida en que dependió por tantos años. Es posible que el turismo juegue un papel como el que comenzó a tener antes de la revolución, algunos de cuyos líderes rechazaron de plano, y como el que ha tenido desde hace algunos años. También pudiera ser que otros inversionistas descubran que Cuba cuenta con condiciones especialmente favorables para sus respectivas actividades o especializaciones. Los inversionistas son los que tienen que hacer las averiguaciones y determinaciones del caso. Ninguna agencia gubernamental, por bien dotada que esté de personal técnico, podrá sustituir esta capacidad de determinación de la factibilidad de los negocios como las empresas mismas.

Es importante que el gobierno de transición evite caer en la trampa que tienden algunos inversionistas que ofrecen grandes proyectos a cambio de ciertos privilegios, como exenciones fiscales no justificadas o medidas que los protejan de la competencia tanto internacional como doméstica. Las inversiones deben ser competitivas desde su comienzo y el gobierno cubano de turno no deberá ser ingenuo como para aceptar el argumento de "industria incipiente o infantil" que consiste en que al principio toda industria o actividad económica debe ser protegida hasta que alcance su nivel máximo de eficiencia, momento en el cual se eliminarán las barreras proteccionistas. Lo que en la práctica suele suceder es que la industria nunca llega a madurar y a la larga se queda dependiendo de la protección, la cual va a defender con base al argumento de que si se le obliga a competir no se va a sostener por sí misma, lo cual le costaría al país un cierto número de empleos. Este es un argumento muy manido que llega a convencer a los políticos mediocres o corruptos.

Por otra parte, el gobierno debe abstenerse de guiar las inversiones hacia ciertos sectores de la economía preferidos por diversas razones. Por ejemplo, es deseable que se desarrolle cuanto antes un sector exportador, pues Cuba es una economía que tradicionalmente ha dependido mucho de las importaciones y por lo tanto necesita generar ingresos externos para poder adquirir las mismas. No tendría sentido, sin embargo, forzar la economía cubana a aceptar inversiones en sectores para los cuales puede que no existan condiciones mínimas de lucro. Al hacer esto se intro-

187

ducen distorsiones en la economía que directa o indirectamente llevan al traste con las intenciones iniciales. En este sentido, el gobierno deberá ser muy cuidadoso y estudiar si debe adoptar medidas coercitivas o de otro tipo. Por ejemplo, cuando el país no pueda atraer suficientes inversiones en su sector externo, tendrá que investigar las causas de por qué esto ocurre y tomar las medidas que sean más aconsejables.

El Sistema Monetario y la política monetaria de Cuba deberán ser compatibles con la necesidad de una rehabilitación económica rápida. En materia de régimen o sistema monetario, el gobierno que esté a cargo de una transición y rehabilitación económica deberá decidir si continuará permitiendo el dualismo actual en que el dólar estadounidense siga siendo una moneda de curso legal en Cuba, compitiendo junto al peso cubano, o si el país regresará a un sistema monetario donde el peso sea la única moneda. Es importante tener en cuenta que cualquiera que sea la alternativa que se elija, es imprescindible que Cuba cuente con una política monetaria (que es el manejo del sistema monetario) congruente con la estabilidad de precios, o sea, que evite la inflación o la mantenga a niveles bien bajos, idealmente a no más de un dos o tres por ciento anual y que coadyuve a reducir lo más posible la incertidumbre cambiaria. Una política monetaria descuidada o errática, que introduzca un elemento de incertidumbre en el cálculo de costo-beneficio de los diversos agentes económicos, especialmente los inversionistas, desestimulará la inversión en su conjunto pues aumentaría el riesgo que involucra la asignación de fondos a la economía cubana.

La definición del régimen o sistema monetario que deberá regir en el país abrirá una oportunidad para retomar la vieja polémica de "reglas versus discreción" que surgió en Inglaterra a mediados del siglo XIX y que todavía continúa vigente. En pocas palabras, los proponentes del imperio de las "reglas" afirman que es mejor que el sistema monetario no esté regido por decisiones "discrecionales" de las autoridades monetarias porque esto les da mucho poder y siempre existe la tendencia a abusar de ese poder. Un ejemplo de esto es lo que sucedió en Cuba al desaparecer los subsidios soviéticos, cuando el gobierno cubano provocó que el peso se devaluara dramáticamente como resultado de una política que consistió en financiar el déficit entre ingresos y egresos de las empresas y otras entidades del estado emitiendo papel moneda en demasía. Los partidarios de "discreción" afirman que la política monetaria debe ser flexible y que las autoridades monetarias deben tener el poder de manejar los agregados monetarios con el fin de sincronizarlos a las necesidades de la economía en cada momento. Los primeros creen que se debe depender de las fuerzas del mercado mientras que los segundos tienden a desconfiar de la eficiencia auto correctora de los mercados creyendo en la necesidad de intervenir en los mismos cuando las condiciones así lo indiquen.

Los que piensan, como este autor, que puede ser muy riesgoso para un gobierno de transición, mantener una política monetaria flexible al principio de una transición, tienden a favorecer el sistema monetario dual por lo menos durante los primeros años de un proceso de rehabilitación. Esto no quiere decir que la segmentación actual de la economía donde unos ciudadanos tienen acceso al dólar y otros no, debe mantenerse. Todo lo contrario, a medida en que se establezca una verdadera libertad económica que

189

alcance a todos, las ventajas de la circulación del dólar llegará a todos los ciudadanos por igual. En el caso cubano, una forma de adoptar el sistema basado en reglas es continuar con la dolarización parcial de la economía o incluso marchar hacia una dolarización total. Aunque éste no es el lugar para dirimir este asunto, es importante señalarlo pues se requerirá una buena dosis de comprensión por parte de la población y de las autoridades para que el sistema que finalmente se adopte cumpla con los requisitos necesarios para que la economía pueda recuperarse como todos lo desean. Al fin y al cabo, ninguno de los dos sistemas ni sus soluciones intermedias son infalibles o perfectos. Cada uno tiene ventajas y desventajas las cuales deben ser discutidas libremente, tanto por los técnicos como por los ciudadanos con la suficiente educación e interés como para formar una parte activa del diálogo que requieren las sociedades modernas en materia de política pública.

Lo que es indispensable tener en cuenta es que la solidez del sistema monetario de un país depende de su confiabilidad y es una institución de importancia crítica para su economía. Esa solidez y confiabilidad, a su vez dependen de la integridad y el nivel de valores éticos de sus funcionarios, junto a su sabiduría y su competencia técnica. Esta es otra forma de capital humano importante para la economía de un país y que no se crea simplemente en las universidades.

El Sistema Fiscal que hay que montar para rehabilitar la economía cubana se diferencia radicalmente del anterior en varios aspectos. Bajo el régimen centralizado tradicional, los ingresos del estado provenían de los ingresos de las empresas del estado y servían para financiar los gastos de operación de esas empresas, así como la educación, la salud, las pensiones, la defensa nacional y la seguridad interna. Esto es al menos en teoría, pues en la práctica, las empresas cubanas generaron tan pocos ingresos que los cuantiosos gastos estatales tuvieron que ser financiados, en parte, por los famosos subsidios soviéticos cuando existían. En la actualidad, los servicios que no pueden financiarse simplemente se cierran o se reducen, tanto en cobertura como en calidad. Evidencia de esto último es el estado catastrófico de los servicios de salud y la educación disponible para el ciudadano común. En una nueva economía, los ingresos del estado provendrían de diversos tipos de impuestos que habría que definir, implantar y administrar. El problema que el gobierno de turno enfrentaría es equilibrar los gastos con los ingresos. Supuestamente, al principio, mientras la economía aumenta sus niveles de producción, los niveles de ingresos fiscales pueden ser insuficientes para enfrentar las demandas del gasto público. En tales condiciones el gobierno tendrá que tomar decisiones difíciles en términos de cuánto deberá gastar en los diversos rubros o actividades correspondientes, especialmente en defensa y seguridad, administración de justicia, educación, salud pública y pensiones, entre los más importantes o si deberá imprimir moneda para cubrir los déficits, lo que produciría una inflación, o hasta posiblemente una hiperinflación si se abusa de este método, extremo que hay que evitar a toda costa por sus efectos perniciosos para toda la economía.

En este punto es importante distinguir entre los gastos corrientes del estado y los gastos de capital, distinción tradicional que se hace en la formulación y ejecución del presupuesto del estado cada año. El gasto corriente es el que está destinado a financiar la adquisición de recursos que se usan durante el período presupuestado, o sea, salarios del personal, suministros, mantenimiento, pagos de la deuda pública, alquileres y otros. El gasto de capital es el destinado a la adquisición de recursos que rinden servicios o duran más del período presupuestado, como es la adquisición de maquinaria y equipo, la construcción de edificios y otras estructuras, la instalación de acueductos, obras viales, sistemas de comunicación, escuelas, etc. El gasto corriente tiende a ser perentorio pues con una capacidad dada de servicios el gasto corriente es imprescindible para la utilización de esa capacidad.

Nunca deben hacerse gastos de capital si no existe la capacidad de financiar el gasto corriente concomitante. Construir una escuela cuando no hay dinero para pagarles a los maestros es un despilfarro de recursos. Es por esta razón que una de las prioridades de un buen manejo fiscal es el de que exista equilibrio entre los gastos corrientes y los ingresos del estado. Pero puede que las necesidades de gastos en algún momento sean mayores que la capacidad de obtener ingresos. En tal caso, el estado puede adquirir préstamos, tanto de fuentes internas mediante la venta de bonos del estado, o de fuentes externas mediante los mismos bonos o préstamos de bancos comerciales, otros gobiernos o instituciones financieras internacionales como el Banco Mundial. La cuestión es hasta dónde el estado debe adquirir más deuda, especialmente en el caso cubano en que la deuda pública acumulada es posiblemente la mayor del mundo en términos relativos al tamaño de la población. La respuesta yace en la capacidad de generar ingresos fiscales que el país pueda crear en la medida que su economía crece. En términos generales, el país no debe adquirir deuda para cubrir gastos corrientes, con la posible excepción de que esto se mantenga por un plazo muy corto y como una medida de emergencia, especialmente en el período de transición.

Debido a estas razones es por lo que la población debe comprender que la base de la rehabilitación está en el sector productivo, pues sin producción no podrá haber suficientes ingresos fiscales para enfrentar las necesidades de gasto público. Al mismo tiempo, es imprescindible que una vez que se definan los impuestos que hay que pagar, la población alcance un alto nivel de cumplimiento en los pagos regulares que le corresponda hacer. Los impuestos serán de distintos tipos y los que los pagan serán igualmente diversas entidades o agentes económicos. Por ejemplo, puede haber impuestos al ingreso personal, a la propiedad, al ingreso de las corporaciones, a las importaciones, a las ventas y a actividades o productos específicos.

El conjunto concreto de impuestos de un país es lo que los economistas llaman "estructura tributaria." Desde ahora no se puede decir cuál sería la estructura tributaria ideal para Cuba. No obstante, sí es posible indicar algunos principios generales, como la necesidad y conveniencia económica de que los impuestos sean "neutrales," o sea, que no distorsionen la economía por medio de los precios. Por otro lado, es importante que exista una cierta equidad en la distribución de la carga tributaria entre la población. Aparte de la estructura tributaria, es primordial que la administración de los impuestos que se definan sea eficiente para minimizar los costos de recolección, la evasión fiscal y la corrupción, males estos dos últimos que están presentes en toda sociedad aunque varíen en intensidad y naturaleza de un país a otro.

El sistema fiscal cubano durante la transición y posiblemente por muchos años tendrá además varias cargas dejadas por el régimen actual. Entre las más sobresalientes se encontrarán las reclamaciones como resultado de las expropiaciones, las que puedan surgir una vez que exista un cambio radical de gobierno y también las de deudas dejadas de pagar a distintos acreedores internacionales. Dichos pagos tendrán que salir de los fondos del estado que se recauden principalmente a través de impuestos, reduciéndose así los volúmenes disponibles para otros gastos públicos. Pero es importante enfatizar que a pesar de que el volumen de las obligaciones que herede una nueva administración gubernamental parece abrumador, será el crecimiento de la economía el que pueda empequeñecer la magnitud del problema en relativamente pocos años, dependiendo del ritmo de crecimiento del Producto Interno Bruto. Por un lado Cuba no podrá renegar el pago de los compromisos contraídos por los años de Castro. Pero, por otro lado, sería irrealista esperar que el país se dedicara a pagar los compromisos adquiridos sin ninguna mejoría en el nivel de vida de la población después de tantos años de retroceso. Esa sería una fórmula infalible para la inestabilidad política permanente. La solución radica en lo que deberá convertirse en el gran acto de equilibrio en el manejo futuro del sistema fiscal cubano y que consiste en una política que combine una reducción paulatina de las obligaciones pasadas (que incluya renegociaciones y perdones parciales de la deuda anterior) con un manejo del gasto público congruente con el máximo crecimiento económico que el país pueda sostener año tras año.

El Papel del Estado en un nuevo sistema económico basado en la propiedad privada y la libertad de empresa será también radicalmente opuesto al que juega bajo el régimen actual o el socialismo. En primer lugar, siendo un estado de derechos individuales, el nuevo estado deberá reorganizarse de manera de no interferir con las libertades económicas y de todo tipo. El nuevo estado se organizará para garantizar esas libertades, no para conculcarlas. El nuevo estado deberá estar organizado para favorecer los intereses de la población cubana, y no para movilizar y explotar sus recursos persiguiendo agendas desconocidas o entelequias de inspiración ideológica. Su nuevo papel deberá estar ligado muy estrechamente a la definición, implantación y manejo del nuevo sistema fiscal, tanto desde el punto de vista de la recaudación de ingresos, como del de la administración del gasto y de las entidades correspondientes. Idealmente, el nuevo estado deberá ser mucho más pequeño que el estado actual. Muchos de los recursos humanos que hoy emplea deberán trasladarse a actividades privadas, así como una buena parte de los recursos materiales. Por ejemplo, en un régimen de libertades individuales no hay necesidad de tanta vigilancia policíaca sobre la ciudadanía y sus actividades políticas.

Más concretamente, en lugar de estar dedicado a intervenir en la economía y dirigir sus empresas, el nuevo estado deberá estar a cargo de lo que en lo que en economía pública se denomina "la producción de bienes y servicios públicos". Tales bienes, en oposición a los bienes privados, no pueden consumirse por una sola persona, su consumo no puede excluir a otros consumidores, o sea, son bienes necesarios para la comunidad que se consumen comunitariamente. Un ejemplo tradicional de bien público es el del alumbrado de las calles, otro ejemplo es el de la seguridad nacional, un tercer ejemplo es el de la eficiencia de su administración de justicia y un cuarto es el de la solidez de su sistema monetario.

El nuevo estado deberá definir cuál es el papel de las nuevas fuerzas armadas, las cuales podrán ser reducidas en tamaño en la medida que Cuba no desee ser una potencia militar que pueda influenciar eventos internacionales a distancia, como lo ha hecho en África y en otras partes. Es de esperar, por otro lado, que unas partes del aparato estatal llegue hasta crecer como es el de la administración de justicia y todo el sistema judicial que deberá crearse como una entidad separada del estado. Del mismo modo, dentro de la misma filosofía de separación de poderes que puede suponerse prevalezca en una rehabilitación de la República de Cuba, una cierta cantidad de recursos será necesario para la recreación y desarrollo del poder legislativo y sus cuerpos auxiliares. Todo este proceso de redefinición y modernización del estado cubano deberá hacerse con suma rapidez pero es necesario evitar improvisaciones y desequilibrios.

El primer problema es qué hacer con el personal redundante actualmente empleado en el sector público. Una respuesta es que hay que desarrollar el sector privado en todas sus formas para que genere el empleo capaz de absorber las redundancias o excedentes laborales existentes.

196

Otra parte de la solución de este problema es el que la población y sus grupos más conscientes sobre el futuro del país se vayan preparando desde ahora para ganar, primero, una comprensión cabal de estos problemas y, segundo, tener planteadas algunas soluciones para no llegar al poder con las cabezas vacías.

El nuevo estado deberá minimizar su intervención en la economía y dejar en manos del sector privado las labores básicas de la producción, el comercio, el empleo y la inversión. Muy especialmente, el nuevo estado deberá abstenerse de dictar o regular precios con la posible excepción de actividades que tengan inevitablemente que estar en manos de monopolios privados. Hay muchos que opinan que para impulsar el desarrollo el estado deberá financiar proyectos de desarrollo y tener bancos especializados en estos menesteres como lo fueron el Banco de Fomento Agrícola e Industrial de Cuba (BANFAIC) y el Banco de Desarrollo Económico y Social (BANDES). Yo opino que las funciones de tales bancos pueden y deben estar en manos privadas y la experiencia en materia de los impactos finales de los bancos de desarrollo puede darme la razón. Si el sector privado no encuentra las razones para invertir en tales bancos, el estado nunca las va a encontrar de manera más eficiente y la creación de tales entidades tendría efectos perniciosos sobre las posibilidades de desarrollo del país.

Una Nueva Constitución será necesaria más tarde o temprano para legitimar la instalación de un nuevo sistema económico. Este es un tema difícil y que presenta una serie de problemas para cuya solución sería bueno que la población se fuera preparando. Aunque lo más fácil en el corto plazo, como medida temporal, pudiera ser adoptar una forma modificada de la última constitución vigente en Cuba, la realidad es que Cuba merece un marco constitucional moderno en cuyo contexto se puedan tomar las medidas necesarias e idóneas para una franca rehabilitación de su economía y de su sociedad en su conjunto.

La constitución es un tema que trasciende lo económico, pero es al mismo tiempo indispensable para definir las reglas del juego en que va a operar la economía del país. Desde un punto de vista estrictamente económico, es necesario que un nuevo proceso de formulación constitucional evite caer en los graves errores cometidos por otros países en que se tratan de resolver todos los problemas del país mediante artículos idealistas y caprichosos. Es muy fácil recargar una constitución con preceptos que aunque bien intencionados acaban por obstaculizar el desenvolvimiento de una economía. Para evitar esto, es necesario un proceso educativo de la población de manera que si hubiera una convocatoria a asamblea constituyente, los delegados o representantes de la población sepan lo que están haciendo, como ha sido el caso en unos cuantos países en el mundo. Esto sin embargo puede que no sea factible y que conduzca indefectiblemente a una constitución inadecuada. Otro procedimiento pudiera ser el nombramiento de una comisión de personas conocedoras de estos temas y de las constituciones de otros países para que redactaran un documento adecuado a las necesidades y a las condiciones del país y que oportunamente se le sometería a la consideración de la ciudadanía para su promulgación.

El Sector Financiero debe comenzar a desarrollarse cuanto antes pues la canalización de los ahorros hacia el crédito de corto y largo plazo y las inversiones es esencial para una rehabilitación rápida de la economía cubana. No obstante, hay que tener en cuenta que el desarrollo integral de este sector deberá llevar varios años. Aquí estamos hablando no del desarrollo de una simple empresa por grande que la misma sea, sino del desarrollo de todo un sector de gran complejidad técnica, gerencial y legal, sobre el cual no han existido precedentes en los años revolucionarios.

Entre lo primero que hace falta es un marco legal que establezca las reglas de la intermediación financiera y el modo de operar de las diversas instituciones a cargo del sector. Es también necesario que se formen decenas de miles de personas a diversos niveles técnicos y gerenciales para lograr el desarrollo del sector. Mientras tanto, es necesario que se desarrollen por parte de la población y de las empresas hábitos necesarios para la existencia de un sector financiero como es el hábito de ahorrar, en primer lugar, y la demanda de los múltiples productos que un sector financiero moderno puede ofrecer, como son los seguro de vida, de salud, los préstamos al consumidor, las hipotecas para facilitar la construcción de viviendas, el desarrollo, de planes privados de retiro, etc.

Este sector debe estar eminentemente guiado por los mismos principios de libertad de empresa que el resto de la economía, evitando intervenciones gubernamentales innecesarias y restricciones a la competencia. Sin embargo, la participación del estado en propiciar la integridad de su sector financiero y el uso de normas prudenciales es esencial. El éxito de un sector financiero depende de la confianza que la población deposita en él, confianza que cuesta mucho desarrollar y muy poco destruir con algunos malos manejos o fraudes. Es imperativo que el gobierno impida la aparición de esquemas fraudulentos, como los de hacerse rico con rapidez, que se aprovechan de personas incautas y que no son otra cosa que mecanismos de transferencias de fondos de los incautos a los operadores, pero de manera concentrada.

Hay quienes piensan que este sector debe ser estrictamente nacional o que al menos debe impedirse o limitarse al comienzo de un programa de transición, la participación de entidades extranjeras con el objeto de darle una oportunidad al sector nacional. Creo que tal proposición conspira contra una recuperación rápida de la economía cubana bajo argumentos falaces de tipo nacionalista, pues limitaría los recursos disponibles a los nuevos inversionistas, incluso los cubanos, para el desarrollo de sus actividades comerciales y demás empresas. El sector debe desarrollarse bajo una base eminentemente competitiva y dentro del marco de lo que se denomina regulaciones prudenciales que tienden a restringir las posibilidades de abuso que conspiran contra la confianza del público en sus instituciones de crédito.

La Educación acaparará una buena cantidad de atención del gobierno a cargo de la rehabilitación pues heredará un sistema que fue originalmente subsidiado por motivos político-ideológicos y propagandísticos y que en la actualidad ha sufrido severamente y de manera desconocida los embates de los ajustes presupuestarios que el gobierno tuvo que implementar al desaparecer los subsidios. Aunque es de suponer que la cobertura de la educación aumentó en Cuba durante los años de la revolución, no se sabe a ciencia cierta la calidad de la educación impartida en relación a las necesidades de recursos humanos de una economía moderna. Hay indicaciones de que en Cuba existen algunas profesiones en cantidades suficientes, así como, posiblemente personal capacitado a niveles técnicos satisfactorios. Al mismo tiempo, existen síntomas de que el país carece de un número adecuado de técnicos de nivel intermedio necesarios para la industria y el agro moderno, por no mencionar las profesiones de economía, derecho, administración de empresas, finanzas, contabilidad, banca, mercadeo, publicidad, periodismo, etc.

No obstante los cambios que tengan que ocurrir en los diversos componentes del sector educativo, el mismo debe redirigirse para ofrecer mayores oportunidades en un ambiente de plenas libertades. Una economía moderna requiere una fuente de recursos humanos capaz de enfrentarse a los desafíos del mundo actual desde diversos puntos de vista. Y esto ocurrirá especialmente ante la necesidad de cultivar la calidad competitiva de la población, sus talentos creativos y su capacidad de afrontar el riesgo fuera de la tutela mediocratizante actual del estado.

Entre las primeras medidas que un gobierno de transición puede que se sienta obligado a tomar es la revisión de los planes de estudio para su neutralización ideológica y la instalación de la tradición académica liberal que impera en los países más desarrollados del llamado mundo occidental a cuya cultura Cuba pertenece. Estas medidas requerirán grandes gastos en nuevos materiales de enseñanza y libros de texto y posiblemente en recapacitación de personal docente. Otro problema que se puede esperar tenga que enfrentarse es el de un éxodo de personal docente a otras actividades después de años de estancamiento profesional y retroceso personal. Es muy posible que nuevos maestros tengan que ser atraídos a la profesión y que el medio de atracción principal tenga que ser el salario y otros beneficios financieros, lo cual pondrá una gran presión en el financiamiento de la educación y puede que haga aconsejable la dependencia de financiamiento privado en los niveles superiores, para lo cual habría que considerar la instauración de sistemas de crédito educativo de largo plazo.

La Salud y el Seguro Social también requerirán grandes transformaciones en el contexto de la rehabilitación económica como partes del aparato que cuida de los recursos humanos de la nación. Un programa de rehabilitación tendrá que reorganizar el sistema para que pueda depender de recursos propios y no de subsidios externos como en el pasado. En Cuba se creó, al igual que en el sector educación, la ilusión de que el estado podía producir mágicamente los recursos para el desarrollo de estos sectores como si los mismos no estuvieran sujetos a severas restricciones presupuestarias. Por mucho tiempo, la población no tuvo una idea clara de la dependencia que estos sectores generaron de los subsidios soviéticos. Después de la desaparición de los mismos es cuando se ha venido a descubrir el vacío económico que la desaparición de los subsidios dejó. La rehabilitación de estos sectores especiales para la economía, depende de que algunos de ellos desarrollen mecanismos de recuperación de costos, mientras que otros puede que tengan que depender de subsidios estatales por un tiempo o indefinidamente. Por ejemplo, tal vez los programas preventivos de la salud, como pueden ser algunas vacunaciones en gran escala, ciertos aspectos cualitativos del medio ambiente, algunos programas materno-infantiles y rurales y la vigilancia epidemiológica deban estar a cargo del estado, mientras que la mayor parte de los programas asistenciales podrían privatizarse de diversas maneras.

Sería de gran valor para la rehabilitación de este sector que el mismo consiga incorporar profesionales en la administración de la salud y evitar la perniciosa costumbre latinoamericana de que el sector esté frecuentemente dominado por médicos improvisados como administradores y gerentes. Los principios de la economía aplicados a la salud, una sub disciplina moderna que se ha desarrollado a partir de la economía aplicada, deben regir un sector moderno de servicios de salud, especialmente en el caso cubano en que los desafíos en materia de salud que están en el legado revolucionario todavía están por conocerse plenamente. Hay quienes creen que los largos años de deficiencias alimentarias han dejado una secuela en la salud de los cubanos que puede que cree condiciones y transiciones epidemiológicas de grandes implicaciones económicas. Por otra parte, el envejecimiento relativo de la población cubana, que sobrepasa al de Estados Unidos tendrá un gran peso en la estructura de la demanda por servicios de salud por muchas décadas en el futuro. Los regímenes de pensiones al comienzo de una rehabilitación no podrán enfrentar grandes erogaciones de gasto. Esto dependerá de la velocidad con que se recupere la economía y de la forma en que se adopten los nuevos regímenes. Es también probable que por algún tiempo el estado juegue un papel importante en el financiamiento de algunas pensiones aunque deberá facilitar el desarrollo de sistemas privados que puedan servir después para una capitalización parcial del desarrollo de la economía cubana en los próximos años. Sin embargo, la alta proporción de personas de la tercera edad como se mencionó arriba con relación a los problemas de salud, ha de tener un impacto enorme en la demanda de pensiones futuras y en las posibilidades de financiamiento. Hay que tener en cuenta que este fenómeno ocurre simultáneamente a otro de carácter negativo y es el de la baja productividad de la fuerza de trabajo. En la medida que tales niveles se mantengan, la capacidad generadora de ingresos que es la base para el financiamiento de las pensiones, por lo menos las públicas, será igualmente baja, significando que las pensiones que puedan otorgarse serán también bajas. En otras palabras, el legado de pobreza que deja la revolución cubana sólo podrá ser superado por un crecimiento sostenido de la economía durante muchos años.

Hay muchos otros problemas que heredará un gobierno de transición y para los cuales no hay soluciones mágicas ni inmediatas. Uno de los más graves es el de la acumulación de las necesidades de viviendas que ha ido ocurriendo con el devenir de los años y sobre el cual el gobierno revolucionario nunca tuvo una verdadera solución. El gobierno de transición deberá facilitar el proceso de rehabilitación rápida de viviendas pero tanto como debe mantenerse alejado de ser el promotor de programas de vivienda, en su lugar deberá crear las condiciones para facilitar tanto la construcción como su financiamiento, sin perder de vista la necesidad de mantener un cierto nivel de disciplina en el sector para evitar el fraude en un sector que presenta condiciones ideales para el mismo.

Miami, febrero 2004

La rebeldía de los cubanos

Cuando nos preguntamos cuándo se han de rebelar los cubanos contra las humillaciones que impone el totalitarismo castrista, pensamos en una rebelión masiva y violenta, capaz de desplegar una energía tal que pudiera liquidar rápidamente el sistema político que los oprime. Nuestro modelo preferido es frecuentemente el de la toma de la Bastilla o una nueva guerra de independencia con cargas al machete y todo lo demás. Y cuando algo así no sucede, nos planteamos todo tipo de dudas acerca de la naturaleza de los cubanos que viven en la isla, su valor personal, su grado de docilidad o su nivel de aceptación del castrismo. Al pensar así, omitimos dos hechos incontrovertibles.

Uno es que el régimen se desarrolló y consolidó por medio de una verdadera tecnología moderna de la opresión, la cual ha neutralizado eficazmente los desafíos al poder absolutista de Castro. El otro hecho es que a pesar de la eficacia del totalitarismo, los cubanos siempre han encontrado muchas formas de rebeldía, lo cual es un tributo a la capacidad de los cubanos para luchar por la libertad. De las formas de rebeldía, las más heroicas y admirables son aquéllas que abiertamente desafían al gobierno y por las cuales sus autores pagan un alto precio. Observe el lector que esta rebeldía ha estado ocurriendo en Cuba por cuarenta y cinco años y ha estado distribuida con aparente homogeneidad a lo largo y ancho del país.

Uno puede pensar que si toda esa energía opositora se hubiera concentrado en un espacio y en algún punto en el tiempo, habría podido derribar al gobierno.

Pero además de las formas más heroicas de rebeldía, hay otras manifestaciones ciudadanas en busca de la libertad que sin ser heroicas son masivas. Me refiero a la rebeldía económica que los cubanos han mostrado desde el primer momento en que sintieron que sus libertades se veían restringidas por el gobierno. La rebeldía económica se mide por el conjunto de actividades relativas a la producción y distribución de bienes y servicios que realizan los ciudadanos contra los designios oficiales.

Los ejemplos son innumerables: transacciones de mercado negro, hurto de bienes bajo la custodia del estado, trabajo por cuenta propia no autorizado, ausentismo del centro de trabajo, bajo rendimiento (productividad) en el trabajo, negligencia en el uso de los bienes de capital del gobierno (maquinaria, equipos, instalaciones, plantaciones, etc.) y desorganización general de los procesos productivos y distributivos de la economía nacional. Decir que estas actividades destruyen la moralidad de los que las practican es equivalente a acusar a un prisionero de campo de concentración de robar comida para subsistir. Estas actividades se reportan continuamente desde la isla por los periodistas independientes. En un despacho reciente sobre la economía informal, Tania Díaz Castro nos describe cómo se vende "lo que antes de 1959 se podía obtener en los establecimientos públicos a precios accesibles: paquetes de caramelos, escobas, colchones de cama, muebles, cigarros, chancletas para el baño, huevos, pescado, café, paquetes de algodón". Todo esto constituye una verdadera rebelión de gran envergadura, pero no una violenta, estrepitosa y heroica sino una silenciosa, pacífica y profana, resultado de la voluntad humana y del interés perpetuo del individuo por tener libertades que le permitan velar por su bienestar. Frente a esta insistencia ciudadana en búsqueda de libertades económicas, el gobierno cubano ha tenido que ceder, limitándose a molestar a los protagonistas y restringiendo sus actividades con multas y decomisos, pero impedido en la práctica de usar la severidad con que ha reprimido a los rebeldes políticos.

La rebeldía del cubano en lo económico refleja las prioridades de la mayoría, conjuntamente con sus capacidades de actuar dentro de los estrechos espacios que encuentra. Además, el gobierno, a pesar de su vocación absolutista y su método despiadado no puede ejercer un totalitarismo perfecto, dejando espacios que no puede controlar. Estas dos consideraciones tienen importantes implicaciones estratégicas para combatir al régimen. Aunque es esencial denunciar las violaciones a los derechos humanos, las mismas afectan directamente a una minoría de la población, mientras que la mayoría está más preocupada por cuestiones más mundanas como comer todos los días. Por otra parte, la represión política ha sido tan eficaz que el número de presos políticos es relativamente bajo a los ojos del mundo, lo cual se interpreta equivocadamente como que muchos cubanos aceptan al régimen castrista. Sin embargo, a pesar de que la represión económica no ha tenido el mismo éxito que la política, la primera ha sido suficiente para reducir a los cubanos a la indigencia y mantenerlos ocupados luchando por su alimentación diaria sin tiempo para pensar en libertades más trascendentes.

Por lo tanto, es importante que el mundo conozca no solamente las violaciones a los derechos humanos más elevados y los abusos del presidio político castrista contra una minoría heroica, sino la lucha diaria, constante y sorda de la mayoría de los cubanos por una subsistencia mínima. El derecho a la subsistencia tiene prioridad sobre otros derechos. Sin que ese derecho se respete, los demás no cuentan. El mundo debe saber que la inmensa mayoría de los cubanos lleva casi medio siglo en estado de rebelión permanente contra su gobierno, en las pocas formas que le han quedado para hacerlo, como si fueran prisioneros de un campo de concentración.

Miami, 14 de septiembre de 2004

Las ruinas invisibles del acervo cultural cubano

Cuando hablamos de herencia hablamos de algo que se ha ido acumulando durante un cierto tiempo y lo que se acumula es un conjunto de elementos que representan un inventario o acervo. Hacer un inventario de cosas físicas es relativamente fácil, pues lo tangible es susceptible de ser contado o medido. El problema se complica cuando se trata de hacer el inventario del acervo cultural de una nación. Planteo esto porque quiero saber si la herencia cultural cubana se puede considerar hoy más rica que la de hace unos cincuenta años, si es más pobre o si se ha mantenido más o menos igual. Esta no es una cuestión esotérica equivalente a la vieja pregunta bizantina de cuántos ángeles caben en la cabeza de un alfiler. Creo que limitarnos a ver lo que heredamos hoy sin mayor curiosidad ni indagación sobre varios aspectos de la herencia manifestaría una cierta pobreza cultural. Al fin y al cabo hoy podremos ser herederos de algún acervo cultural pero la realidad es que también tenemos la oportunidad de enriquecer lo que otros heredarán algún día. Por lo tanto, del mismo modo que podemos (y creo que debemos) preguntarnos qué pasó con el acervo cultural cubano en los últimos tiempos, también podemos plantearnos qué es lo que estamos haciendo los de esta generación para enriquecerlo. ¿Seremos capaces de aumentar el acervo, reducirlo o dejarlo igual? Para responder estas preguntas, primero que nada hay que examinar, aunque sea de manera descriptiva y somera, los elementos que componen un acervo cultural. Después podremos intentar aproximar algunas respuestas a esas interrogantes aunque en este artículo no podremos abordarlas todas.

A pesar de que éste no es el medio para presentar un catálogo completo de los componentes que conforman un acervo cultural, sí voy a intentar contribuir algunos elementos para su desarrollo. Después de todo, es necesario que las generaciones actuales y las futuras de cubanos y de otras nacionalidades tengan una idea precisa de la magnitud de la devastación que ha sufrido el país como resultado del movimiento que comienza en 1959. Incluso para aquéllos que crean que ese movimiento tuvo beneficios, es importante que se vea lo que ha costado para poder tener una noción aunque sea grosera de la ganancia o la pérdida neta de todo el proceso para la sociedad cubana.

Una primera clasificación de los elementos que componen un acervo cultural (llamémoslos activos culturales) pudiera agruparlos en dos grandes categorías: los tangibles y los intangibles. Entre los elementos tangibles del acervo cultural podemos comenzar enumerando aquéllos que se plasman en la arquitectura y las construcciones en general de un país. Esto incluye no simplemente el aspecto constructivo o de ingeniería de dichos activos sino también sus aspectos de diseño o artísticos propiamente dichos, aquéllos que precisamente identificamos como elementos (o activos) culturales, los que ayudan a definir la identidad de un país, región o comunidad.

En el grupo de los activos físicos o tangibles, además de los arquitectónicos (recordemos incluir no sólo los edificios y viviendas, sino también los monumentos, parques, jardines y estructuras de toda índole que tengan un valor cultural para algún segmento de la población), tenemos que incluir todo el acervo de artes plásticas (pinturas, esculturas, objetos de arte en general) y aquellos elementos de la planificación física tanto en áreas urbanas como rurales que puedan considerarse parte del acervo cultural. Incluso algunos parajes naturales pueden considerarse parte del acervo cultural de un país. Por ejemplo, ¿es el Valle de Viñales parte del acervo cultural cubano? ¿La Playa de Varadero?

En este punto debemos introducir un elemento de análisis que nos servirá después. Nótese que la parte física o constructiva del acervo cultural puede aumentar o incluso disminuir con los años, al menos en su dimensión puramente física, aun cuando sea muy difícil medirla e independientemente de que exista un registro de lo que había. Un ejemplo dramático pero pertinente es la destrucción de los antiguos monumentos budistas de Afganistán por los talibanes. ¿Es posible decir que después de la destrucción el acervo cultural de ese país disminuyó? Yo diría que sí, pero acaso no completamente. Es posible que en casos como ése quede una memoria de la cultura cuya manifestación física desapareció, pero de todos modos nos queda la cuestión de "medir" en cuánto disminuyó el acervo cultural de ese país por la destrucción mencionada. Sin embargo el que no podamos medir de alguna manera no nos impide especular sobre si hubo cambios cuantitativos en una dirección u otra. Estas consideraciones al menos deben servir para medir ciertas partes del acervo cultural aunque no las podamos cubrir todas. Regresemos ahora a las otras formas del acervo cultural, las menos tangibles o claramente intangibles.

Antes de llegar a las más intangibles (los gustos o preferencias de las personas, las formas de comportamiento, los valores predominantes, etc.) veamos algunas que sin ser plenamente físicas tampoco son plenamente intangibles. Por ejemplo, ¿en qué consiste el acervo musical de un país? ¿En la música que han creado sus compositores? ¿En la que interpretan sus músicos? ¿En la que canta el pueblo? ¿En los papeles en que está escrita? Preguntas similares podemos hacernos con relación a otras manifestaciones de la cultura de un pueblo como la literatura, las artes dramáticas, los trabajos científicos, las tendencias y tradiciones religiosas, las costumbres en general, los cuentos y leyendas populares que se trasmiten oralmente, las supersticiones y hasta los chistes.

Todas esas preguntas tienen, en mi opinión una respuesta positiva, pero al mismo tiempo hay que notar que incluyen unos elementos tangibles y otros menos tangibles. El punto que quiero resaltar es que muchos de estos componentes del acervo cultural o activos culturales están sujetos a cambios. Alguna música puede ser olvidada, algunas impresiones y grabaciones destruidas o perdidas (o prohibidas), o algunas otras manifestaciones menores de la cultura de un pueblo pueden desvanecerse en el tiempo. Un ejemplo de esto último está en la desaparición de los pregones de las calles de las distintas ciudades y pueblos del país, proceso que ya había comenzado antes de 1959 pero que se aceleró posteriormente con el predominio de la propiedad estatal de casi todos los establecimientos y formas de actividad económica.

Algo parecido a la música como una parte del acervo cultural de una sociedad se puede decir sobre su gastronomía (y la pastelería). Lo intangible está en el conocimiento de las personas sobre las formas de producir las diversas manifestaciones de la gastronomía y los gustos de la población, aunque hay un elemento tangible en los libros de cocina. Sin embargo, aplicando algunos de estos elementos a la experiencia cubana (creo que debo decir a mi experiencia personal con relación a lo cubano), se puede afirmar que una buena parte de este departamento del acervo reside en las mentes de los cubanos y las cubanas. A veces me pregunto cuánto se habrá perdido del conocimiento gastronómico del país como resultado del racionamiento instituido en 1962. ¿Existen todavía los panecillos de San Francisco? ¿Las butifarras del Congo en Catalina de Güines? ¿La langosta Thermidor de Kasalta o las croquetas de carne de Potín en La Habana? Me imagino que queden reductos de estos conocimientos en algunos sectores, como en los de tipo turístico, pero ¿cuánto queda en las familias? En su mayoría, estas últimas han sufrido los embates del racionamiento, lo que ha significado la casi total desaparición de muchos ingredientes, algunos de ellos básicos, como la carne de res. Con base en estas consideraciones yo creo que se puede afirmar con cierto nivel de confianza que esta parte del acervo cultural cubano, como se conocía hasta 1959, ha sufrido un deterioro, posiblemente esté en ruinas, como creo que se puede decir en gran medida de la música cubana y de otros muchos aspectos del acervo cultural del país. El movimiento representado por el Buenavista Social Club, descubierto y promovido por unos empresarios extranjeros es, en mi opinión, un ejemplo de las ruinas de la música cubana, un grupo de músicos (y sus músicas) desconocidos que quedaron rezagados en Cuba y que de pronto ofrecen un regreso al pasado que el gobierno acepta explotar por motivos financieros

Cuando oímos hablar de ruinas en Cuba automáticamente pensamos en las ruinas de su arquitectura, sus construcciones, los automóviles que quedan y otras cosas cuyo deterioro es visible, como la ruina de sus campos, su medio ambiente y su economía, todo resultado de la plaga de gobierno que viene azotando al país desde 1959. Triste e inevitablemente, la parte visible de la riqueza que la sociedad cubana llegó a acumular y que es parte esencial de nuestra herencia cultural está en ruinas y, lo que es peor, el país en su conjunto es incapaz de evitar que las ruinas sigan aumentando. Pero en un catálogo completo de las ruinas de Cuba no podemos dejar de incluir muchas otras formas de ruinas que por no ser tan visibles no dejan de constituir componentes esenciales de nuestro acervo cultural, del conjunto de elementos intrínsecos e indispensables que forman las sociedades aún en los estados más básicos de civilización. En lo que sigue yo aplico un concepto amplio de cultura que además de incluir los componentes tradicionales en materia de manifestaciones artísticas, literarias, intelectuales y científicas (lo que podríamos llamar la alta cultura), también incluye formas de pensamiento, preferencias, valores, gustos y conductas que caracterizan de conjunto la cultura de una nación.

Creo que se puede afirmar que todos los componentes de la cultura cubana han sufrido cambios en los últimos cuarenta y seis años, incluyendo aquellos elementos que son los menos visibles de nuestro acervo cultural. Aunque mucho de lo que define lo cubano en materia de gustos, tendencias, preferencias, valores, etc. haya mantenido sus rasgos esenciales, no es difícil creer que algunos elementos han cambiado radicalmente. Por un lado, por ejemplo, las preferencias por el puerco asado, el son y los modos de hablar no parecen haber sufrido cambios profundos. Por otro lado, es posible que después de tantos años de educación marxista, una gran proporción de cubanos hayan desarrollado prejuicios con relación a una economía de mercado o una gran dependencia del papel del estado en la economía. (Este fenómeno se observó en otros países exsocialistas, pero habría que corroborarlo empíricamente en Cuba).

En el contexto de las formas predominantes de pensamiento entre los cubanos, creo que es importante preguntarnos qué cambios pueden haber ocurrido en todos estos años y qué implicaciones pueden esos cambios tener para el futuro del país. Los valores forman parte de la cultura de un pueblo y entre ellos es de particular interés para este análisis cómo los cubanos valoran su capacidad de depender de su propio esfuerzo para desarrollar una democracia y sus empresas y operar con independencia del paternalismo (o totalitarismo) estatal.

En este aspecto quiero hacer referencia a un componente de lo que hoy se ha comenzado a llamar el capital social de una nación y que consiste en la intensidad de confianza que los ciudadanos tienen entre sí con relación a diversos factores. Por ejemplo, el cubano promedio de la actualidad parece tener mucha menos confianza en las instituciones políticas del país, su economía o hasta en otros cubanos para intercambiar opiniones que puedan ser interpretadas como adversas al régimen o hasta subversivas. La dispersión de las familias cubanas, las formas en que ha cambiado la organización del país en general, el peso abrumador de la ideología impuesta por el gobierno y muchos otros factores han hecho que el cubano haya reducido su nivel de confianza interpersonal en el trato con otros cubanos. El hecho sabido por todos que un gran número de cubanos actúa como agentes secretos del gobierno limita las relaciones entre los ciudadanos. La presencia de los llamados "palestinos" en La Habana, o personas traídas de las provincias orientales que carecen de amigos y familiares en la parte occidental, ha sido una táctica que el gobierno ha seguido para fomentar la desconfianza entre los ciudadanos, aumentando el riesgo y por ende el costo de formar coaliciones que oportunamente puedan convertirse en un desafío al poder absoluto del gobierno.

Pero más allá de la confianza interpersonal, un número desconocido pero presumiblemente muy elevado de cubanos da muestras de haber perdido la confianza en el país en su conjunto, en su capacidad de progresar y de brindar una calidad de vida comparable con la de otros países conocidos. Esta crisis de confianza en la capacidad para una acción colectiva de los cubanos hace que un gran número opte por salir del país, fenómeno que se da desde los comienzos del proceso revolucionario. Incluso la observación casual de los que consiguen salir de Cuba, especialmente los que nacieron después de 1959, da como resultado un gran desinterés en los valores patrióticos que tradicionalmente declaran los cubanos, como si se hubiera perdido la fe en el país. (Esto es algo que merece una investigación empírica rigurosa pero se requeriría un monto apreciable de recursos para llevarla a cabo).

En la medida que el gobierno cubano ha monopolizado toda forma de iniciativa para organizar actividades de alguna trascendencia y que de hecho impide y reprime iniciativas privadas, muchos ciudadanos han ido perdiendo la capacidad de asociarse con otros para actuar en su propio interés. En función de estos acontecimientos se puede sospechar que esta forma de capital social ha sufrido un serio deterioro en Cuba. Es lo que llamamos una parte de las ruinas invisibles del país y que por su naturaleza misma es imposible de ponderar. Otro aspectos de estas ruinas invisibles está dado por la desaparición de las asociaciones privadas y clubes sociales de todo tipo donde los cubanos conocían a otros cubanos y en función de tales relaciones se podían alcanzar acuerdos de todo tipo, tanto económicos, como políticos, sociales, deportivos, culturales y hasta matrimoniales.

En una reconstrucción futura del país, las actitudes de los ciudadanos jugarán un papel crítico, especialmente si los cambios futuros se llevan a cabo en el marco de gobiernos democráticos y con plenas libertades individuales. Aunque podemos suponer que Cuba ha sufrido un serio deterioro en esos componentes de su cultura que determinan la cohesión de una sociedad y su capacidad para organizarse para progresar, una gran incógnita es si el daño es recuperable aun cuando haya sido profundo. Si efectivamente estamos en presencia de las ruinas del capital social de Cuba, donde la ciudadanía tiene poca confianza en ella misma, en la capacidad del gobierno de actuar en su beneficio, en las instituciones del estado en general y hasta en su propia historia, ¿cuánto podrá lograr un gobierno futuro que trate de reconstruir la sociedad sin la confianza de los cubanos? ¿Qué habrá que hacer para restituir la confianza ciudadana en la reconstrucción del país y en su capacidad para participar en el proceso eficazmente?

Medido en términos de confianza, el capital social cubano no parece haber alcanzado los niveles de otras sociedades incluso antes de 1959. La gran indiferencia ciudadana ante el golpe de estado de 1952 es posiblemente la prueba más palpable de este hecho. El movimiento de Fidel Castro y la manera en que éste se apartó de las promesas iniciales de desarrollar un país muy distinto al que hoy vemos ha contribuido a socavar aún más el acervo de confianza que había. Sin embargo, es difícil imaginar un proceso de reconstrucción nacional sin que haya una recuperación en este frente. Mucho va a depender de la composición, naturaleza y políticas de los gobiernos futuros, pero también de la sociedad civil y del sistema educativo que en sí mismo tiene que reformarse. No obstante, todas estas consideraciones son de corto plazo. La necesidad de una reconstrucción del capital social, en función de la confianza de los cubanos en ellos mismos y en el futuro del país, se hará sentir desde el primer día pero será un proceso de largo plazo. Después de la cadena de fracasos políticos, sociales y económicos que los cubanos han venido sufriendo por tantas décadas no es realista esperar que tal recuperación pueda completarse en unos pocos años. En este sentido el papel educativo de la sociedad en su conjunto ha de ser crucial y requerirá un plan deliberado de educación que involucre al sector docente público y privado, a las familias y a la sociedad civil en un esfuerzo conjunto.

Washington, D.C. 26 de febrero de 2005

Los primeros días de un gobierno de transición en Cuba

En este artículo me voy a referir a un escenario hipotético pero verosímil y como tal sujeto a algunos supuestos para que el análisis tenga unidad lógica. Voy a suponer que el castrismo ha desaparecido en Cuba y que lo sucede un gobierno que desea mejorar la economía del país y a la vez liberalizar su sistema político. También voy a suponer inicialmente que ese gobierno no tiene ideas claras sobre qué clase de economía debe instalarse en Cuba, mientras que tampoco tiene definido el sistema político que se va a desarrollar ni cómo llegar a él.

Hace algunos años, un destacado líder del exilio cubano me sugirió la idea de hacer un directorio de economistas que, cuando llegara el momento formarían parte de un consejo que asesoraría al primer gobierno de transición. Este señor era de los pocos líderes del exilio que mostraba estar genuinamente preocupado por la reconstrucción económica y política de Cuba después del castrismo. También se mostraba profundamente preocupado por la poca preparación que tenía el país al respecto. Él estaba consciente de que el desarrollo de una economía de mercado, como estaba intentando hacerse en los países ex-socialistas, era una cuestión de alta complejidad donde se requerían muchas personas con los conocimientos técnicos adecuados y mucha experiencia. Por lo tanto, si se quería que el proceso de reconstrucción económica de

Cuba fuera lo más eficaz posible, debía contarse con el concurso organizado de muchos expertos y un cierto grado de preparación de la ciudadanía.

Mi respuesta a la sugerencia fue positiva pero con una calificación; sí, es necesario organizar un grupo de asesores, pero no cuando exista la posibilidad de hacer reformas en Cuba, sino ahora mismo. Aun cuando no se formen en grupos o comités, es necesario que los que aspiran a tener una posición política en la Cuba postcastrista o de alguna manera influenciar la evolución del país se preparen de antemano para ello y se sepan asesorar de la manera que corresponde. Si esperamos a que exista la posibilidad de un cambio en Cuba para entonces ponernos a discutir cómo organizar una nueva república, el proceso de transición estará dominado por la improvisación y hasta el caos. Esto conducirá irremisiblemente a que la reconstrucción de la economía se atrase y posiblemente se distorsione o estanque, lo que generaría grandes problemas y daría lugar a una gran inestabilidad política.

Cuando después de muchos años de privaciones, la población vea que existen condiciones que puedan traer cambios profundos, que los obstáculos al cambio representados por el propio Fidel Castro hayan desaparecido, habrá expectativas y exigencias que el gobierno tendrá que responder adecuadamente, lo cual no será posible si los nuevos gobernantes no se han preparado con suficiente anticipación. Lo cual significa que si algún grupo político formara un consejo asesor, debe estar listo para disolverlo el primer día de una transición porque ya para ese entonces el equipo de gobierno tiene que saber qué hacer y cómo hacerlo. Ya no habrá tiempo para definir los enormes problemas que enfrentará el gobierno de transición. Un consejo recién formado de asesores caería en un intercambio interminable de opiniones diversas que bajo las presiones políticas del momento tendrá grandes dificultades en lograr un plan de acción viable.

¿Por qué digo esto? Tratemos de ver en el futuro para encontrar una respuesta. No se trata de ver en el futuro para adivinarlo, sino para prever lo que probablemente ocurra sin que haya un pensamiento previo sobre los problemas que se presentarán. ¿Cómo sabemos de los problemas que se presentarán? La experiencia de los otros países socialistas, la experiencia de los países que han intentado o contemplado introducir reformas profundas en sus economías y la aplicación de algunos conceptos del análisis económico nos permitirá hacer este ejercicio, una especie de experimento mental, con un alto grado de confianza en sus resultados. Esto lo haremos enfocándonos en algunas instancias gubernamentales y en los problemas que habrán de confrontar desde el primer día, de hecho las primeras horas de una transición.

Comencemos el experimento por el nivel más alto de gobierno, la presidencia de la república. Sin preocuparnos ahora sobre quién va a ser esta persona y cómo va a llegar a tal posición, concentremos el análisis en los problemas que la misma va a enfrentar a su nivel y las decisiones que deberá tomar. Recordemos que este análisis lo estamos haciendo bajo el supuesto de que tal gobierno desea mejorar la economía e introducir algunas libertades en el sistema político, como planteamos en el primer párrafo. Lo cual es un supuesto optimista, pero por algún lugar debemos comenzar.

Desde el primer día de una transición, en el instante en que se corre la noticia de que hay un nuevo gobierno en Cuba y que el mismo está dispuesto a hacer cambios profundos en la economía, todas las representaciones diplomáticas y de negocios en La Habana, la prensa internacional, los departamentos que atienden Cuba en todas las cancillerías del mundo, los burós de Cuba en los organismos internacionales como el Banco Mundial, el Banco Inter-Americano de Desarrollo, el Fondo Monetario Internacional, el Programa de las Naciones Unidas para el Desarrollo y otras agencias de las Naciones Unidas se convertirán en verdaderos hormigueros de actividad tratando de conocer qué es lo que está pasando en Cuba, quiénes serán los nuevos líderes para de inmediato tratar de establecer contactos con ellos. Los teléfonos de la oficina del presidente y de los ministerios más importantes en la isla sonarán incesantemente pidiendo citas para delegaciones de todo tipo, embajadores de los diversos países, ejecutivos de innumerables empresas, misiones de organismos internacionales, periodistas, etc., etc. Cada uno vendrá con propuestas de toda clase y esperará decisiones rápidas sobre sus propuestas.

La avalancha de peticiones de citas y de propuestas originadas fuera de Cuba se sumará a la avalancha de peticiones que se originarán en Cuba por sus propios ciudadanos y en total será de tal magnitud que el gobierno de transición tendrá muy serias dificultades en organizarse para atender estas peticiones. De hecho, desde el presidente y sus ministros hasta los viceministros y el personal directivo en cualquier ramo del gobierno podrán dejar que el teléfono, los visitantes y las invitaciones a toda suerte de actividad se encarguen de hacer sus agendas si no saben qué hacer con sus cargos.

Desde el primer día el gobierno de transición se enfrentará a dos grandes grupos de problemas. Uno es el de manejar los sistemas de gobierno y económicos heredados del castrismo. El otro es el de ver cómo se cambian estos sistemas adecuadamente. Es obvio que las organizaciones, instituciones, leyes y recursos que se heredan no pueden reorganizarse de un día para otro. Se requiere un proceso de transformación que consistirá de medidas que se deben tomar de inmediato, como la liberación de precios y del comercio, mientras se acometen transformaciones que llevan más tiempo y que por lo tanto deben comenzar lo más pronto posible, como es la instauración de un nuevo orden legal. Al tratar de evacuar ambos grupos de problemas, el gobierno se enfrentará a desafíos cuya magnitud es imposible exagerar, pues tiene que manejar sistemas económicos y de gobierno que están caducos mientras los transforma al mismo tiempo, sin que se deterioren más en el proceso de transición. Y todo esto bajo el asedio de miles de personas e instituciones pidiendo citas, vendiendo bienes y servicios, ofreciendo préstamos y donaciones y, especialmente, reclamando reivindicaciones, justas e injustas, muchas de ellas derivadas de los desmanes del castrismo.

¿Cuáles son los problemas concretos que el gobierno de transición deberá definir desde el principio? Aquí sólo podemos listar algunos de los más importantes, para brindar una rápida visión de conjunto, concentrándonos en los de carácter económico. Los más importantes son los siguientes:

1. Liberar los precios de todos los productos y levantar todas las prohibiciones y otras restricciones al libre comercio y a la propiedad privada;

2. Asegurarse de que la oferta agregada de alimentos (producción doméstica, más importaciones, existencias en inventarios y posibles donaciones externas) es suficiente para satisfacer las necesidades más perentorias de la población;

3. Asegurarse de que los ingresos externos del país, principalmente por concepto de turismo, remesas, exportaciones, inversiones directas, préstamos y donaciones sean suficientes para mantener la oferta agregada de alimentos, la de otros productos esenciales para y los gastos gubernamentales de mayor prioridad;

4. Preparar un plan de restitución y/o compensación a sus propietarios originales de las propiedades confiscadas por la revolución y comenzar su implementación cuanto antes, a sabiendas que antiguas propiedades de viviendas no podrán ser sujetas al desalojo forzado de sus moradores actuales;

5. Facilitar las inversiones directas tanto de capitales extranjeros como nacionales en todos los sectores de la economía, con un mínimo de regulaciones indispensables, sobre una base estrictamente competitiva donde quede estrictamente prohibido el favorecer a un sector específico de la economía;

6. Reformar el sistema fiscal cubriendo el establecimiento de una estructura tributaria (impuestos) más acorde con una economía de mercado, una nueva administración del gasto público y un grado de des-

centralización o federalismo fiscal a ser definido posteriormente;

7. Crear las bases legales mínimas para el surgimiento y desarrollo del sector financiero (bancos comerciales, hipotecarios, de inversiones, compañías de seguros, mercados de capital) y los aparatos de regulación prudencial correspondientes;

8. Definir el régimen monetario que debe predominar en la transición y redefinir el papel del Banco Central de Cuba;

9. Renegociar agresivamente la deuda externa de Cuba con los diversos clubs de acreedores pero buscando que se condone en la mayor parte posible de los casos o que se sirva en condiciones que no impidan la recuperación de la economía nacional;

10. Negociar agresivamente un amplio acuerdo de libre comercio con países o regiones como Estados Unidos, España, la Unión Europea, Japón, América Latina y otros incluyendo tanto productos tradicionales como no tradicionales;

11. Establecer un programa de emergencia de alimentos para los ciudadanos cuyos ingresos, especialmente pensionados, no sean suficientes para satisfacer sus necesidades esenciales a los precios liberados;

12. Reducir el sistema de seguridad nacional eliminando especialmente el segmento dedicado a la represión de las libertades civiles, pero mantener los salarios de la mayor parte del personal por un plazo a ser determinado hasta que puedan encontrar empleo en los nuevos sectores de la economía;

13. Reorganizar el sector judicial con énfasis en los derechos individuales y de propiedad;

14. Organizar, posiblemente con ayuda técnica y financiera externa, cursos para la formación masiva de personal en las áreas que se desarrollarán en una economía de mercado como las financieras, comerciales, administración de empresas, contabilidad, derecho mercantil y laboral, etc.;

15. Establecer regulaciones de emergencia en materia laboral para ofrecer un mínimo de protección a los trabajadores mientras se encamina la transición;

16. Revisar y modificar el currículo y la práctica educativas en función de una sociedad libre y democrática y una economía de mercado, lo que requiere cambiar los materiales de enseñanza, especialmente textos, y capacitar al personal docente, mientras se permite el surgimiento del sector privado en la educación a todo nivel;

17. Formular e implementar un programa de emergencia para mejorar los servicios preventivos y asistenciales de salud a la población con un grado de recuperación de costos, mientras se permite el surgimiento de la práctica privada de medicina;

18. Revisar el papel y el tamaño actual de las fuerzas armadas del país y preparando un plan para su desarrollo como una fuerza moderna y capaz de participar en la defensa de la democracia y las libertades civiles en cualquier lugar del mundo;

19. Evaluar la situación de la infraestructura física del país y formular y llevar a cabo un plan de emergencia con posible financiamiento de organismos multilaterales en aquellos sectores productores de bienes públicos donde el sector privado no tenga incentivos para invertir, como por ejemplo, juzgados, escuelas

públicas y ciertas obras viales y de mejoramiento ambiental y forestal;

20. Facilitar el desarrollo inicial del sector de la construcción y preparar regulaciones de emergencia para promover la construcción organizada y reparación de viviendas que alivie la crítica situación de este sector, al mismo tiempo que se preserva el tesoro urbano, arquitectónico, cultural e histórico de las edificaciones existentes en todas las poblaciones de la isla;

21. Cerrar, liquidar, traspasar o vender todas las agencias u organizaciones llamadas "de masa" o dedicadas a la propaganda del régimen castrista, como son los Comités de Defensa de la Revolución, el Partido Comunista, los periódicos y revistas del gobierno, la Asamblea del Poder Popular, la Federación de Mujeres Cubanas, la Unión de Escritores y Artistas, el Instituto del Arte y la Industria Cinematográfica, etc., reduciendo gradualmente los subsidios gubernamentales a las mismas dando un plazo fijo y no prorrogable para los salarios, al mismo tiempo que se facilita que algunas de éstas pasen a ser operadas por el sector privado u organizaciones no gubernamentales.

Esta es una lista ilustrativa de temas eminentemente económicos aunque algunos tienen estrechas relaciones con otros aspectos de la vida nacional. Sin embargo, la lista ya permite ver que los asuntos a tratar por un gobierno de transición tocan todas las dependencias o ministerios del estado con la posiblemente única excepción de un cuerpo legislativo que deberá desarrollarse oportunamente. Los veinte y un puntos persiguen varios objetivos, entre ellos la liberación de la economía interna, la normalización de las relaciones internacionales del país, la reformulación del papel del estado disminuyendo su poder interventor, administrador y propietario de la economía mientras se concentra en la defensa de los derechos de los ciudadanos y, finalmente, liberar al estado de una serie interminable de gastos que deben eliminarse por completo o pasar a manos del sector privado, como pueden ser las actividades cinematográficas, la prensa, la cultura, etc.

Por otro lado es preciso tener en cuenta que esta lista sólo representa los títulos de las actividades a realizar, pero cada uno de ellos en realidad constituye un programa muy complejo de trabajo. Por ejemplo, la reorganización del sector judicial es toda una obra de enorme magnitud que requerirá miles de personas en un momento dado, una concepción muy refinada de lo que se quiere lograr, la formulación de un marco legal que tendrá como piedra clave una constitución para el país, la capacitación de personal, la instalación y desarrollo de bibliotecas, sistemas modernos de archivos y consulta por medio de computadores, etc. Otro ejemplo es la necesidad de reorganizar la hacienda pública, o sea, su sistema fiscal a tono con las capacidades de la economía de generar los recursos suficientes para financiar el nivel deseado de gasto público y evitar los abusos financieros que han sido típicos de los países menos desarrollados.

Particularmente complejo y potencialmente cargado de problemas políticos es lo expresado en el punto cuatro sobre lo que debe hacer el gobierno en materia de las propiedades confiscadas por el gobierno. Como se sabe, la economía que se hereda del castrismo no está sólo quebrada sino endeudada y no será posible que el estado cubano pague todo lo que debe sólo por concepto de expropiaciones. Por otra parte, la devolución de las propiedades a sus antiguos dueños o sus herederos no será un proceso fácil porque después de tantos años pueden haber reclamaciones de distintos herederos, para lo cual hay que tener los tribunales adecuados. Al mismo tiempo hay propiedades que han desaparecido o que se fundieron con otras y cuya separación puede requerir tasaciones o llevar a litigios o disputas.

Y a esta lista de dolores de cabeza hay que sumar todas las cuestiones de índole política que caerán desde el primer día en la mesa de la presidencia del gobierno de transición y de los ministros correspondientes. Aunque no vamos a intentar hacer una lista parecida a la de los problemas económicos, podemos mencionar algunos de los problemas como ilustración.

Es muy probable que entre los primeros problemas de tipo político del gobierno estará el de la lucha de diversas facciones e individuos por posiciones de poder o influencia en el primer gobierno de transición. Decimos primer gobierno porque es razonable suponer que la transición hacia una democracia y una economía de mercado requieran varios períodos gubernamentales. Por supuesto, esto puede no suceder si el gobierno de Fidel Castro es reemplazado por otra dictadura de larga duración, escenario que no vamos a discutir aquí. Pero parte del proceso democrático consiste de luchas por el poder político aunque en tal marco serían luchas sujetas a ciertas leyes y reglas de conducta. En cualquier caso, los funcionarios del gobierno de transición, especialmente los más altos y los que ocupen carteras críticas como las de hacienda, economía o justicia tendrán que manejar un dilema personal, el de usar sus puestos a favor de sus carreras políticas o a favor de las necesidades del país. La transición requerirá decisiones difíciles y no siempre populares. Es muy fácil que algunos o hasta muchos funcionarios no logren un equilibrio aceptable entre lo que les conviene a ellos y lo que le conviene al país.

Otra fuente potencialmente importante de problemas políticos para el gobierno de transición consiste en las personas o grupos que quedaron fuera del gobierno, entre ellos los muchos desafectos al nuevo orden de cosas, particularmente los que estuvieron estrechamente vinculados al castrismo. No es de esperar que una política específica de reformas, como parte de una transición, va a ser aceptada unánimemente por la población. Habrá muchas opiniones y muchas propuestas. De entrada se sabe que muchos cubanos prefieren una modalidad democrática de socialismo con una fuerte intervención del estado en la economía con el objeto de evitar los abusos de lo que algunos llaman "capitalismo salvaje". Mientras tanto otros (yo incluido) creen que lo mejor es montar una economía de mercado con todos sus componentes, especialmente los de tipo legal, para evitar abusos, concentraciones ilegítimas o indeseables de poder económico y monopolios no regulados. Ambas facciones lucharán desde el principio por colocar a sus agentes o representantes en el poder, pero habrá otras facciones que pueden complicar sobremanera la transición si no se llega a un consenso.

Un tercer grupo de problemas surgirá alrededor de la necesidad de legitimar los gobiernos y el proceso mismo de transición, para lo cual es indispensable una constitución libremente aceptada por la ciudadanía. Pero ¿cómo se llega a un nuevo marco constitucional? Algunos proponen la formación rápida de una asamblea constituyente, pero ¿cuánto tiempo necesita la ciudadanía para prepararse y saber elegir a sus representantes? ¿Qué probabilidades hay de que los asambleístas lleguen a un texto constitucional adecuado? ¿Cuánto tiempo debe transcurrir antes de que el país esté preparado para acometer estas tares? ¿Cuál debe ser el papel del gobierno? ¿Cómo se formarán los partidos y otras organizaciones políticas en el futuro? ¿Quiénes serán los nuevos personajes de la vida pública cubana?

Hasta aquí hemos analizado sólo una muestra de los problemas de la transición bajo el supuesto de que el proceso puede llevarse a cabo sin violencia. Si cambiamos el supuesto y tratamos de visualizar el mismo proceso en condiciones de violencia, la transición se complica sobremanera pues la falta de tranquilidad distraería la atención de las autoridades y parte de los recursos necesarios para las reformas. La violencia además propiciaría el advenimiento de soluciones de fuerza, lo cual puede devenir en nuevos regímenes de facto.

Sin duda, el postcastrismo pondrá a prueba la capacidad colectiva de los ciudadanos cubanos de lograr acciones que conduzcan a la democracia y hacia un sistema económico próspero y justo. Es improbable que tal cosa ocurra por generación espontánea. Será la acción colectiva de los cubanos la que pueda lograr en elevado grado de avance la construcción de una sociedad libre y la única manera concebible de que esto se logre es mediante la preparación anticipada de una masa crítica de ciudadanos y de futuros líderes. La alternativa es depender de un dictador benevolente, lo cual yo considero no sólo utópico sino derrotista. Es necesario inyectar en los cubanos la confianza de que mediante la organización y el conocimiento la transición puede lograrse pero que hay que prepararse para ella.

Miami, 23 de diciembre de 2003

TERCERA PARTE
TRANSICIÓN Y REHABILITACIÓN

El desarrollo de una economía de mercado: el caso de Cuba

Ensayo preparado para la Primera Reunión Anual de la Association for the Study of the Cuban Economy (ASCE)

Introducción

Los astrónomos aprovechan los eclipses de sol para estudiar fenómenos que sólo ocurren o que son mejor observados en esas circunstancias. El eclipse de las economías socialistas —en este caso, un eclipse permanente— ofrece oportunidades especiales para mejorar nuestra comprensión de las economías de mercado. Como se observa en los países de Europa del Este, el establecimiento de una economía de mercado partiendo de un sistema de propiedad estatal con planificación centralizada presenta dificultades que van más allá del dominio de la política económica, pues exige la identificación de factores institucionales y de otra índole que normalmente tomamos por dado. El caso de Cuba, donde es razonable esperar que en un futuro cercano se pueda instaurar una economía de mercado, presenta condiciones extremas en cuanto al grado de centralización alcanzado actualmente y, por ende, a la profundidad y complejidad de las reformas que se harían necesarias para lograr tal transición.

El objetivo general de este ensayo es ayudar a identificar los factores que deben tenerse en cuenta para que tal transición se lleve a cabo de la mejor manera posible y con base en el interés público cubano. Además, este trabajo persigue varios fines específicos en el corto plazo. Uno es contribuir al estudio de problemas económicos para los cuales no existen soluciones "enlatadas" de fácil aplicación y éxito garantizado. En este sentido, los economistas constituyen una de las audiencias principales del ensayo.

Otro objetivo de corto plazo es identificar aquellos factores no económicos que deben ser tomados en cuenta en cualquier transformación profunda de una sociedad. Por ejemplo, el establecimiento de una economía de mercado requiere cambios transcendentales del sistema legal, cubriendo una amplia gama de aspectos como son los derechos de propiedad, la normación de las diversas formas de relaciones contractuales, la regulación de actividades monopolísticas, la definición de las autoridades fiscales y los procedimientos para la venta y adquisición de bienes y servicios por el estado. Es, además, prácticamente imposible concebir una transformación profunda de la economía cubana sin cambios constitucionales. Todo esto significa que la "ingeniería" de la transición requiere no sólo economistas sino también juristas, lo que los hace parte de la audiencia intentada de este ensayo.

Generalmente, se ha supuesto que la transición hacia una economía de mercado en Cuba deberá llevarse a cabo en el contexto de una transición hacia una sociedad democrática. De hecho, muchos suponen razonablemente que el advenimiento de un Estado que reconozca una mayor libertad individual, que al mismo tiempo evite los abusos que se derivan de cualquier concentración desmesurada de poder (tanto económico como político) es el objetivo principal de cualquier transformación profunda del Estado cubano. Por lo tanto, la transición hacia una economía de mercado no se percibe tanto como un objetivo en sí mismo, sino que es más bien una de las partes, o acaso un medio, en la instauración de una democracia.

Con este supuesto en mente, el tercer objetivo inmediato de este trabajo es contribuir a elevar el nivel de comprensión económica del ciudadano cubano medio. O sea, en la medida que una transformación del sistema económico nacional precisa de cambios de naturaleza legal, desde el nivel constitucional hasta el de las leyes y regulaciones más específicas, y, suponiendo que tales cambios han de ser sometidos a consultas democráticas directas e indirectas, es preciso que el ciudadano común, como votante o como representante de otros ciudadanos, tenga un mínimo de comprensión sobre los aspectos económicos de aquello sobre lo cual se manifiesta y oportunamente vota.

Esto define la tercera y no menos importante audiencia de este ensayo. No basta que los economistas nos pongamos de acuerdo sobre cómo resolver ciertos problemas críticos de una transición hacia una economía de mercado si la mayoría ciudadana no acepta lo que los técnicos determinan. Esto es especialmente válido si se tiene en cuenta que los primeros años de la transición no sólo no han de producir milagros sino que van a requerir ajustes macro y microeconómicos que generarán incertidumbre y que incluso pueden llegar a afectar negativamente a algunos segmentos de la población.

Puede postularse que la solidez de una nueva República de Cuba dependerá del grado de conocimiento de la ciudadanía sobre lo que es posible y lo que no es posible en materia de política pública. En este sentido, insto a mis colegas economistas y a todos aquellos profesionales y técnicos que puedan contribuir a resolver los problemas de la transición a que dediquen parte de su esfuerzo no sólo a las soluciones respectivas sino también a mejorar el nivel de comprensión del ciudadano medio.

Además de esta sección introductoria, las siguientes secciones presentan una discusión de las condiciones políticas y económicas que pueden existir al comenzar una transición y que pueden ejercer un peso determinante sobre la misma; otra sección se concentra en las acciones más perentorias que deberán ser consideradas en los primeros momentos de la transición, mientras que la otra sección pasa a detallar los elementos más importantes que debieran considerarse en la formulación de un plan para la transición. La última sección se dedica a un pensamiento breve a manera de conclusión del ensayo.

Las condiciones iniciales - La situación política al comienzo de la transición

No tiene sentido tratar de pronosticar las condiciones en que ocurriría un cambio de poderes en Cuba y si tal cambio propiciaría una transición democrática y una economía de mercado. Es de esperar que una transición pacífica del poder político facilite la transición hacia una economía de mercado, mientras que un cambio político violento entorpecería dicha transición, al menos, durante los primeros tiempos. Cada forma de traspaso del poder político corresponde a un conjunto de opciones de transición económica. Es posible que un nuevo gobierno en Cuba adopte medidas que marquen una transformación radical de la economía al punto de reducir a un mínimo el grado de intervención estatal en la economía. Sin embargo, no es prudente descartar la posibilidad de que un nuevo equipo gobernante adopte políticas más cercanas a las de China que a las de Checoslovaquia, Polonia o Hungría. Por otro lado, es necesario tener en cuenta que una transición política como la que sucedió en Rumanía, la que parece estar ocurriendo en Albania, mientras se escribe este trabajo, o, incluso la de la propia Unión Soviética, dificultaría enormemente cualquier transición económica, pero, especialmente aquéllas que dependan intensamente del funcionamiento eficiente de los mercados.

Como no sería práctico escribir un ensayo para cada uno de los escenarios más verosímiles, este trabajo se basa en unas condiciones iniciales hipotéticas relativamente simples para estudiar los problemas de la transición. La razón de usar supuestos simplificadores es de tipo expositivo o didáctico: la transición hacia una economía de mercado es un proceso complejo en sí mismo. Si conducimos el análisis bajo supuestos de una transición escabrosa, con violencia y profundas divisiones entre diversos segmentos de la población perderíamos el foco de nuestro tema principal: los problemas económicos por sí solos. Por lo tanto, es conveniente adoptar unos supuestos simplificadores en cuanto a las condiciones iniciales para poder comprender mejor la complejidad de la transición económica sin las complicaciones que introduciría la transición de poderes.

Supondremos para los efectos de este análisis, que el proceso de traspaso del poder político será muy corto, de naturaleza pacífica y que la implantación de una economía de mercado contará con el apoyo de la mayoría de la población. Al suponer estas condiciones iniciales, el gobierno a cargo de la transición podrá concentrarse en la reconstrucción económica sin que tenga que distraer demasiada atención ni recursos excesivos a problemas de seguridad interna o de orden público. Es obvio que la reconstrucción económica se haría más difícil en tales condiciones, pues la base de recursos disponibles sería menor y no se lograría el ambiente de tranquilidad interna que se requiere para atraer la actividad inversionista que ayudaría en la transición. El lector queda a cargo de hacer su propio análisis en la medida que crea que las condiciones iniciales, ya bien difíciles como vamos a ver, serán menos favorables.

La situación económica al comienzo de la transición

Los cambios ocurridos en la Unión Soviética y en los otros países de Europa Oriental están forzando al gobierno cubano a adoptar medidas de ajuste macroeconómico que restablezcan el equilibrio entre ingresos y gastos del país, en presencia de una reducción gradual y presumiblemente significativa de los subsidios y préstamos recibidos hasta ahora. A grandes rasgos, las medidas de ajuste son similares a las que un gobierno de transición tendría que adoptar para enfrentarse a una economía ineficiente, distorsionada y endeudada en extremo: principalmente, equilibrar el balance de pagos por medio de reducciones drásticas de las importaciones al mismo tiempo que se adoptan medidas para aumentar los ingresos por exportaciones.

Tales medidas de ajuste presentan algunas características interesantes e irónicas que merecen ser destacadas. -

Una es que el ajuste ha sido impuesto por el propio gobierno y no por un organismo financiero multilateral como el Fondo Monetario Internacional o el Banco Mundial como condición para establecer programas de financiamiento. Esto implica que el impacto del ajuste sobre la población puede ser más severo en el corto plazo, pues habiendo Cuba renunciado a ser miembro de dichas instituciones desde el comienzo de la década de los sesenta, no tiene la posibilidad de acceder a financiamientos que de alguna manera aliviarían los dolores inevitables del ajuste.

Al aplicar las medidas de ajuste, el gobierno cubano actual, obviamente sin quererlo, está facilitando una transición futura hacia una economía de mercado, pues el establecimiento de la misma requiere un saneamiento mínimo de las finanzas públicas. Si, por el contrario, fuese un gobierno de transición el que se viera forzado a aplicar las medidas mencionadas, la transición hacia una economía de mercado se vería seriamente obstaculizada pues la población sólo vería al comienzo las dolorosas consecuencias de un ajuste que son inevitables bajo cualquier régimen económico que busca su propio sostenimiento.

Los esfuerzos para aumentar las exportaciones conducen a la que acaso sea la más flagrante de las ironías o contradicciones de la política económica cubana: el reclutamiento activo de capitalistas internacionales para invertir en el desarrollo turístico del país. Aunque el gobierno cubano ha rechazado reformas que lo conduzcan al establecimiento de economías de mercado, no le ha quedado otra alternativa que recurrir a actividades de mercado (circunscritas al sector externo para mantener la asepsia ideológica interna) para incrementar sus ingresos por exportaciones y evitar lo que percibe como una crisis económica que puede tener repercusiones políticas impredecibles.

El origen de la crisis, sin embargo, no radica en los acontecimientos recientes en los países del difunto bloque socialista. Tales acontecimientos no han hecho otra cosa que revelar la crisis crónica de la economía cubana durante las últimas tres décadas; una crisis que consiste en la incapacidad nacional de producir para su propio sustento sin necesidad de inyecciones masivas de recursos externos que han convertido al país en una economía esencialmente parasitaria.

En este sentido, el fracaso económico del gobierno actual es doble. En primer lugar, por haber seleccionado un modelo de desarrollo intrínsecamente ineficiente y tribal y, en segundo lugar porque, aun dentro de los cánones socialistas, Cuba logró ser la más ineficiente de todas las economías planificadas como lo demuestra su dependencia secular de los subsidios y el volumen de los mismos. Ellos parecen ser de tal magnitud que debemos plantearnos una gran interrogante: ¿es capaz Cuba de alimentarse a sí misma si los subsidios desaparecieran abruptamente? Si la respuesta es negativa, la transición se tendría que llevar a cabo en condiciones difíciles de describir, mientras que la ayuda internacional para evitar una hambruna puede ser indispensable.

En tal contexto y aunque sea aventurado decirlo, es importante señalar que el éxito que el gobierno actual tenga en independizar la economía cubana de los subsidios facilitaría la labor de un gobierno de transición. Si, por otra parte, las medidas de ajuste llegan a exasperar a la población hasta el punto de provocar la desestabilización y ulterior caída del régimen, el gobierno de transición tendría igualmente que continuar tales medidas, a menos que se obtengan cantidades masivas de ayuda externa, lo cual no es realista ni prudente esperar. Esto, por supuesto, resolvería el problema de corto plazo en cuanto al sostenimiento de actividades mínimas de problemas de consumo para la población, pero no resolvería el problema de largo plazo de restaurar la capacidad productiva nacional hasta el punto en que alcance nuevamente su autosuficiencia.

La misma paradoja puede aplicarse al tan debatido tema de la inversión de capitales extranjeros en el desarrollo turístico como un medio de alcanzar un equilibrio externo. Muchos parecen estar de acuerdo con la premisa del gobierno cubano actual que el desarrollo turístico puede salvar el socialismo en Cuba. ¿Por qué no se razona en otra dirección? ¿Por qué se piensa que un gobierno que durante tres décadas se ha distinguido por su ineptitud económica ha de tener éxito esta vez? ¿Por qué, por otro lado, no se considera la posibilidad de que un cierto grado de éxito en el desarrollo turístico representaría un gran fracaso para el gobierno pues el mismo estaría demostrando que la economía cubana no es sostenible sin capitalistas, empresarios y actividades de mercado? ¿Haría esto más fácil la remoción del equipo dirigente del gobierno que persiste en mantener a Cuba dentro del régimen actual?

Durante las últimas tres décadas, el país ha venido sufriendo serias dificultades económicas que, aunque interrumpidas por breves períodos de ilusoria y marginal prosperidad, parecen haber conducido sistemáticamente a un deterioro generalizado de los niveles y calidad de la vida de la población.

Sin embargo, las dificultades económicas nunca han parecido estar cerca de provocar un cataclismo de tipo político. Tampoco fueron las condiciones económicas por sí solas las causantes directas de las transformaciones ocurridas en los países de Europa Oriental.

Independientemente del grado de éxito que el gobierno cubano alcance en los frentes del ajuste y del desarrollo turístico, es de esperar que en el mediano plazo la economía cubana mantenga las características actuales, que en favor de la unidad de este trabajo repasamos en los puntos siguientes:

1. Predominio de la propiedad estatal en las actividades productivas.
2. Rigidez de precios de bienes y factores.
3. Distorsiones de precios con desviaciones de magnitud desconocida con relación a lo que serían precios de equilibrio competitivo, o sea, aquéllos que reflejen relaciones de libre oferta y demanda.
4. Racionamiento de casi todos los bienes de consumo.
5. Volumen desconocido de actividades de mercado negro pero, presumiblemente, marginal.
6. Administración centralizada de las empresas productivas de manera que las mismas no tienen control sobre sus inversiones, los precios de lo que producen, sus ingresos y sus gastos.
7. Sistema financiero nacional que asemeja a una caja común.
8. Inexistencia de la intermediación financiera, el crédito y el ahorro.

9. Producción de alimentos a niveles precarios basada en el sistema estalinista de acopio de productos agropecuarios que se distribuyen por el Estado hasta llegar al consumidor.
10. Bajos niveles de productividad del trabajo y del capital.
11. Poca diversificación de la producción exportable nacional.
12. Capacidad industrial exigua como resultado del deterioro de la planta física y la baja eficiencia productiva.
13. Infraestructura física (incluyendo vivienda) en estado de deterioro progresivo.
14. Tecnología, generalmente, atrasada aunque puede haber excepciones.
15. Un alto nivel de endeudamiento externo con diversos países e instituciones de crédito.
16. Niveles desconocidos de competencia en la fuerza de trabajo.
17. Niveles desconocidos de desempleo abierto y disfrazado.
18. Educación gratuita con racionamiento de acceso a ciertos planteles y a niveles superiores.
19. Servicios gratuitos de salud.
20. Monto de las pensiones en curso de pago y de próximo vencimiento de magnitudes desconocidas.

En resumen, la transición a una economía de mercado en Cuba, probablemente, tenga que comenzar con un país profundamente endeudado, de economía ineficiente e incapaz de crecer rápidamente en los primeros años. En estas condiciones, más o menos aliviadas (o empeoradas) por el éxito (o el fracaso) de las actuales políticas del gobierno y más o menos complicadas por las condiciones en que ocurra el traspaso del poder político, el gobierno de transición se enfrentará a enormes desafíos, entre ellos, la gigantesca tarea de formular una estrategia y poner en práctica el plan de acción correspondiente para construir una economía de mercado.

Para mejor identificar los factores más importantes a ser tomados en cuenta en semejante empresa, los conceptos que siguen se han ordenado en forma de la agenda que pudiera tener el gobierno de transición de manera de identificar las prioridades pertinentes y separar, en cada fase de la transición, lo que debe hacerse en esa fase y lo que debe dejarse para una siguiente. O sea, el éxito en la instauración de una economía de mercado en Cuba dependerá, entre otras cosas, del sentido de propósito y la capacidad organizativa y ejecutiva del nuevo equipo de gobierno. El éxito depende de mucho más que de una formulación inteligente de política económica.

Las prioridades y decisiones iniciales

Antes de entrar en la materia de esta sección, es preciso visualizar el problema de tipo logístico que enfrentará un gobierno de transición desde el primer momento en que aborde sus nuevas responsabilidades. Es útil enfatizar que dicho equipo de gobierno heredará un sistema que desde el comienzo se postula como arcaico y que deberá ser radicalmente modificado.

Sin embargo, las modificaciones deberán respetar ciertos principios para no crear nuevos problemas y complicar innecesariamente el proceso de la transición. El gobierno de la transición deberá actuar de manera análoga a la de una tripulación que debe abordar una nave en mal estado, abandonada en alta mar y cuya carga debe ser salvada. Lo primero que la nueva tripulación deberá hacer es aprender a conducir esa nave; por obsoleta que sea, es ella la que en ese momento lleva la carga que debe ser salvada. Una vez en control de la nave, entonces, se podrá proceder a designios más ambiciosos como el de trasbordar la carga y llegar a destinos más lejanos.

La analogía sirve para dramatizar la necesidad de que el gobierno de una nueva República de Cuba formule sus agendas con una concepción clara de lo que se puede y no se puede hacer en cada momento. El cumplimiento de esta condición es de importancia crítica para el éxito de la transición y debe contemplarse en cada fase de la formulación de la política económica y del plan de acción correspondiente.

De aquí en adelante, las decisiones de política económica que se discuten se plantean en los términos individuales de los funcionarios a cargo de las mismas. Se ha adoptado este método para llevar al lector una visión más clara de la finitud de la capacidad decisoria y administrativa para construir un nuevo sistema económico, visión que de otro modo se perdería si se siguiera la costumbre de emplear la abstracción impersonal de que son los organismos del Estado los que manejan la política pública.

Los primeros días de la transición - En el despacho del Ministro de Economía

La prioridad más alta de cualquier ministro de economía en un gobierno de transición deberá ser evitar que se deteriore el precario sistema de producción y distribución de alimentos a la población. El alto grado de centralización del sistema productivo cubano actual y que seguramente heredará el gobierno de transición implica que no hay redundancias de capacidad que permitan a una parte del sistema compensar las ineficiencias o incumplimientos de alguna otra parte. Los productos agropecuarios forman una parte crítica del sistema alimentario cubano y los mismos llegan a la población mediante el llamado sistema de "acopio", donde las granjas le "venden" al Estado parte de su producción para ser distribuida en los distintos centros de consumo. Este sistema, de naturaleza netamente estalinista, generalmente incumple con los planes de producción, lo cual causa oscilaciones de gran amplitud entre períodos de escasez—los más frecuentes—y períodos de abundancia excesiva—los menos comunes. Este sistema está estrechamente ligado al sistema de racionamiento con precios fijos dictados por el gobierno, lo cual es parte intrínseca del sistema estalinista. El sistema de racionamiento está sujeto igualmente a oscilaciones en el cumplimiento de las cuotas estipuladas. Dichas oscilaciones no sólo tienen su origen en contingencias en la fase productiva misma, sino también en las que afectan independientemente los sistemas de transporte y de administración de la distribución.

Antes de que semejante anacronismo pueda modificarse, es imperativo comprender que el mismo es el único sustento alimentario de la población, aparte de las exiguas importaciones de alimentos y de lo aparentemente poco que logra distribuirse mediante el mercado negro. Esto conduce a la paradójica conclusión de que el ministro de economía a cargo de la transición hacia un sistema de mercado tendrá que aprender primero a manejar un sistema estalinista para no causar una crisis alimentaria de proporciones incalculables. La experiencia actual de la Unión Soviética y de Albania corrobora esta preocupación. Es necesario tener en cuenta que el sistema vigente que administra la producción y la distribución de alimentos está basado en un régimen de disciplina en el cual los factores políticos y el propio partido comunista representan de facto la verdadera autoridad empresarial. Aunque este aparato sea muy ineficiente y sólo logre niveles mediocres de productividad, los volúmenes que sí logra producir son de los cuales depende el país para su alimentación. En una transición política que de entrada destruya la autoridad del partido y en ausencia de un sistema autorregulado y descentralizado de propiedad privada, es razonable pensar que habrá una desarticulación generalizada y, posiblemente, acelerada del sistema productivo y distributivo, que a su vez, provocará una reducción severa de las disponibilidades de alimentos al consumidor.

En estas circunstancias, el reto que enfrentará el nuevo ministro de economía (y con él, todo el gobierno) es el de transformar el sistema productivo de alimentos sin afectar el delicado equilibrio que hoy lo mantiene apenas a flote, teniendo en cuenta que ni el ministro ni el gobierno se espera que gocen de los poderes totalitarios de sus antecesores. Aceptando que el nuevo ministro de economía lograra evitar una catástrofe alimentaria, ¿cómo deberá proceder en su tarea de construir una economía de mercado? ¿Cuáles deberán ser los primeros pasos que se tomen?

¿Dentro de qué marco legal podrá actuar? ¿Dónde están los límites de su autoridad para introducir cambios en el sistema y quién determina esos límites?

En los otros organismos públicos

Aunque no es posible, por razones de espacio y tiempo abordar con el mismo nivel de detalle las agendas y los problemas de todos aquellos altos funcionarios públicos que estén responsabilizados con la transición, es necesario bosquejar muy brevemente algunas de sus responsabilidades para establecer la interdependencia entre los diversos aspectos y variables del proceso. En este punto es crítico resaltar la necesidad imperiosa de que el equipo de la transición no sólo alcance una coordinación precisa entre las políticas y acciones a tomar en cada ramo, sino que también coordinen la puesta en práctica de las definiciones de política y las agendas individuales de cada organismo y funcionario involucrado en la transición.

No es posible exagerar el costo para Cuba de que los miembros del equipo de gobierno actúen independientemente sin una fuerte coordinación entre ellos. Por ejemplo, la decisión de asegurar el flujo de alimentos a la población requiere que el ministro de economía autorice las transferencias de recursos necesarios, mientras que los titulares a cargo de la administración de las empresas agrícolas, de transporte, etc., administren esos recursos en concordancia con esa política. Lo mismo es válido para quien dirija el Banco Nacional.

La falta de coordinación será un peligro permanente, especialmente, si el gobierno de transición tiene que hacerse cargo súbitamente de la administración de un país que por tres décadas ha estado habituado a funcionar siguiendo instrucciones del centro. Además del riesgo de la improvisación inicial y de lo enormemente difícil que será mantener una coordinación precisa de planes y acciones, es de esperar que surjan contingencias de todo tipo que conspirarán a diario con la unidad de acción de cualquier plan de gobierno.

Una de estas contingencias puede aparecer como desequilibrios financieros no previstos que tendrán que ser corregidos adecuadamente. Por ejemplo, el Banco Nacional de Cuba puede determinar que los niveles de precios fijados para los alimentos no son suficientes para cubrir los costos de producción y distribución correspondientes. Las alternativas que se presentan son: a) subsidiar los alimentos con ingresos de otras fuentes, b) emitir moneda si el punto anterior no es factible, c) aumentar los precios de los alimentos o dejarlos flotar y/o, d) reducir los costos de producción y distribución mediante reducciones de salarios o despidos.

¿Quiénes deberán tomar las decisiones al respecto? ¿Qué fuerza legal tendrán las decisiones que se adopten? El gobierno de transición tendrá que operar en un vacío legal durante los primeros tiempos, posiblemente hasta dos años, mientras no exista un nuevo sistema legal y un nuevo marco constitucional. Pero, la decisión sobre las alternativas señaladas en los cuatro incisos de arriba no puede esperar tanto tiempo. Los problemas económicos requieren respuestas rápidas y congruentes con la intención supuesta de establecer una economía de mercado. Para que este tipo de economía realmente contribuya al desarrollo económico general de una manera equitativa tiene que evitar caer en los caminos fáciles que representan los puntos a) y b) y adoptar las medidas responsables aunque dolorosas del tipo c) o d). Los problemas endémicos de las economías latinoamericanas y los todavía más graves de la economía cubana actual se derivan del manejo arbitrario de precios y salarios mediante la intervención del Estado. Si el gobierno de transición es serio con respecto a la creación de una economía de mercado, deberá adoptar medidas en torno a los dos últimos puntos (c y d), aunque no debe descartarse que en una situación excepcional se justifique algún subsidio (interno) temporal.

Después de los primeros días - Hacia la formulación de un plan de gobierno

La sección anterior plantea la necesidad de contemplar un principio de simultaneidad en las definiciones de política y en las acciones que se adopten en la transición. Es obvio que el ministro de economía no puede ni debe actuar por su cuenta, aun cuando ejerza una posición de liderazgo. Sin embargo, la necesidad de actuar simultáneamente en varios frentes va más allá de las etapas iniciales de manejo apropiado del sistema heredado y que se desea modificar.

El establecimiento de una economía de mercado partiendo de una de planificación centralizada es una tarea infinitamente más ardua que el proceso inverso y exigirá la participación de un elevado número de profesionales. Aunque el establecimiento de una economía socialista requirió la creación de nuevas instituciones, el proceso fue eminentemente uno de desmantelamiento de estructuras de alta complejidad que no tenían símiles en el mundo de la planificación socialista. Actividades enteras desaparecieron, especialmente, en el sector de los servicios, por ejemplo, todo el espectro de la intermediación financiera, las agencias de publicidad, las empresas de seguros y los servicios legales de todo tipo.

En la mayoría de las empresas de la llamada "esfera de la producción material" (agricultura y ganadería, pesca, industria, construcción, transporte y comunicaciones) el proceso de socialización fue uno de concentración de plantas y fusión de sistemas administrativos, proceso que dio lugar a la creación de los monopolios estatales. Mientras tanto, el sector comercial sufrió severas reducciones, pues el mismo era considerado parasitario (no creador de riqueza; otra aberración del pensamiento marxista) dentro de los preceptos oficiales. En resumen, la economía socialista posee una estructura institucional más simple, de menos complejidad y diversidad que una de mercado.

El esfuerzo de instalar una economía de mercado en Cuba será, por lo tanto, uno de recreación de instituciones y actividades necesarias para la operación del nuevo sistema. Es importante aclarar en este punto, sin embargo, que en la recreación de instituciones y actividades el papel del Estado será el de facilitador y no el de empresario. Si lo que efectivamente se desea es establecer una economía de mercado, tales actividades e instituciones deberán ser gestadas por el sector privado. El proceso también incluirá una diversificación productiva y empresarial, que consistirá, primordialmente, en la división de los monopolios estatales. Esto, por otra parte, deberá llevarse a cabo con la ayuda de un proceso paralelo de privatización el cual deberá tomar algún tiempo y del que trataremos más adelante.

El uso eficiente del tiempo del gobierno de transición

Muchas serán las fuerzas que obstaculicen la formulación y ejecución eficiente de un programa económico en Cuba durante la transición. Cabe destacar aquí dos de las más importantes. Primeramente, el establecimiento y organización de un equipo de gobierno para la transición no será un proceso fácil. Todo dependerá, en gran medida, de las características del traspaso de poderes. En cualquier caso, no es de esperar que el gobierno de la transición (que puede llegar a ser un gobierno provisional con mandato de un par de años) tenga tiempo de articular su equipo y programa de gobierno antes de tomar posesión. Esto significa que tendrá que comenzar la administración del Estado cubano con muchos poderes y pocas ideas concretas de lo que va a hacer. En estas condiciones, su tarea más perentoria será la de lograr un mínimo de integración del conjunto de hombres y mujeres que formen el equipo de gobierno.

El segundo gran obstáculo hacia una administración eficiente es que aún, cuando el gobierno comience su gestión con un programa bien estructurado, recibirá presiones de todo tipo de fuentes para atender otros problemas y modificar consecuentemente la agenda oficial. Es obvio que tales presiones serían más eficaces en la medida que el gobierno comience su gestión sin una agenda definida. Algunos ejemplos de las presiones, peticiones o demandas que el gobierno recibirá se listan a continuación:

1. Reclamaciones de compensación por acciones del gobierno anterior, por ejemplo, devoluciones de propiedades expropiadas y restablecimiento de pensiones y jubilaciones suspendidas.

2. Solicitudes de acreedores externos (gobiernos y organismos privados) para que el nuevo gobierno defina un programa de pago de la deuda.

3. Demandas provenientes de diversas comunidades y segmentos de la población para atender problemas que se fueron acumulando durante la administración anterior como pueden ser, reparaciones de infraestructura, mejoramiento de los abastecimientos, mejoramiento de otros servicios públicos, rectificación de injusticias del gobierno previo, etc.

4. Demandas provenientes de los diversos partidos o facciones políticas para que el gobierno acelere el proceso de institucionalización y llame a unas elecciones tempranas, acaso precedidas de la formación de una asamblea constituyente.

5. Peticiones de mediación en conflictos internos de todo tipo, desde laborales hasta políticos, tanto a nivel de empresa como de comunidad.

6. Solicitudes de individuos, gobiernos y empresas extranjeras para que funcionarios del gobierno atiendan propuestas de todo tipo supuestamente dirigidas a mejorar la gestión del gobierno y las condiciones económicas del país; por ejemplo, proyectos de inversión privados, ofrecimientos de asistencia técnica y otras formas de ayuda, peticiones de concesiones especiales para poder iniciar ciertos negocios o inversiones, etc.

Siempre que se instala un nuevo gobierno, el desfile de este tipo de solicitudes es interminable y coloca una gran presión sobre el tiempo disponible de los funcionarios públicos a los más altos niveles. Por encima de estas solicitudes, todo funcionario de alguna prominencia recibirá una serie interminable de invitaciones y solicitudes de presentación en actos de todo tipo, inauguraciones, conmemoraciones, sepelios y recepciones en el territorio nacional, más la consabida cuota de invitaciones a eventos en el extranjero.

En conjunto, esta demanda del tiempo de los funcionarios públicos puede llenarles sus respectivas agendas sin necesidad que formulen un plan de trabajo con otros propósitos, mucho menos dedicarle tiempo a ejecutarlo y darle seguimiento. El punto se trae a colación porque plantea la necesidad de resolver un serio conflicto desde los primeros momentos de la transición.

Muchas de las peticiones tienen que ser atendidas más tarde o más temprano y, de hecho, representan cuestiones que pertenecen al ámbito de la política pública que el gobierno tiene que atender. Sin embargo, el tiempo y los recursos del gobierno de transición son sumamente escasos y muchas de las peticiones tendrán que ordenarse en una línea de espera mientras que otras deberán ser pospuestas para un cierto período futuro o indefinidamente. ¿Mediante, qué criterios el gobierno podrá establecer prioridades para atender los problemas que le plantean desde afuera, mientras separa suficiente tiempo para la tarea misma de la transformación institucional del país? La respuesta está, obviamente, en un plan deliberado en que el gobierno asigna tiempo y recursos para atender tareas que de antemano sabe que tiene que abordar, mientras que al mismo tiempo, deja espacio para atender algunas de las presiones más urgentes.

El tamaño de esta tarea administrativa es incalculable. Puede decirse que, en la práctica, la primera prioridad económica del nuevo gobierno es organizarse eficientemente, definir metas específicas y optimizar el uso de los recursos disponibles para alcanzarlas en el menor tiempo posible. Si, por el contrario, el gobierno no desea o no es capaz de formular y ejecutar una agenda factible, el sufrimiento de la población cubana no acabará con la desaparición del equipo actual de gobierno.

El plan para establecer una economía de mercado

El principio cardinal que debe regir el diseño de un programa económico factible consiste en separar en diversos plazos las tareas que deben y puedan ejecutarse con los recursos disponibles. El plan, por supuesto, estará sujeto a contingencias pero, parte de la responsabilidad del nuevo gobierno, consistirá en prepararse para enfrentar contingencias de una manera inteligente y eficaz. Con esto en mente, definiremos tres períodos para la ejecución de un programa económico (que incluye muchos aspectos no económicos). El plan se define al principio y cubre los tres plazos, aunque tenga que ser modificado a medida que sea ejecutado y de que surjan nuevos elementos de juicio. Los plazos los llamaremos simplemente corto (uno a los dos primeros años), mediano (hasta cinco años) y largo (después de cinco años). El mayor detalle se le asigna a las medidas de corto plazo, dándosele un tratamiento muy breve a los otros dos.

Adicionalmente, el plan deberá contemplar acciones simultáneas y/o interdependientes en tres frentes generales de actividades que denominamos: a) político-administrativo, cubriendo aquellas acciones que pueden llevarse a cabo con el sistema económico existente en cada momento; b) el institucional, que incluye acciones dirigidas a transformar el sistema económico en uno de mercado y c) el humano, donde se incorporan actividades encaminadas a mejorar la comprensión pública de los problemas económicos y a estimular los valores y las formas de comportamiento congruentes con una economía que depende de la iniciativa individual y no de un estado omnipotente y paternalista. Diversas metas y acciones en estos tres frentes pueden corresponder a cualquiera de los tres plazos. En lo que sigue, el mayor énfasis se pone en las medidas político-administrativas e institucionales.

El plan en el corto plazo

El objetivo general de las actividades en el corto plazo es mantener y mejorar los niveles generales de producción de las empresas mientras se comienza la transición hacia una economía de mercado. Todo lo demás debe quedar supeditado a este objetivo. En este contexto, es importante separar las actividades que deben acometerse en el corto plazo de una manera realista y aquéllas que deben ser abordadas más adelante. Las secciones siguientes recogen las que, en opinión del autor de este ensayo, deben y pueden ser acometidas en el corto plazo. Cada uno de los temas abordados posee sus propias complejidades conceptuales y metodológicas y requiere un tratamiento más amplio del que aquí podemos darle por limitaciones de espacio y por las propias limitaciones del autor. Este tratamiento, sin embargo, sirve para dar una visión de conjunto de los diversos temas y su interdependencia, al mismo tiempo que se ofrece un "catálogo" con algunas características individuales.

El mejoramiento de la eficiencia de las empresas

Virtualmente, toda la actividad productiva en Cuba está en manos de empresas estatales que, oportunamente, dejarán de estar bajo la tutela del sector público. La privatización de las empresas será un proceso prolongado que debe ser planeado cuidadosamente con base en el interés público. Mientras tanto, el país seguirá dependiendo de la producción de estas empresas para el uso directo de lo que producen o para la exportación. En consonancia con el objetivo de evitar un deterioro de los niveles de producción, especialmente, en materia alimentaria, los procesos productivos de dichas empresas deben ser apoyados siempre y cuando las mismas puedan producir de una manera eficiente.

El criterio cardinal de eficiencia productiva es que sus costos sean iguales o menores que sus ingresos. No hay información suficiente para saber cuántas empresas operan eficientemente en Cuba en la actualidad. Sin embargo, la magnitud de los subsidios es muy elevada y es muy probable que muchas empresas operen a costos demasiado altos en relación a sus ingresos. Eso significa que el déficit se cubre en la caja única del gobierno central y que los subsidios soviéticos acaban financiando. De hecho, los subsidios ayudan a ocultar estas ineficiencias. Como esta situación es intolerable, las empresas deberán comenzar a operar cuanto antes en condiciones de equilibrio financiero, lo cual requerirá, como ya fue señalado, que suban los precios de lo que venden y/o bajen sus costos.

Es muy posible que muchas empresas no sean viables y que deban ser cerradas. Muchas veces es más eficiente mandar para sus casas a los trabajadores con sus salarios pagados que mantener la ficción de una empresa que opera en condiciones de ineficiencia permanente. También es importante tener en cuenta que una empresa puede ser hoy eficiente y mañana no, como resultado de las condiciones cambiantes de la economía nacional o de factores externos.

En cualquier caso, el objetivo es ir creando las condiciones y los incentivos para aumentar la eficiencia, la productividad y los niveles de producción, mientras se eliminan aquellas actividades que representan una carga para el Estado y la población. Esto requerirá que las empresas tengan cada vez mayor libertad para administrarse mientras ellas y no el Estado se encargan de subsistir y desarrollarse o fenecer.

En la situación actual, las empresas están unidas al resto del aparato estatal no por uno sino por varios cordones umbilicales que deben ser seccionados. Uno de ellos es el de la tutela por medio de las llamadas empresas consolidadas que agrupan, a modo de consorcio, todas las empresas de un mismo giro, y que pertenecen a la esfera superior de algún ministerio o súper ministerio. Otro de los cordones umbilicales es con el sistema fiscal, ya que los pagos no son hechos por las empresas a sus proveedores ni las empresas disponen de sus ingresos. Un tercer cordón umbilical —generalmente entrelazado con los otros— es el del Partido Comunista que, supuestamente, rige, vigila o supervisa que las empresas se mantengan dentro de las líneas trazadas por el gobierno actual. Es de suponer que, a menos que la transición en Cuba siga un camino parecido al de China o al de la Unión Soviética, este cordón desaparecerá rápidamente en los primeros momentos de la transición, como sucedió en Polonia, Checoslovaquia, Alemania y Hungría.

El primer problema que una mayor autonomía de las empresas plantearía es el de quiénes serían los administradores de esas empresas. ¿Puede confiársele a sus trabajadores la selección de los administradores? ¿Pueden mantenerse algunos de los administradores actuales en sus posiciones? ¿Quién debe tomar estas decisiones?

El enorme número de empresas diseminadas por las ciudades y los campos de Cuba hace impracticable que estas decisiones sean tomadas centralmente. Por otra parte, los ministerios y empresas consolidadas correspondientes son eminentemente grandes burocracias que deberán ser eliminadas oportunamente, pero, en el menor período de tiempo posible. El criterio para el nombramiento de administradores tampoco puede ser político, pues se estaría repitiendo el estilo socialista y se atrasaría el proceso de ganancia de eficiencia y el de instalación de una economía de mercado.

Si los trabajadores de estas empresas serán los primeros beneficiados o perjudicados por un proceso de autonomía en busca de eficiencia, es lógico que sean ellos los que decidan quiénes serán sus administradores. Pero, ¿bajo qué autoridad pueden los trabajadores decidir sobre sus propios jefes? Sólo si se les otorga una autoridad que los vincule de una manera más estrecha a sus lugares de trabajo y no como simples empleados. Una alternativa es mediante el otorgamiento de acciones o derechos parciales de propiedad sobre sus empresas. Aunque deben considerarse otras alternativas en la medida en que se vayan planteando, ésta puede tener la virtud de que serán los propios trabajadores los que tengan que decidir el destino final de la empresa, tanto en el esfuerzo que hay que desplegar para alcanzar su solvencia, como en el caso de que la misma sea intrínsecamente insolvente. Es muy posible que una gran cantidad de empresas tengan que adoptar medidas drásticas de ajuste interno, incluso despidos y reducciones salariales, simplemente porque no hay recursos para mantenerlas, ni porque, aunque los hubiera, deben penalizarse las actividades más eficientes de una economía obligándolas a transferir recursos para sostener a las menos eficientes. De hecho, lo que se estaría manteniendo no son las empresas mismas sino el empleo artificial de sus trabajadores. Esta situación se hará más probable en la medida en que vayan desapareciendo los subsidios soviéticos a Cuba. Es obvio que el nuevo gobierno no puede acoger este problema como si fuera suyo, imagen que erróneamente crearía si mantuviera un vínculo "propietario" con tales entidades.

Como puede notarse, este tema, mientras más se explora, más abre nuevas interrogantes y dilemas. Para poder pasar a otro tópico, sólo listamos otros de los muchos temas que dentro de la autonomía de las empresas deberán ser tratados con más profundidad:

1. En la medida en que las empresas ganen en autonomía, ¿dentro de qué limites podrán aumentar los precios de los bienes y servicios que venden aquellas empresas que tengan una posición monopolística en su sector respectivo, por ejemplo, la generación de electricidad o los servicios telefónicos?

2. ¿Cómo podrán adquirir bienes intermedios y de capital que no son producidos en el país? ¿Deben utilizar

las otras empresas estatales para tales fines o deben ellas alcanzar también su autonomía?

3. ¿Dentro de qué normativa jurídica y sistema de administración de justicia operarían estas empresas para realizar contratos con otras entidades nacionales y extranjeras?

4. ¿Será posible promover rápidamente un sistema, al menos rudimentario, de crédito para financiar las operaciones de las empresas en su búsqueda autónoma de eficiencia? Muchas empresas pueden ser eficientes pero pueden tener problemas momentáneos de caja que las harían cerrar. ¿Pueden los propios trabajadores (los de otras empresas) financiar el capital de trabajo mediante la postergación del pago parcial de sus salarios?

El equilibrio macrofiscal

Uno de los objetivos de la autonomía de las empresas es liberar al Estado de la carga de apoyarlas financieramente y comenzar la instauración de un sistema fiscal en concordancia con las necesidades de una economía de mercado. Una vez que el gobierno de transición tenga una visión clara de la situación financiera del país, tanto en lo interno como en lo externo, podrá decidir sobre las cuestiones más urgentes en materia de gasto público e ingresos fiscales. Por el lado del gasto, hay dos grandes decisiones que tomar. Una es, cuánto se va a destinar para servir la deuda externa, lo cual va a ser una función parcial de los acuerdos a que llegue el país durante las negociaciones correspondientes. Habrá voces que demanden el no reconocer la deuda, pero es de esperar que la cordura impere y que el país, independientemente de quién lo gobernó cumpla con sus obligaciones financieras externas, de lo contrario, se convertiría en un delincuente internacional con consecuencias devastadoras para su recuperación económica. La experiencia reciente del Perú durante el gobierno anterior es de particular pertinencia al caso cubano.

La otra gran decisión con relación al gasto público es cuánto debe gastarse en servicios del Estado. Este también será un tema de gran potencial polémico, ya que el gobierno actual se distinguió en promover programas en educación y salud que en gran medida se financian con los subsidios soviéticos. Sin subsidios y con una economía posiblemente en bancarrota, ¿cuánto se podrá financiar del gasto en educación y en salud? Otros renglones importantes de gastos públicos a definir son los siguientes: a) administración de justicia, b) seguridad interna, c) defensa, d) infraestructura y e) regímenes de retiro (invalidez, vejez y muerte).

Las asignaciones presupuestarias de años anteriores no servirán de mucho en la definición de los nuevos montos ya que la situación financiera del país está sufriendo cambios casi traumáticos como resultado de la reducción y posible eliminación de los subsidios. Por otra parte, las razones hasta ahora predominantes para determinar el monto y la estructura del gasto público han de ser modificadas en la medida que se desee y se marche hacia un nuevo régimen económico. Por ejemplo, una economía pujante de mercado requiere de una buena dotación de capital humano, tanto en términos educativos como de salud, además que ambos tipos de gastos son deseables en sí mismos por su contribución al bienestar del ser humano.

Por lo tanto, es deseable que se inviertan cantidades significativas de recursos en la educación de la población y en su salud. Sin embargo, puede justificarse una reestructuración del gasto educativo de manera de mejorar la calidad y el acceso de la educación pública durante los primeros nueve años de escolaridad, y comenzar de ahí en adelante a aplicar planes de recuperación de costos. Hay muchas razones para eliminar la gratuidad de la enseñanza universitaria y otras muchas, por otro lado, para desarrollar mecanismos de préstamos educativos que permitan acceder a tal nivel a aquellos ciudadanos de talento que no pueden costear estudios caros, como son los de medicina.

En lo que se refiere al gasto en salud pública puede debatirse que el Estado sólo debe hacerse cargo de financiar y hasta administrar los bienes y servicios públicos involucrados con la prevención de la salud pero, no necesariamente, con los servicios asistenciales o curativos que son más de naturaleza privada. Actualmente, se escuchan informaciones de que el Estado cubano ha conseguido brindar servicios asistenciales a toda la población prácticamente sin límites. Aunque no sabemos cuánto hay de mito y cuánto de realidad hasta que no se tenga un diagnóstico libremente conducido en el país, observadores independientes informan de manera fragmentaria que, efectivamente, hay una gran cobertura y profundidad de tales servicios. Si esto es cierto, los mismos no pueden ser eliminados hasta que no se instaure un sistema sustituto con características similares. Pero, ¿podrá el Estado cubano costear el nivel de los servicios actuales después que desaparezcan los subsidios soviéticos?

Muchas consideraciones similares habrá que hacer en torno a los otros sectores del Estado. ¿Qué clase de administración de justicia se desea y cuánto cuesta? ¿Qué se puede costear hoy y que se tendrá que hacer más adelante? ¿Cuáles son las preferencias del público y cuáles las del gobierno? ¿En qué nivel y estructura del gasto en este sector se aproxima al óptimo en función del interés común? Interrogantes similares pueden aplicarse a los sectores de seguridad interna y defensa. Es de esperar que en una sociedad más abierta y sin la paranoia de una invasión de los Estados Unidos ambos renglones de gastos se vean disminuidos significativamente. Pero, en algún nivel hay que parar las reducciones. Incluso los que propongan la eliminación total de las fuerzas armadas seguramente aceptarán la necesidad de un servicio de guardacostas o guardafronteras, especialmente, para enfrentar el tráfico de drogas y otras formas de contrabando o hasta movimientos subversivos.

Otra gran incógnita es el estado de mantenimiento y de operaciones de la red vial del país, sus puentes, puertos y otras construcciones necesarias para el transporte. Dicho estado será el principal determinante de la demanda por fondos públicos. Aquí, sin embargo, se abre una posibilidad de privatización por medio de la cual inversionistas de distinto origen —sin descartar al propio Estado cubano— financien algunas facilidades a cambio del pago de peajes.

Concluyendo las consideraciones sobre el gasto público, el gobierno de transición deberá determinar el monto de las obligaciones contraídas anteriormente en materia de regímenes de pensiones (invalidez, vejez y muerte) y establecer la viabilidad financiera de las mismas con base en proyecciones actuariales. Las variables a ser examinadas son las edades de retiro, el monto de las contribuciones, el monto de los beneficios y la estructura etaria de los derechohabientes para pronosticar la trayectoria futura de las erogaciones. Una de las grandes interrogantes será cuál es el monto de los beneficios a ser pagados por el Estado y si el mismo podrá ser cubierto dentro del panorama fiscal que se vislumbra, o requerirá un ajuste drástico del régimen en términos de, por ejemplo, aumento de la edad de retiro, disminución de los beneficios o aumento de las cuotas contributivas.

La experiencia latinoamericana enseña que este tema presenta situaciones explosivas como resultado de la frecuencia con que los gobiernos han hecho promesas de largo plazo que no podían ser cumplidas. El gobierno cubano actual tendría menos problemas que un gobierno democrático en incumplir sus obligaciones por su capacidad represiva y porque puede manipular otras variables sin afectar los valores nominales de las variables que caracterizan estos regímenes, por ejemplo, las cuotas de racionamiento y ciertos precios. Otra variable es propiciar la salida del país de las personas que estén recibiendo pensiones para aliviar la carga financiera del estado socialista. Es obvio que un gobierno que se rija por una economía de mercado no podría recurrir a tal alternativa, pues tendría que pagar las pensiones aun cuando las personas abandonen el país.

Pasando ahora del gasto a los ingresos fiscales es importante recordar que, en el sistema actual, los ingresos del Estado teóricamente son los de las empresas, excepto que bajo las condiciones predominantes de ineficiencia crónica de las mismas, una parte sustancial de los ingresos provienen de los subsidios. Eliminados éstos y con la autonomía financiera, los ingresos de un nuevo Estado tendrán que provenir de un sistema tributario que tendrá que ser construido a partir de cero.

El primer punto a definir es el nivel deseado de ingresos en función del nivel deseado de gastos. ¿Podrá la economía cubana al comienzo de la transición sostener un nivel tal de actividad compatible con el nivel de gasto público que se desea? Los ingresos fiscales tendrán que generarse por impuestos de diversos tipos, entre ellos a la población y a las empresas. Independientemente de la estructura tributaria que se adopte, la cuestión del monto de la recaudación va a ser una gran incógnita y un gran dolor de cabeza para el nuevo gobierno, pues sin los subsidios es dudoso que la recaudación fiscal pueda cubrir el gasto deseado. Aunque parte de los subsidios están destinados a financiar gastos militares, hay razones para sospechar que una parte sustancial apoya gastos civiles.

Otro tema que deberá salir a colación oportunamente es el del uso de los impuestos para fines de política económica, o sea, para fines distintos a los del financiamiento del gasto público. Es importante que el gobierno de la transición comprenda el peligro de establecer una estructura tributaria que puede introducir distorsiones, privilegios e inequidades de todo tipo en la economía. El principal objetivo de la imposición tributaria es financiar los gastos del Estado de una manera neutral, o sea, de manera que unos no sientan la carga tributaria más que otros y que las actividades económicas no se sientan unas más favorecidas por ciertos impuestos y otras perjudicadas.

De los varios peligros que existen en este aspecto, seleccionamos uno que es de particular importancia y gravedad. El éxito del gobierno de transición va a depender en gran medida de su capacidad para elevar el nivel de actividad de la economía cubana, lo cual a su vez depende de la actividad inversionista que tenga lugar. Puede darse por sentado que el gobierno recibirá, de múltiples fuentes, numerosas propuestas de inversión a cambio de incentivos fiscales y de protección arancelaria. Tales propuestas serán de gran atractivo al gobierno de turno pues ofrece ventajas en el corto plazo que pueden ser mostradas a la población como prueba de decisiones inteligentes y beneficiosas, mientras que sus posibles resultados negativos para la economía no sólo no se mostrarían de inmediato sino que siempre estarían ocultos en las distorsiones que así se crean. Por otra parte, el gobierno puede verse tentado a aceptar las otras falacias de un régimen proteccionista como el argumento sobre la industria incipiente, etc. La capacidad que el nuevo gobierno tenga para rechazar tales propuestas será una medida significativa de su competencia y/o de su integridad.

La oferta monetaria, la tasa de cambio y el crédito

La principal responsabilidad del presidente del Banco Nacional de Cuba hacia la instauración de una economía de mercado es mantener la oferta monetaria de manera que no haya inflación. Sin embargo, como resultado de las distorsiones de precios que resultan, entre otros factores, del régimen de control de precios instituido por la planificación socialista, los precios existentes deberán sufrir ajustes de gran magnitud para lograr el equilibrio financiero de muchas empresas.

A menos que dicho ajuste se obtenga por medio de reducciones de costos (mayormente salarios, lo que puede no ser sicológica y políticamente aconsejable) las subidas de precios forzarán a un aumento de la oferta monetaria, a menos que los ajustes de precios puedan ser absorbidos por algún exceso de circulante en manos de la población y de las empresas.

El segundo problema que de inmediato ocupará la atención del presidente del Banco Nacional es determinar una tasa de cambio para el peso cubano que sea compatible con la situación económica del país. Las transacciones privadas en monedas extranjeras en Cuba están tan perseguidas y severamente castigadas que no parece haber un mercado paralelo de suficiente extensión para dar un indicio del vecindario de una tasa de cambio realista. Por otra parte, las necesidades más perentorias de convertibilidad provendrían de las empresas para sus compras de materias primas, piezas de repuesto y equipos, necesidades que hasta ahora han estado manejadas por el aparato de planificación a tasas arbitrarias y es imposible predecir cuál sería la demanda por importaciones de estas empresas cuando las mismas tengan que actuar autónomamente.

Las dos fuentes más importantes de ingresos por exportaciones de Cuba son generalmente volátiles, o sea, el azúcar y el turismo. Dependiendo de la coyuntura de ambas en el momento en que comience la transición se sabrá la tasa que prevalecerá, aunque es de esperar que la misma fluctúe ampliamente durante mucho tiempo. Esto, por supuesto, generará una cantidad de incertidumbre que pondrá presión hacia el establecimiento de un control de cambio, lo cual no es compatible con una economía de mercado. El control de cambio, de todos modos, no resolvería el problema de la incertidumbre en el largo plazo. Si existen fuerzas subyacentes en la economía que causan una gran inestabilidad en la tasa de cambio, las mismas deben encontrar salida en los mecanismos de mercado. Además, el control de cambio siempre implica una gran cantidad de burocracia en términos de manejo de cuotas, permisos de importación, etc. El tema es complejo y será objeto de debate por mucho tiempo dentro de los círculos de decisión económica del gobierno de la transición.

Finalmente, las autoridades monetarias tendrán que definir un plan para propiciar la creación de instituciones de crédito. Este, posiblemente, sea el ejemplo donde más urgentemente se necesita crear una de las instituciones desmanteladas por el régimen socialista. Donde más se necesitará el crédito será, como se indicó anteriormente, en las empresas que en su nueva autonomía tendrán que procurar los medios para subsistir, entre ellos, las formas de financiamiento de corto y largo plazo. En el contexto de la creación de una economía de mercado, las instituciones de crédito que aparezcan deberán ser privadas. Sin embargo, es de esperar que las necesidades de crédito surjan primero que las instituciones privadas de crédito. En estas circunstancias, ¿deberá el Estado cubano suplir esta necesidad temporalmente? Es posible, pero el tema, como muchos otros, tiene que ser examinado por especialistas para encontrar las mejores alternativas para el país.

Restauración de los derechos de propiedad

Al comienzo de la transición, la propiedad privada de los bienes o riqueza existente en Cuba tendrá una mínima expresión. Las formas de propiedad privada de bienes de producción más importantes serán, posiblemente, algunas pequeñas fincas y las nuevas inversiones que el gobierno actual está tratando de llevar a Cuba, especialmente en el sector turístico. Una vez que se libere la prohibición de poseer privadamente bienes de producción, es razonable esperar que surja una demanda creciente por los mismos y, probablemente, de fondos para su financiamiento. Es igualmente razonable esperar que surjan iniciativas para abrir pequeñas empresas de todo tipo, iniciativas que deberá facilitar el nuevo gobierno por varias razones, a saber: a) promover el espíritu empresarial que se necesita en una economía de mercado, b) propiciar la generación de empleos que sirva para absorber el empleo desplazado en las empresas que así lo necesiten para sobrevivir y c) facilitar la producción de bienes y servicios que necesita la población.

Simultáneamente, la búsqueda de un sistema que dé autonomía a las empresas del Estado puede incluir alguna forma de propiedad para sus trabajadores, como se discutió más arriba. Cuba se beneficiará enormemente de la experiencia que van acumulando en este aspecto los países de Europa del Este. Además, puede haber iniciativas de capitalistas extranjeros que deseen invertir en Cuba en condiciones competitivas atractivas para el país.

Todas estas oportunidades plantean la necesidad perentoria de establecer una normativa jurídica y su concomitante administrativa sobre los derechos de propiedad que se adquieran y necesiten ser registrados, así como la normación y registro de las transacciones sobre la compra y venta de activos y demás actividades complementarias. Este es un punto donde se requiere un trabajo intenso de equipos multidisciplinarios, especialmente, economistas, juristas, expertos en administración de justicia y especialistas en registros de propiedad y disciplinas afines. Aun cuando sea necesario adoptar una normativa temporal, la misma tendrá que dar garantías lo suficientemente sólidas para no desestimular las iniciativas inversionistas del tipo que acabamos de señalar.

Aquí se presenta uno de los problemas que pudiera convertirse en una gran distracción del esfuerzo de reconstrucción nacional si no se maneja con sumo cuidado por el nuevo gobierno. Nos referimos a las posibles demandas de devolución o compensación de activos expropiados por el régimen socialista. Aunque puede haber muchos otros tipos de reclamaciones al Estado cubano (pensiones cuyos pagos se interrumpieron por abandono del país, por ejemplo), aquí sólo discutiremos los primeros con la esperanza de que sirva para ilustrar la complejidad de este tipo de problema.

Los bienes expropiados durante las distintas fases de consolidación del Estado socialista tuvieron una amplia gama de destinos, dependiendo de sus características, del momento de la expropiación y hasta de quienes participaron en la misma. El hecho es que la mayoría de dichas propiedades, en diversas medidas, sufrieron grandes cambios desde el acto de la expropiación. Por ejemplo, algunas fábricas y talleres fueron unidos a otras instalaciones mientras otros fueron desmantelados, canibalizados (para utilizar las piezas de repuesto en otros lugares) o abandonados. Otras propiedades, simplemente desaparecieron como edificios que fueron demolidos, inventarios (físicos y de ganado) que fueron liquidados, plantaciones permanentes cuyas cepas fueron removidas y activos líquidos que fueron absorbidos por el gobierno sin dejar huellas.

Incluso la tierra de fincas donde se encontraban o aún se encuentran edificaciones puede haber sido modificada por la adición de otras construcciones, movimientos de tierra y contaminación ambiental. En otros casos, las antiguas propiedades pueden haber sufrido mejoras sustanciales durante las últimas tres décadas, mientras que también existen nuevos activos que fueron enteramente creados, todo como parte de los programas de inversión de la planificación socialista. De modo análogo a los profundos cambios sufridos por las propiedades estatizadas, los propietarios mismos han cambiado simultáneamente. Muchos han muerto y no hay información sobre cuántos dejaron testamentos identificando a sus herederos, mientras otros se separaron de sus familias durante la emigración (o sin ella) y crearon nuevas familias. Algunos pocos llegaron incluso a donar sus propiedades al Estado.

Este autor no está calificado para discutir las doctrinas y tecnicismos legales que pudieran servir para orientar la política que un nuevo gobierno deba seguir en relación a los posibles reclamos. Una cosa es cierta: dicho gobierno debe estar preparado adecuadamente para enfrentar los mismos con planes bien definidos y explicados. Las consideraciones que siguen reflejan las de un economista y no pretenden sentar la pauta que se deba seguir para solventar este problema. Sólo tienen como objetivo contribuir algunos elementos de juicio pertinentes y que puedan ayudar a encontrar aquella solución que más convenga al interés nacional cubano.

En la medida que un nuevo gobierno y la población cubana deseen seriamente instaurar una economía de mercado, donde la propiedad privada, pequeña o grande, familiar o en sociedad, representa uno de los pilares institucionales del sistema, lograr alguna forma de reconocimiento o compensación de las propiedades perdidas es necesario, precisamente en reconocimiento del valor social de este régimen. Dicho valor no se limita a los propietarios, sino que se extiende hasta los que no lo son, pero que se benefician de una mayor eficiencia económica, cuando la propiedad productiva se usa de modo competitivo y no monopolístico.

Por otra parte, es necesario visualizar la madeja de problemas logísticos y legales que habría que enfrentar si, en una decisión extrema, un gobierno decidiera "devolver" los activos expropiados. Una devolución, propiamente dicha no es factible, por los problemas apuntados más arriba. Aquéllos que fueron propietarios de bienes que no existen pudieran reclamar sobre las propiedades que en ese momento pueden ser identificadas. Simultáneamente, los que tenían propiedades que fueron sustancialmente mejoradas por las inversiones hechas durante el socialismo podrían recibir mucho más de lo que perdieron. Adicionalmente, estaría el problema de desalojar a los habitantes de casas cuyos propietarios las reclaman. Todas estas consideraciones y muchas otras sirven para ilustrar que una simple "devolución" pudiera crear más problemas de los que resolvería, efectivamente si lo que se desea de la desaparición del socialismo en Cuba es la reconstrucción del país de la manera más justa para todos y expedita. Queda abierta la posibilidad de reconocer alguna forma de compensación para los que sufrieron pérdidas. Cuba iniciaría su reconstrucción económica con un profundo endeudamiento que no parece haber resultado en un aumento de su capacidad productiva. A esta deuda habría que añadir la deuda en que llegue a valorarse el monto de las compensaciones. ¿Es justo pedirle a la mayoría del pueblo no propietario y que no tuvo la oportunidad de emigrar que trabaje para compensar a los que tuvieron la fortuna de poder salir del país?

Los argumentos en pro y en contra de alguna forma de compensación o las alternativas al respecto deben ser discutidos y evaluados en Cuba para que exista un consenso nacional en cuanto a la decisión final que se tome. Trabajos como éste pueden contribuir ideas al debate pero, la solución definitiva, tendrá que partir de la voluntad democráticamente expresada de la población.

La liberación gradual de los precios y la eliminación del racionamiento

La flexibilidad de precios es una condición sine qua non de una economía de mercado. Los precios deben ser determinados por relaciones de oferta y demanda que, por el lado de los compradores, representan la libertad de selección (nadie los obliga a comprar o a no comprar, como en el sistema planificado), mientras que por el lado de los vendedores debe ser una expresión de libertad de opciones y de la competencia entre ellos, de manera que se logren los precios más bajos, pero que sean suficientes para cubrir los costos.

Dejar que los precios fluctúen es algo que genera incertidumbre en las mentes de los que tienen mayor aversión al riesgo, pero es necesario para que los productores y los consumidores ajusten sus decisiones respectivas a lo que ellos estimen sea más eficiente. Sin un sistema de precios que sea flexible, la economía pierde de vista donde se encuentran las actividades más eficientes socialmente (para invertir en ellas) y donde están las menos atractivas para la sociedad (para no desperdiciar recursos en las mismas). Este mecanismo es precisamente el que la planificación socialista eliminó con las consecuencias que ya conocemos de estancamiento económico crónico.

Sin embargo, a pesar de lo dicho arriba, no es fácil moverse abruptamente de un sistema de precios rígidos por mucho tiempo a uno de flexibilidad total, pues los diversos miembros de la sociedad, en función de sus distintas actividades, han ajustado las mismas a los precios existentes, estén o no distorsionados. Si el reajuste de los precios del sistema rígido al flexible fuese pequeño o afectara a sólo unos pocos bienes o servicios, el cambio hacia la flexibilidad sería más fácil. Pero, es muy probable que la diferencia entre los precios actuales y los que resultarían después de la instauración de un régimen flexible sea sustancial y haya muchos productos básicos que no puedan ser adquiridos por la población sin que existan ajustes salariales. Esto a su vez, puede no ser posible sin desatar un proceso inflacionario de un potencial devastador, pues los salarios son parte de los costos de producción y los mismos deben estar por debajo de los ingresos de las empresas, los cuales dependen a su vez de los precios.

Esta causación circular entre precios y salarios es una buena noticia en una economía de elevada eficiencia, pues los salarios (que son parte del costo) pueden ser cubiertos por los precios y satisfacer las necesidades mínimas de la población e incluso ir más allá. Sin embargo, si la economía es de una baja eficiencia, la combinación de precios altos con salarios bajos puede resultar en que muchos, acaso la mayoría, no pueda comprar los bienes mínimos que necesita para el sustento propio y el de los que dependen de él.

Independientemente de cuán ancha sea la brecha entre los precios rígidos y los niveles que alcancen en sus posiciones de equilibrio cuando se liberen, la liberación es indispensable para la normalización de la actividad económica nacional, especialmente, para que las empresas comiencen a operar bajo condiciones de autosuficiencia financiera. No existe, por otro lado, un método analítico que permita determinar ex ante la magnitud de la brecha en cada caso. Por lo tanto, será necesario conducir la liberación empírica pero, gradualmente, para evitar situaciones traumáticas de efectos secundarios indeseables. El proceso deberá ser vigilado de cerca, para observar sus efectos y tomar las acciones correctivas o aceleradoras que sean aconsejables.

La transición hacia una flexibilidad de precios se facilitará en la medida en que surjan mercados fuera de la esfera de las empresas estatales o incluso como iniciativas de las mismas. El mercado negro en productos agrícolas pudiera ser un precursor de las organizaciones de mercado, pero no hay evidencia sólida de su extensión, ni se sabe cuánto ha dependido de la venta de productos que tenían vendedores legítimos o de individuos que robaban a las empresas del Estado. En la medida en que este último aspecto haya sido de una importancia más que marginal, se constituirá también en un problema para la nueva economía, pues conspirará contra el establecimiento de un nuevo orden legal, de la eficiencia de las empresas víctimas de tales prácticas y del desarrollo de una economía de mercado.

Es posible que el racionamiento pueda ser eliminado muy rápidamente en aquellos artículos de los que no dependa la población para su subsistencia diaria. De hecho, es aconsejable que se pueda eliminar el racionamiento lo más pronto posible para que los nuevos precios indiquen dónde están las prioridades de la sociedad en materia productiva y de consumo y de ese modo guiar la actividad inversionista desde su comienzo.

No existen razones para que una vez se decida liberar algún producto del racionamiento se adopten posiciones intermedias entre el control de precios y la completa liberación de precios. La única excepción tendrá que hacerse en aquellos bienes y servicios que se producen por monopolios y cuyos precios deberán ser regulados por una autoridad oficial competente y, especialmente, dedicada a estos menesteres. El control de precios de monopolio, por otra parte, no tiene como fin subsidiar al consumidor o minimizar el precio para favorecer a éste, sino evitar que se abuse la posición monopolística en contra del bienestar común. Es muy posible que los precios actuales de tales productos estén por debajo de lo que sería socialmente eficiente y, por lo tanto, puede que tengan que sufrir aumentos sustanciales. Esto puede ser el caso de los servicios telefónicos, eléctricos y la venta de combustibles. Otros muchos artículos pueden sumarse a la lista dependiendo del grado de concentración de los sectores respectivos.

Los procesos de liberación de precios y de reducción del racionamiento en Cuba generarán mucha incertidumbre, confusión y conflictos. No debe esperarse que los precios pasen de su situación al inicio de la transición hacia una posición de equilibrio pues no se conocen de antemano ni se sabe cuáles serán las posiciones respectivas de las relaciones de oferta y demanda en el mediano y largo plazo. Por ejemplo, muchos precios dependerán de productos importados y los mismos costarán internamente según la posición que alcance la tasa de cambio, la cual a su vez fluctuará de acuerdo a otras variables económicas. Todo esto significa que la flexibilidad de los precios no se mostrará a través de un sólo cambio sino por medio de oscilaciones alrededor de una o varias posiciones de equilibrio.

La población debe estar sicológicamente preparada para enfrentar estas contingencias y aprender a actuar frente a ellas. De hecho, ellas constituyen un reto a la necesidad del ajuste individual del comportamiento a un sistema en que en lugar de ser el Estado el que absorba todo el riesgo a cambio de las libertades individuales, el ciudadano puede enfrentarse a la incertidumbre a cambio de la libertad que le da el derecho de seleccionar lo que él decida dentro de una gama mayor de oportunidades. El valor político de la flexibilidad de precios radica en que facilita la democracia en el aspecto económico de las sociedades.

La liberación de los mercados de trabajo

En casi toda su extensión, la sección anterior puede aplicarse a los mercados de trabajo, pues durante la planificación socialista no ha existido la libertad de contratación por parte de las empresas, ni la libertad de los trabajadores de ofrecer sus servicios a diversas empresas, ni la posibilidad de mejorar salarios en función de la eficiencia. Los mercados de trabajo han sufrido de una rigidez similar a la que prevalece en otros mercados y la misma tiene que ser reemplazada por un sistema flexible que permita que los trabajadores de toda clase puedan seleccionar sus lugares de trabajo y cuenten con suficiente libertad para negociar sus salarios en función de sus productividades.

El sistema, cuando no está afectado por distorsiones monopolísticas y está integrado en un ambiente con amplias oportunidades de inversión, estimula la productividad del trabajo pues premia al trabajador capaz y ambicioso, mientras castiga al rezagado. La eficiencia de las empresas precisa que las mismas tengan la libertad de contratar a los trabajadores más eficientes y deshacerse de los menos eficientes para poder operar a los costos que les permitirán cargar precios asequibles a los consumidores. Las empresas no pueden ser instrumentos de caridad pública donde por una combinación de piedad y paternalismo a veces se mantienen empleados individuos que no producen lo suficiente. Los instrumentos caritativos deben estar fuera de la empresa.

Se plantea, entonces, la cuestión de la normativa jurídica que debe regir los mercados y contratos laborales. La experiencia de los países latinoamericanos de las últimas dos o tres décadas es de especial pertinencia para Cuba. Dicha experiencia indica que la legislación laboral pueda llegar a tales extremos que cree condiciones que desestimulen la generación del mismo y la inversión tanto doméstica como extranjera. Otras limitaciones de los códigos del trabajo que abundan en la región son los salarios mínimos y otros beneficios excesivamente elevados, lo que causa que los empleadores empleen menos mano de obra, de lo que harían si el precio de la misma no fuera artificialmente alto. Lo paradójico de esta situación es que la misma hace coexistir una población trabajadora y sindicalizada relativamente pequeña con una masa de trabajadores desempleados que estarían dispuestos a trabajar por menos que el salario mínimo legal si hubiera plena libertad de contratación. Este sistema sólo beneficia a una minoría de trabajadores en detrimento de la mayoría.

Una vez más, el tema es vasto y requiere un tratamiento mucho mayor del que aquí podemos darle. Lo importante es mantener en mente que la legislación laboral debe garantizar la libertad de contratación tanto en beneficio del trabajador como el de las empresas. El requisito económico es que la norma jurídica establezca el marco que facilite la formación y dilución de contratos laborales de todo tipo en beneficio de ambas partes. Lo que no puede hacer la legislación es determinar el monto de esos beneficios ni los términos de cada contrato en favor de una parte u otra sin perjudicar a toda la sociedad. Después de todo, la felicidad no puede legislarse.

La liberación gradual de las importaciones

En el instante en que Cuba dé las primeras señales de una apertura hacia una economía de mercado, el país se verá invadido de vendedores de todas partes del mundo ansiosos de mostrar sus productos y ofreciendo todo tipo de facilidades para su importación en el país. La mala noticia será que no habrá suficientes divisas para comprar todo lo que se ofrece, pero éste será el primer paso hacia la restitución de un comercio internacional libre. Antes del socialismo, la actividad importadora era libre y cualquiera podía ejercerla. La misma estaba además facilitada por un régimen de cambio libre. Con el advenimiento del socialismo, el sistema de planificación centralizada estipulaba que lo más eficiente desde un punto social era la creación de un monopolio de importación al cual debían dirigirse todas las solicitudes y planes de importación. De este modo, se eliminaron todas las actividades de importación y la infraestructura comercial que se había creado durante muchos años desapareció rápidamente. La institución del Ministerio de Comercio Exterior conllevó a una verdadera "tupición" en el flujo de información y decisiones necesario para lograr las importaciones que las empresas, ya de por sí ineficientes, requerían.

La promoción de las exportaciones

El bajo nivel de los ingresos por exportaciones será uno de los grandes cuellos de botella de la economía cubana. Una gran parte de esos ingresos proviene de la producción de azúcar, como es sabido, y esta dependencia no es de esperar que se modifique en el corto plazo. Tampoco es de esperar que Cuba pueda recuperar una parte sustancial del mercado azucarero de los Estados Unidos con sus precios preferenciales, lo cual ya ha sido señalado por Felipe Pazos.

¿Qué debe hacer un nuevo gobierno para aumentar en un plazo breve los ingresos por exportaciones de Cuba? Lo mismo que el gobierno actual: promover el turismo internacional agresivamente. Bajo las condiciones actuales el turismo parece tener un cierto potencial de crecimiento y podrá desarrollarse aún más en el marco de una reforma económica profunda que pueda llevarse a cabo en condiciones de paz.

Aunque el horizonte aparece sombrío en este aspecto, ya que no es posible identificar actividades con suficiente potencial exportador, la propia depauperación económica de Cuba puede determinar una tasa de cambio tan baja que la producción exportable aparecerá con una alta competitividad exterior. El lado negativo consiste en que esa misma tasa hace que los activos cubanos tengan un precio internacional muy bajo lo que crea el peligro, como también Pazos señaló, de que Cuba acabe regalando sus activos y su riqueza a inversionistas extranjeros, sino se pospone este proceso hasta que existan mejores condiciones para el país o se puedan canalizar los capitales extranjeros de una manera más beneficiosa.

En este punto es donde se puede presentar un fuerte argumento en favor de la ayuda exterior, lo cual este autor no favorece, ya que perpetuaría el carácter de sociedad parasitaria que el régimen actual ayudó a establecer en el país. Los que prefieran que Cuba salga adelante con base en su propio esfuerzo, favorecerán otras soluciones.

La solución principal parece radicar en una recuperación rápida de la eficiencia de las empresas del modo señalado anteriormente. Las mismas actuarían en dos frentes primordiales: el de la producción de alimentos y el de la producción de exportables, incluyendo el turismo. Esto pone nuevo énfasis en la necesidad de que el gobierno a cargo de la transición lleve a cabo una acción concertada para lograr estos objetivos.

Otros aspectos de la transición

El gobierno de la transición se enfrentará a una importante encrucijada en cuanto a las políticas para atraer inversión extranjera. Aunque las mismas sean muy aconsejables, al comienzo de la transición es donde el valor de los activos en monedas extranjeras puede ser sumamente bajo, como ya se mencionó; la inversión extranjera debiera ser controlada para evitar que una proporción inaceptable de la riqueza nacional pase a manos foráneas. La cuestión es decidir cuánta inversión es estrictamente necesaria aun cuando implique venta de activos a precios excesivamente bajos para reactivar la economía cubana cuanto antes.

Simultáneamente, deberá contemplarse la formación de mercados de capital de modo que las transacciones de propiedades otorgadas por el Estado a trabajadores de empresas estatales puedan llevarse a cabo. La creación de los mercados de capital proveería también un medio facilitador del proceso de privatización y de estímulo al ahorro y la inversión nacionales.

El gobierno tendrá una agenda llena con otros temas que aquí sólo podemos listar. Una lista parcial es la siguiente:

1. La necesidad de definir una política para la distribución de los derechos de transmisión por radio y televisión.
2. La regulación de las empresas aseguradoras con especial énfasis en los seguros de negocios que reduzcan el riesgo individual de la actividad inversionista.
3. La evaluación de las condiciones en que Cuba debiera unirse al tratado de libre comercio con los Estados Unidos.

4. La necesidad de dedicar suficientes recursos para explicar a la población en general y, con suficiente detalle, los problemas económicos del país, las diversas alternativas y las soluciones que parecen más aconsejables.

El mediano plazo

El objetivo de esta fase es la consolidación legal de la economía de mercado, hecho que estará estrechamente vinculado a las otras necesidades jurídicas de la nueva República y que incluirán un nuevo marco constitucional. El mediano plazo también se podrá caracterizar por un proceso de consolidación de una economía abierta donde será necesario lograr la diversificación de las exportaciones y la definición de aquellas actividades económicas que sean compatibles con el desarrollo económico del país. Tales actividades, por supuesto, serán identificadas, principalmente, por empresas privadas, pero es necesario estudiar si el Estado puede jugar un papel coordinador en este esfuerzo.

Otro aspecto característico del mediano plazo es la remodelación de la estructura institucional del Estado cubano, en consonancia con el nuevo marco constitucional y la instauración de una economía de mercado. Para entonces, una gran parte del aparato burocrático del socialismo habrá sido demolido y reemplazado por un aparato estatal más ligero y eficaz.

Finalmente, el mediano plazo será el marco en que se pueda definir una estrategia de largo plazo en el frente educativo. Si Cuba desea perseguir metas ambiciosas de desarrollo económico y social, deberá invertir fuertes sumas en el desarrollo de su capital humano. Este proceso debe comenzar desde el principio mismo del traspaso de poderes políticos. Es posible que el proceso pueda aprovechar los avances supuestamente logrados en materia educativa durante el socialismo, pero evaluaciones independientes de tales logros siempre impidieron conocer a ciencia cierta la naturaleza de los mismos.

El largo plazo

Acaso sea prematuro hablar de lo que pueda o deba hacerse en materia de política pública en Cuba más allá de cinco años desde el comienzo de la transición hacia una economía de mercado. En verdad luce algo aventurado si se piensa en los innumerables problemas que el gobierno y la población deberán enfrentar, como hemos visto, en los dos primeros años. No obstante, el largo plazo puede empezar hoy mismo con las tareas que requieran años de concepción y de puesta en marcha y, entonces, no resulta tan ocioso indagar en horizontes lejanos.

¿Cuáles son las metas que Cuba debe perseguir como nación? ¿Qué clase de estructura productiva debe el país estimular para lograr esas metas? Es obvio que el país necesita aprender a vivir de actividades diferentes a la producción azucarera. Pero, ¿cómo se logra reestructurar toda la base productiva de un país? La experiencia enseña que la respuesta está en la versatilidad de la dotación humana de una nación. Tal riqueza no consiste sólo de destrezas de tipo cognoscitivo, sino que también cubre todo el espectro de atributos afectivos o no-cognoscitivos que forman parte de los objetivos educativos más elevados. Esto tiene que ver con lo que algunos llaman de manera muy general, la formación del carácter, pero que más específicamente se identifican por medio de un alto número de variables, por ejemplo, el sentido de responsabilidad, la capacidad de trabajar en equipo, la capacidad de construir y mantener organizaciones sociales complejas, la integridad, la propensión a cumplir con contratos sociales, etc. La lista de atributos es interminable y sólo se da aquí para ilustrar este ámbito de acción para la futura orientación de la política pública.

La educación de una nación puede ser un acto deliberado, parte de un contrato social. Los males que han aquejado a Cuba durante tantos años, no sólo durante los últimos treinta, pueden ser atribuidos en gran medida a deficiencias de tipo educativo. Sin querer proponer una nueva panacea, es necesario, en opinión de este autor, que la construcción de una nueva República de Cuba cuente con un esfuerzo de gran envergadura en este frente y que dicho esfuerzo sea una parte clave de la política pública por un largo período de tiempo.

Conclusiones

La complejidad de las tareas que tienen que llevarse a cabo para construir una economía de mercado es evidente. Muchos reaccionan negativamente ante este tipo de planteamiento, pues lo consideran pesimista al sentir que los problemas se tratan sin eufemismos y, generalmente, las soluciones que se proponen no son fáciles. Tal estilo de presentación, también se argumenta, no genera el optimismo necesario para promover los cambios que Cuba necesita.

El economista, como cualquier otro profesional, puede ceñirse o no a algún código de conducta. Como se espera de un médico al examinar un cuerpo enfermo, el economista, al buscar soluciones para una sociedad con problemas, debe producir un diagnóstico preciso. Tal diagnóstico, tanto en el médico como en el economista, es necesario para hallar la cura o la solución adecuada. Si el diagnóstico falla por limitación del conocimiento o por falta de cuidado, las consecuencias pueden ser catastróficas.

No hay justificación ética que conduzca a dibujar un cuadro rosado de la economía cubana actual, como tampoco la hay en proyectar un camino fácil hacia el futuro. Sería una gran irresponsabilidad no mencionar las barreras que yacen en el camino hacia una economía más eficiente y más justa. El economista, como el médico, se enfrenta a dos tipos de "pacientes": el que quiere la verdad y el que sólo quiere oír buenas noticias. Si, efectivamente, queremos contribuir a mejorar la situación cubana no hay otra alternativa que la verdad. Si hay una lección que aprender sobre el origen de los males económicos y de toda clase que hoy aquejan al país, y que lo seguirán aquejando por un cierto tiempo aún después de la transición, es que Cuba debe llegar a tener suficientes mentes claras y voces honestas para impedir que otro demagogo, prometiendo lo que no puede cumplir, se apodere nuevamente del país entero por tanto años.

Miami, 16 y 17 de agosto de 1991

La economía política del embargo o bloqueo interno[4]

Este ensayo está enfocado en las diferencias entre el conjunto de restricciones que el embargo de Estados Unidos ha impuesto a la economía cubana y el conjunto de restricciones que el gobierno cubano impone a la actividad económica privada de sus ciudadanos como consumidores y como trabajadores o productores. Este segundo conjunto de restricciones es *de facto* equivalente a un embargo interno, pero carece de una identidad propia como el americano. Por eso para poder identificarlos separadamente y compararlos yo propongo ponerle la etiqueta de embargo interno. Aunque el embargo interno generalmente se ignora, el análisis comparativo de ambos conjuntos de restricciones demuestra que el interno es mucho más restrictivo que el de EEUU, como veremos en el transcurso de este trabajo.

El objetivo de este ensayo es explicar por qué el embargo de EEUU es visto por muchos como la causa principal de la crisis crónica de la economía cubana, y por qué no se reconocen igualmente las restricciones que configu-

---

[4] Agradezco los comentarios de José Alonso, Ernesto Hernández-Catá, Paul Meo, Jorge Pérez-López, Joaquín Pujol, Carlos Quijano, Mercy Sanguinetty, Carlos Seiglie y Soren Trift a versiones anteriores de este ensayo o en la conferencia de ASCE XXV, pero yo soy el único responsable por su contenido final.

ran el embargo interno y por lo tanto se subestiman o ignoran los efectos mucho más nocivos del mismo. Para hacer visible esta asimetría de interpretaciones describo primeramente ambos conjuntos de restricciones, sus orígenes, diferencias y distorsiones sobre la economía de la isla. Los efectos de las restricciones de ambos embargos generan una condición de equilibrio no-walrasiano, que mantiene a la economía cubana en soluciones de esquina y por ende ineficiente, rígida y estancada, todo lo cual la ha hecho estructuralmente dependiente de subsidios externos desde el comienzo de la planificación central en los años sesenta. Por eso un segundo objetivo del análisis es el de evaluar las posibles consecuencias de ciertos cambios en las condiciones actuales de equilibrio si se llegaran a modificar o incluso liberar las restricciones que definen ambos embargos.

El enfoque metodológico que aplico en este ensayo es el de la Nueva Economía Política (NEP)[5] la cual ha estado en boga en los últimos años y que posibilita una evaluación integral de los factores que han afectado a la economía cubana bajo la revolución. El enfoque de la NEP, siguiendo a Drazen (2000), consiste en examinar una economía dada con los instrumentos tradicionales del análisis económico, pero reconociendo explícitamente los factores políticos e ideológicos que influyen en su performance. En este marco me enfoco especialmente en la composición y las motivaciones de los agentes decisorios más importantes. Además, se incorporan como elementos de análisis la estructura institucional del país y la disponibilidad y dis-

---

[5] No confundir con la NEP o Nueva Política Económica leninista.

tribución de la información sobre la que se toman las decisiones económicas, se evalúa el comportamiento de las políticas públicas y se forman expectativas sobre la futura evolución de la economía.

Este tipo de análisis es particularmente necesario en el caso de Cuba porque su economía no funciona como resultado de las acciones de un alto número de agentes decisorios privados y públicos como era el caso hasta 1959, sino de las acciones de las personas que manejan el sistema estatal centralizado y dominado por factores políticos e ideológicos que comenzó a instalarse ese año. Respecto a este punto debo señalar que este enfoque no invalida el análisis macroeconómico tradicional; por el contrario, lo complementa y lo hace más relevante.

Al marco analítico de la NEP, incorporo los conceptos de "encuadramiento", "halo" y "priming"[6] de Daniel Kahneman y Amos Tversky expuestos en Kahneman (2013). Estos instrumentos son necesarios para explicar los sesgos cognitivos y por ende evaluativos de los diversos observadores de situaciones complejas e ideológicamente influenciadas como es la economía política cubana. Además sirven para comprender por qué muchos creen erróneamente que la causa principal de la crisis crónica de la economía cubana se debe casi exclusivamente al embargo de EEUU, sin atribución alguna de causalidad a las restricciones impuestas por el gobierno cubano a la economía de sus ciudadanos. Dicha creencia es la base de recomendaciones y acciones de política a favor de un levantamiento

---

[6] Traducción de los conceptos de "framing", "halo" y "priming".

unilateral del embargo externo sin que se levanten *pari passu* las restricciones del interno. Tales propuestas, basadas en un sesgo cognitivo considerable, ignora que sin que se levante el embargo interno, los efectos distributivos resultantes no serían equitativos y favorables al mejoramiento de las condiciones de vida de los cubanos.

En sólo un año y medio después del triunfo de la revolución en 1959, la economía política cubana se fue transfigurando radicalmente mediante la abolición de los derechos de propiedad privada, especialmente en el sector productivo de bienes y servicios. Con las expropiaciones masivas de 1960, consagradas posteriormente con la declaración pública del propio Fidel Castro en abril de 1961 de que Cuba estaba instalando una sociedad socialista, se proscribió lo que Carlos Marx denominó "la explotación del hombre por el hombre".[7] En la práctica esto significaba que el aparato productivo de la nueva economía cubana estaría basado en la propiedad estatal o socialista de casi todos los medios de producción. Esto convirtió al estado en el único dueño, administrador, empleador e inversionista de casi la totalidad de la economía de los cubanos. Del mismo modo, el estado cubano monopolizó el sector externo controlando prácticamente la totalidad de las exportaciones e importaciones del país.

En el léxico de la economía política marxista, las nuevas "relaciones sociales de producción", basadas en la propiedad estatal de los medios de producción, liberarían todo el potencial de las "fuerzas productivas" del país,

---

[7] Ese mismo año Fidel Castro se declaró marxista-leninista lo cual hizo de Cuba un país comunista en la tradición soviética.

estimulando el crecimiento de la economía y de ese modo mejorando las condiciones de vida de los ciudadanos. Lo que los analistas marxistas no tuvieron en cuenta es que en el caso cubano, como en todos los demás, las llamadas nuevas relaciones sociales de producción afectarían la capacidad de las fuerzas productivas reduciéndolas, contradiciendo una de las proposiciones claves de la teoría de Marx, un tema que por razones bien conocidas nunca se discute a nivel académico en los países afectados. Este resultado es importante, pues dicha proposición marxista es la que se utiliza para justificar desde el punto de vista económico-político la instalación de una sociedad comunista basada en la eliminación de la propiedad privada productiva y la instalación de un estado dueño de todo y gobernado por un régimen absolutista. El caso cubano añade a la abundante evidencia histórica contribuida por el derrumbe del bloque comunista y el abandono casi total de los principios de la economía política marxista y marxistaleninista en el mundo.

El hecho es que en algo menos de dos años el gobierno revolucionario cubano cambió fundamentalmente la economía política del país. Con la supresión de los derechos de propiedad privada, cambiaron radicalmente las fuentes de poder político. Hasta entonces los innumerables agentes decisorios tomaban sus decisiones individualmente y con ello contribuían colectivamente al desarrollo del país. Los nuevos agentes decisorios eran unos pocos, actuando con agendas distintas y mediante un máximo grado de centralización. Estos cambios operaron tanto al nivel de la política macroeconómica, como al nivel del manejo de las empresas individuales, afectando también en su totalidad la vasta infraestructura de distribución de la producción y los mercados mayoristas y minoristas de bienes de consumo e intermedios y los de factores productivos como capital, trabajo y tierra. El sector financiero desapareció junto a los conceptos de crédito, interés e intermediación financiera, al igual que sectores completos de servicios profesionales, como los legales, de contabilidad y auditoría, de publicidad, etc.

Se puede decir sin temor a exagerar que la economía y sociedad cubanas sufrieron en este período una "tormenta perfecta" de magnitud catastrófica, todavía no bien dimensionada por los cubanos o por los observadores externos. Pocas veces en la historia se produce una transformación de una sociedad y su economía en tan corto tiempo y con tal profundidad y extensión. Las reglas de juego cambiaron dramáticamente y los cubanos tuvieron pocas alternativas a adaptarse a las mismas. Vale la pena notar que estos cambios no fueron causados por factores económicos, sino exclusivamente por factores políticos ayudados por elementos ideológicos y sicológicos, si nos basamos en los resultados de los estudios de Kahneman y Tversky.

Pero también es muy importante destacar que no sólo cambiaron las reglas de juego y la organización de la economía sino también sus objetivos. Hasta entonces, el aparato productivo del país, en manos de millones de agentes decisorios privados y públicos, estaba principalmente dedicado a la satisfacción de las necesidades de consumo, empleo, producción, ahorro e inversión de los cubanos. En este aspecto el papel del gobierno, a través de las instituciones y organismos del estado, estaba formalmente limitado a facilitar y regular la actividad y la política económicas del país y a proveer los típicos bienes públicos como la administración de justicia, la seguridad interna, la estabilidad monetaria, etc. Apenas existían empresas estatales en Cuba hasta entonces. La actividad productiva estaba a cargo de las empresas y el sector privado y el gobierno no tenía poderes ilimitados para dictar niveles, calidades o surtidos de producción, intervenir en mercados y precios o controlar el empleo, el ahorro y la inversión. Aunque el país no tenía una economía ideal de mercado, como lo demuestran las condiciones en que operaba su sector azucarero, su actividad económica estaba eminentemente determinada en calidad y cantidad por las preferencias de los consumidores en combinación con las capacidades de los productores, todos actuando con altos grados de libertad.

Con los cambios implementados a partir de la avalancha de expropiaciones de 1960, las empresas ya estatizadas fueron consolidadas por el gobierno en forma de monopolios estatales. Pero el proceso no se limitó a un simple cambio de propietarios pues, junto con su gerencia, las empresas que no fueron cerradas perdieron toda su autonomía en la determinación de niveles de precios, producción, inventarios, empleo e inversión y su capacidad de responder a la demanda por sus productos. El sistema descentralizado de dirección de las empresas había dependido hasta entonces del funcionamiento eficaz de un sistema flexible de precios como generador de las señales que guiaban la producción y determinaban su rentabilidad y, por ende, garantizaban su viabilidad y existencia. Tal sistema fue reemplazado por un aparato de planificación central que decidiría en teoría qué, cuánto y cómo producir y a qué precios. La flexibilidad del sistema de precios que existía desapareció y en su lugar quedó un sistema de precios fijos administrados por el gobierno que sólo por casualidad reflejaban relaciones libres de oferta y demanda.

De este modo la enorme complejidad de la economía cubana, instituida, desarrollada y consolidada durante siglos en el país, sufrió un proceso de demolición, abrupto y sistemático, y sus escombros encapsulados improvisadamente en un sistema de menor complejidad, que supuestamente optimizaría la asignación de recursos productivos en favor de un mejor nivel de vida de la población. La red neural representada por millones de los contratos relacionales de los que estudia Betancourt (2015) sufrió daños irreparables, lo cual se hizo evidente de inmediato con las escaseces de cuanto se producía o importaba en Cuba y que desembocó en muchas formas de racionamiento.[8] Por muchas razones la empresa estatal no tendría la capacidad de responder a la demanda de los consumidores, pérdida de capacidad que nunca pudo ser reemplazada por el aparato de planificación central.

Curiosamente, las directivas del gobierno o de los planificadores de la economía no incluían consideraciones o metas sobre la rentabilidad de las empresas. Esta omisión, generalmente desconocida por los analistas de la economía cubana, marca una de las contradicciones más flagran-

---

[8] Muy acertadamente Betancourt aplica el concepto de contratos relacionales (equivalente a relaciones contractuales informales) a una evaluación de los posibles efectos de las reformas que actualmente están siendo implementadas en Cuba. Yo aquí aplico el mismo concepto al revés, para ayudar a visualizar a nivel microscópico la devastación económica causada por las medidas revolucionarias de 1960.

tes en la estrategia de instalación de una economía socialista en Cuba. Es cierto que no existe una teoría económica del socialismo que guíe la política económica bajo esas condiciones, pero se supone que la plusvalía, de nuevo usando un concepto marxista, no desaparece con la socialización de los medios de producción. ¿Por qué entonces no se reconoció por parte de las autoridades cubanas la importancia de la rentabilidad de las empresas como una medida de su eficiencia y capacidad generadora de plusvalía?

Después de todo, la abolición de "la explotación del hombre por el hombre" se enfoca en la apropiación privada de la plusvalía y su ulterior socialización, pero no a su eliminación. Creo que la respuesta más razonable es que los dirigentes de la revolución, o quizás Fidel Castro sólo, no entendían el concepto porque su afán transformativo de la economía política estaba motivado por una agenda de maximizar poder político y otros objetivos ideológicos e internacionales, no el desarrollo y crecimiento económico del país, como argumenta Sanguinetty (2013).

En este punto hay que recalcar que el cambio en la economía política de Cuba no se limitó al cambio de las estructuras de la propiedad (de privada a estatal) y de la gerencia (de administradores calificados a revolucionarios sin experiencia gerencial), sino que incluyó un cambio radical en la estructura de la producción y sus objetivos (menos bienes de consumo y más bienes de inversión y gasto del gobierno y militar). De la abolición de la propiedad privada se desprendió de manera concomitante la abolición del derecho de los ciudadanos como consumidores a expresar libremente sus preferencias y a adquirir lo que deseaban con base en esas preferencias; como trabajadores a escoger dónde y cuánto laborar en función de sus aspiraciones y capacidades; como productores o posibles emprendedores o empresarios a desarrollar nuevas empresas; y como ciudadanos el derecho a opinar e influenciar en las decisiones del gobierno. Dichas restricciones se implementaron mediante; 1) un sistema de racionamiento del consumo en el que no sólo el gobierno determinaba las cuotas de alimentos seleccionados sino que también restringía considerablemente el surtido disponible de los bienes de consumo y 2) el sistema de planificación central que racionaba a las empresas todos sus abastecimientos y demás insumos, además de decidir sobre la política macroeconómica del país, en especial como se distribuiría el Producto Interno Bruto entre consumo y ahorro/inversión.

Así desaparecieron la variedad de marcas y calidades junto a un número considerablemente alto de artículos en el universo de bienes y servicios de consumo, ocurriendo lo mismo con el universo de bienes y servicios intermedios, fuerza de trabajo calificado y bienes de inversión para las empresas y organismos estatales y todas sus dependencias. Estas últimas incluyen los centros docentes, los centros de servicios de salud, las fuerzas armadas, el vasto servicio exterior y los órganos de seguridad interna y de inteligencia y contrainteligencia.

Prácticamente nada ni nadie dejó de ser afectado por los cambios revolucionarios, todos los cuales en conjunto tuvieron múltiples efectos en la sociedad en general y en la economía en particular y no es posible describirlos aquí en toda su extensión. Como una ilustración de lo comprensivo y de lo profundo de los cambios orgánicos y de políticas públicas que transfiguraron el país en sus aspectos más vernaculares, puede citarse la política oficial de restricción máxima de las actividades religiosas, en especial las de la Iglesia Católica. Esta política incluyó la proscripción de actividades, tradiciones y fiestas religiosas, la expulsión del país de cientos de sacerdotes católicos y la eliminación de la educación religiosa y el cierre de todos sus centros educativos. Pocas medidas pueden demostrar el alto poder transformativo de todas las instituciones del país como las adoptadas en este campo.

A la luz de estos hechos creo que se puede afirmar que Cuba sufrió dos revoluciones, una en enero de 1959 que consistió en derrocar el gobierno dictatorial de Fulgencio Batista y otra que consistió en demoler la arquitectura institucional de la República de Cuba y transformar su economía de mercado en una de propiedad estatal centralizada al máximo. La primera fue la que le dio el nombre de revolución al movimiento organizado y dirigido personalmente por Fidel Castro y fue aceptada por la mayoría de los cubanos como un proceso de liberación y restauración democrática. La segunda fue inesperada pero gradual y no tuvo el mismo grado de respaldo popular. De hecho la segunda revolución comenzó con un largo y difícil proceso de aprendizaje y adaptación, sin nunca haber logrado cumplir las grandiosas promesas iniciales de su líder principal en materia de desarrollo y crecimiento económico, especialmente en materia de industrialización y diversificación agrícola.[9]

---

[9] En una ocasión Fidel Castro criticó públicamente a aquéllos de los revolucionarios iniciales que se oponían a tales cambios como "los que querían revolución, pero no tanta".

En el marco del clima creado en Cuba por todos estos cambios operando conjuntamente, uno de los efectos económicos de mayor impacto y trascendencia fue el de disminuir significativamente el incentivo de las empresas, aún bajo la nueva administración revolucionaria, y el de los trabajadores a producir con los niveles de eficiencia logrados hasta 1959. Este fenómeno era congruente con la despreocupación gubernamental sobre la rentabilidad (capacidad de generar plusvalía) de las empresas estatales. Esto marca el comienzo de una gran caída en los niveles tradicionales de producción, de la productividad del factor trabajo y de la productividad total de factores, cuyo efecto macroeconómico fue la insolvencia crónica del país desde el comienzo de la planificación central.

Tal desequilibrio ha perdurado por más de medio siglo y ha hecho que la economía cubana haya dependido de subsidios externos, por muchos años de la antigua Unión Soviética y más recientemente de Venezuela. Pero también ha forzado al gobierno, desde la desintegración de la Unión Soviética, a reemplazar una parte de esos subsidios mediante empresas estatales rentables poniendo unas en manos de militares de confianza y otras a cargo de inversionistas y/o operadores extranjeros. Algunos ejemplos de estas empresas se pueden encontrar en el sector turístico y en la minería.

Aquí cabe una reflexión sobre la trascendencia de los derechos de propiedad como piedra angular de una economía viable. Cuando una sociedad posee un sistema legal regido por leyes que consagran y protegen los derechos de propiedad privada, tanto en las áreas productivas como no-productivas, la evolución y el rumbo de su economía dependen de la participación de un alto número de agentes decisorios actuando libremente en función de sus intereses privados. Independientemente de cuán equitativa sea o no la distribución de la propiedad privada productiva entre los miembros de una sociedad o cuánto nos guste o disguste una distribución dada, la alternativa de eliminarla ha significado, como puede verse desde el triunfo de la revolución bolchevique, la concentración de las propiedades en los organismos del estado. Esta transformación del régimen de propiedad ha significado que su administración pase a manos de las personas a cargo del gobierno que, en estas nuevas condiciones y en presencia de la eliminación de cualquier forma de separación de poderes y un estado de derecho, concentran una cantidad de poder político sólo visto antes en las monarquías absolutas y formas más primitivas de gobierno.

Con ese nivel de concentración de poder, el manejo de los activos acumulados queda inevitablemente sujeto a los intereses privados de los gobernantes y de los burócratas en los cuales se delegan ciertas facultades administrativas y poderes políticos. Esta evolución da lugar a una especie de privatización de facto, subrepticia y divorciada de los intereses de la mayoría de la población, ahora desposeída de todo poder político descentralizado que se deriva indirecta pero efectivamente de la propiedad privada.

Esto significa que en este tipo de revolución la eliminación de los derechos de propiedad privada y las expropiaciones correspondientes van acompañadas de la expropiación de otros derechos civiles. Al final de este proceso el ciudadano queda a merced del ente expropiador que cuando concentrado en una sola persona retrotrae a la sociedad entera a una época anterior a la Carta Magna inglesa del Siglo XIII, cuando el poder del soberano no tenía límites. De este modo se puede medir el atraso institucional relativo de Cuba en más de ocho siglos.

Esta situación ilustra en gran escala y de modo dramático el clásico problema conocido como el del principal y el agente. El problema plantea la asimetría de intereses y posesión de información que en general existe entre un principal, por ejemplo el dueño de una empresa, y su agente el administrador, quien puede querer disfrutar de beneficios por su posición en detrimento de los beneficios del dueño, como puede ser una oficina más amplia o un auto de lujo. Aplicando este esquema a una sociedad y su gobierno, el principal está generalmente representado por la ciudadanía que depende de su gobierno como agente para promover el interés general. En el caso cubano uno puede pensar que el gobierno es el agente administrando los intereses de los ciudadanos como principales y así se declara en el discurso oficial que refleja en teoría la doctrina socialista. Sin embargo, el cambio radical de la economía política del país revirtió en la práctica estos roles haciendo que el gobierno se relacione como principal al pueblo como si fuera su agente. De este modo, el proceso de expropiación no sólo confisca la propiedad real de los ciudadanos sino también la de casi todo lo demás que poseían como principales antes de convertirse en agentes.[10]

Las asimetrías de la información a la que tienen acceso agentes y principales se acentúan por el monopolio que

---

[10] Esta reversión de papeles se pone de manifiesto de tarde en tarde cuando algún personero del gobierno se queja de la baja productividad de los trabajadores cubanos en las empresas estatales.

mantiene el gobierno cubano (como agente *de jure* pero principal *de facto*) sobre los medios de comunicación y la falta de libertad de expresión e información que afecta a la ciudadanía (como principal *de jure* pero agente *de facto*). En estas condiciones el gobierno siempre declara que trabaja a favor de los intereses de sus ciudadanos, mientras que muchos de ellos lo creen por lo menos por cierto tiempo. El hermetismo que el monopolio estatal mantiene sobre la información que llega a los ciudadanos no sólo genera sesgos cognitivos considerables, sino también un estado de incertidumbre permanente que hace más profunda la dependencia de la población de sus gobernantes. De este modo la economía política cubana excluye la participación ciudadana de todo proceso de cambio, especialmente aquéllos que puedan estar a favor de sus intereses y en contra de los de la clase gobernante. La evidencia más visible de la impotencia ciudadana en Cuba se manifiesta en la ausencia de una sociedad civil.

La abolición de la propiedad privada en Cuba y la consolidación del gobierno como dueño de casi toda la economía llegó a su máxima expresión en 1968, cuando Fidel Castro decreta la prohibición estricta de toda forma de actividad productiva privada de bienes y servicios. Esta medida incluyó la confiscación de las modalidades más minúsculas de la microempresa como la de los vendedores ambulantes y puestos o servicios callejeros, como lo reporta Mesa-Lago (1972, p. 283). En rigor, tales actividades eran típicamente llevadas a cabo por trabajadores por cuenta propia o auto empleados sin que incluyera la contratación de otros trabadores.

Curiosamente, tales formas de producción no contradecían el objetivo marxista de eliminar la explotación del

306

hombre por el hombre. Entonces cabe preguntarse ¿qué perseguía Fidel Castro con una medida tan extrema? ¿Qué significado puede atribuírsele y cuáles serían sus impactos sobre la economía del país? Independientemente de la respuesta correcta, el resultado fue una subordinación total del país al líder del gobierno, que definió una forma de organización de la economía política revolucionaria con un grado tan elevado de centralización que hacía parecer que casi todas las decisiones dependían de él. Esto provocó que muchos administradores vacilaran en tomar decisiones por temor a que no fueran del agrado de la instancia superior, con las consecuentes represalias.

De este modo las decisiones económicas de mayor trascendencia junto a muchas de importancia secundaria como la fijación de precios de algunos bienes de consumo, se tomaban personalmente, sin la participación de asesores económicos, estudios previos u organismos dedicados a estos menesteres.[11] Esta situación de centralización máxima representó una restricción adicional e innecesaria a la economía cubana, pues concentraba en el jefe de gobierno un número inmanejable de decisiones que al fin y al cabo acababan siendo tomadas de modo precipitado y por lo tanto ineficiente.

Con las medidas de expropiación toda actividad productiva o de intercambio de bienes y servicios, aunque

---

[11] Como es típico en las economías comunistas centralmente planificadas, los precios no se forman en relaciones de oferta y demanda en mercados libres, sino que son fijados burocrática e improvisadamente a veces por las autoridades del más alto nivel. De este modo, la fijación de precios con frecuencia acaba obedeciendo a consideraciones de tipo político o ideológico y no económico, lo que contribuye a la distorsión general de la economía y la imposibilidad de lograr una asignación más racional de los recursos.

fueran de microempresa, tendría que llevarse a cabo por empresas estatales. Las actividades que no lo fueran operarían fuera de la ley con las respectivas sanciones para los responsables. Todas las actividades productivas del país y sus derivadas como la contratación de personal y el manejo de las finanzas quedaron en manos del gobierno para ser administradas (en teoría) mediante el sistema de planificación central. De este modo el estado cubano se convirtió en el único empleador para virtualmente todos los trabajadores con excepción de lo que quedaba del sector agrícola. Dicho sector quedó como la única actividad económica del país dónde hubiera podido existir alguna contratación de trabajadores fuera de la esfera estatal.

El profundo trauma causado en tan corto período por la avalancha de cambios institucionales y organizativos provocó el éxodo masivo de personal calificado técnica y gerencialmente, tanto del gobierno como de las empresas. Esto tuvo como consecuencia, como ya se indicó, una contracción significativa de la oferta de bienes y servicios, tanto en cantidades como en calidades. Desafortunadamente, a comienzos de 1960 el gobierno suprimió la estimación de cuentas nacionales, como lo reporta Sanguinetty (1999) y no existen estadísticas agregadas confiables para documentar y medir esa contracción, aunque algunos datos de producción física la sugieren para ese período inicial de la revolución como puede verse en Mesa-Lago (1972, pp. 287-289). Como resultado de la contracción, combinada con un posible exceso temporal de demanda por bienes de consumo disparada por el aumento del empleo estatal, el gobierno impuso en 1962 un sistema de racionamiento por cuotas para introducir una medida de orden en el abastecimiento de bienes cuyos precios se habían congelado a niveles por debajo del equilibrio de oferta y demanda.

De este modo el sistema de planificación central combinado con los cambios radicales de todas las empresas productivas representaron un conjunto de restricciones que redujeron los niveles de producción del país, afectando su comercio interior y exterior, los niveles de consumo y en general el crecimiento de la economía cubana. Todo esto a pesar de la política oficial de crecimiento económico expuesta por el gobierno y sus voceros al comienzo del período revolucionario. De hecho, cuando el gobierno de EEUU comenzó a restringir la economía cubana como resultado de las tensiones entre ambos países, el gobierno cubano declaró que Cuba podría resistir las consecuencias. Por el contrario, las rigideces económicas introducidas por el gobierno revolucionario redujeron aún más las capacidades productivas del país incluso antes de que EEUU implantara la primera fase del embargo. Las consideraciones políticas primaron sobre las económicas por el temor del gobierno revolucionario de que demasiadas libertades en el sector productivo debilitaran su firme asidero del poder político. Todas las restricciones representaban un verdadero bloqueo o embargo interno que sirvió para usar la economía como instrumento de control político de la ciudadanía, estrategia que, a cincuenta años vista de su comienzo, ha indudablemente dado resultado.

El embargo interno

Este conjunto de restricciones representa el verdadero bloqueo de la economía cubana ya que la afecta en su totalidad, esto es, no sólo restringe el intercambio entre los cubanos residentes en la isla sino también las relaciones de ellos con el resto del mundo. Este embargo interno está impuesto por el gobierno cubano a la economía privada de los cubanos, limitada esencialmente al consumo racionado por el gobierno y a trabajar como empleados públicos, sea en instituciones gubernamentales per se o en empresas estatales. Aunque las reformas de Raúl Castro ahora permiten el trabajo por cuenta propia, una cierta actividad en mercados privados y la formación de micro y pequeñas empresas, las mismas operan con grandes restricciones, entre ellas impuestos muy elevados, dificultades y limitaciones en los suministros y la gran cantidad de permisos, trabas burocráticas e inspecciones que deben enfrentar.

La lista de restricciones que predominan en la economía es larga, y sus principales elementos son: (1) la reducción extraordinaria de opciones de consumo con base en diversas formas de racionamiento; (2) la incapacidad de las empresas de responder a la demanda de bienes y servicios por parte de la población; (3) la prohibición de comerciar libremente en mercados internacionales de importación y exportación; (4) la falta de acceso a mercados financieros domésticos e internacionales; (5) la carencia de medios de producción y suministros disponibles al público; (6) la falta general de vivienda; (7) las limitaciones en la disponibilidad de transporte; (8) la falta de acceso a las comunicaciones incluyendo Internet; y (9) el deterioro creciente de la infraestructura física del país, especialmente en obras viales, acueductos y alcantarillados.

Algunas de las restricciones correspondientes al embargo interno fueron impuestas gradualmente por el gobierno cubano en un intervalo de dos años y no de una vez como fue la primera fase del embargo de EEUU. Este gradualismo inicial sirvió para suavizar su impacto sobre la población, pues en la medida en que se aplicaban las nuevas restricciones ellas afectaban a diversos grupos de la sociedad y no a todos a la vez. Al mismo tiempo, como las restricciones se imponían gradualmente, le daban una oportunidad al gobierno de justificarlas con diversos argumentos ante la población mientras ésta tenía la oportunidad de asimilarlas y aceptarlas con base en la confianza o capital político que el gobierno revolucionario tenía en sus primeros años. Este proceso fue facilitado por el establecimiento previo del monopolio estatal de todos los medios de comunicación y la prohibición paralela de expresar opiniones contrarias a la política oficial. Pero es importante señalar que el gradualismo relativo con que se impusieron estas restricciones sirvió para que en su conjunto no tuvieran una identidad propia como el paquete de restricciones del embargo de EEUU, como si las nuevas restricciones fuesen una característica natural del nuevo estado de cosas.

Entre las primeras restricciones que el gobierno revolucionario impuso está el establecimiento del control de cambios del peso cubano por monedas extranjeras, en especial el dólar de EEUU, a comienzos de 1959. Esta medida o la devaluación del peso eran inevitables porque las reservas internacionales de Cuba estaban agotadas a fines de 1958. Así el gobierno optó por el control cambiario para evitar la devaluación. En cualquier caso e independientemente de las motivaciones del gobierno, el país pareció aceptar esta restricción porque se originaba en el

Banco Nacional cuyo presidente Felipe Pazos gozaba de gran prestigio entre la ciudadanía. En este punto cabe sugerir que la medida puede haber servido inadvertidamente de un efecto de "priming" o de preparación mental previa a otras medidas que el gobierno tomaría, justificándolas como respuesta a los problemas creados por el recién derrotado gobierno de Batista.

Otra de estas medidas que sirvió para preparar la aceptación popular de un gobierno interventor y todopoderoso fue la de crear el Ministerio de Recuperación de Bienes Malversados, también a cargo de una persona de confianza del público, con el objetivo explícito de confiscar las propiedades de las personas allegadas al gobierno anterior, independientemente de que tales propiedades hubiesen sido adquiridas legamente. La medida servía subrepticiamente de priming para crear una capacidad de confiscación sin compensación sin que mediara un proceso legal que legitimara la adquisición por el estado cubano de las propiedades correspondientes. Este proceso tuvo un gran respaldo popular en el marco de la historia de la corrupción en Cuba, junto a la promesa del joven gobierno revolucionario de erradicar este mal de las organizaciones del estado. La creación de este ministerio se utilizó como precedente, además de priming sicológico, para ayudar a implementar el año siguiente, o sea, 1960, lo que sería el establecimiento de la restricción más robusta del embargo interno, a saber, la socialización de la mayor parte de las propiedades productivas del país en manos del sector privado.

La imposición de otras restricciones prosiguió gradualmente pero de manera incesante, con la implementación en 1959 de la primera reforma agraria, como fue prometida desde antes del triunfo de la revolución. Esta reforma redujo el área de las grandes propiedades agrícolas en Cuba, las cuales fueron dedicadas posteriormente a la formación de granjas estatales y cooperativas. Casi al mismo tiempo, el gobierno revolucionario decretó una ley de reforma urbana por medio de la cual se confiscaban las viviendas urbanas alquiladas, bajo la promesa de que en un futuro predeterminado los inquilinos de dichas viviendas se convertirían en sus nuevos dueños. La reforma urbana representó el establecimiento de una de las restricciones más onerosas e inflexibles del embargo interno, pues paralizó la compra-venta de viviendas así como casi totalmente la construcción de nuevas viviendas por más de medio siglo en el país.

Esta restricción se vería reforzada por la casi completa imposibilidad de obtener materiales de construcción por muchos años lo cual afectaría severamente la capacidad del país de dar mantenimiento y hacer reparaciones al acervo existente de viviendas o hacer ampliaciones. Los efectos de esta política se pueden ver fácilmente en el deterioro de las edificaciones de todo tipo a lo largo de la isla. La construcción de nuevas viviendas quedó enteramente a cargo del estado pero las construcciones que ocurrieron no alcanzaban a disminuir el creciente déficit habitacional de Cuba.

Estas rigideces también afectaron la movilidad territorial de los cubanos pues desaparecieron los mercados locales de bienes raíces, obligando a los inquilinos a vivir en el mismo inmueble por un número indefinido de años mientras no encontraran a otro inquilino para realizar lo que se dio por llamar una "permuta" de viviendas. O sea, el libre mercado de bienes raíces del país fue reemplazado por un sistema de trueque con todas sus ineficiencias. Además, la falta de nuevas viviendas forzó a las nuevas generaciones a compartir con sus padres las viviendas donde habían crecido, afectando negativamente un segmento importante de incentivos económicos para las nuevas familias.

La magnitud de este fenómeno y el peso de las restricciones que implica se puede medir mediante el hecho de que la población cubana casi se duplicó en los primeros 30 años de la revolución, quedándose estancada en unos once millones de habitantes en los últimos años debido a la caída de la tasa de natalidad y a la emigración a otros países. Este conjunto de restricciones ha sido relajado marginalmente por las reformas implementadas por Raúl Castro en años recientes, aunque la construcción de nuevas viviendas por la población sigue estando severamente limitada.

Pero son las expropiaciones masivas de las empresas industriales, agrícolas y de comercio, extranjeras y nacionales en 1960, las que establecieron las principales restricciones a la economía del país, complementadas por el establecimiento de la planificación central como un modo nuevo de dirección del aparato productivo nacional. Al conjunto de estas restricciones se suman la incapacidad administrativa y la baja productividad de las empresas estatales ya a cargo de la inmensa mayoría de la producción del país. Las incapacidades administrativas de la burocracia estatal cubana se combinan y hacen más onerosas las restricciones del embargo interno, muy en especial la falta de una tradición de operar con eficiencia y de poder reemplazar a los administradores menos eficientes. Hay que tener en cuenta que las empresas estatales cubanas han estado sujetas, desde que se crearon, a estilos administrativos donde la lealtad de administradores y trabajadores a los gobernantes y a la ideología comunista siempre ha primado sobre la eficiencia productiva.

Una manera de visualizar y mejor comprender lo que ha significado y todavía significa el embargo o bloqueo interno es mediante la representación gráfica de la teoría de opciones ("theory of choice" en inglés) según la exponen Debreu (1959), Georgescu-Roegen (1966) y Sen (1982). Supongamos que el área denominada Conjunto A en la Figura 1 encierra el agregado de todas las opciones o acciones disponibles a todos los ciudadanos cubanos en 1959 como consumidores, trabajadores, empresarios o inversionistas. O sea, el área del Conjunto A representa en abstracto los grados de libertad económica que los cubanos tenían en esos cuatro roles en la sociedad antes de las medidas revolucionarias de ese año y el siguiente.

Figura 1

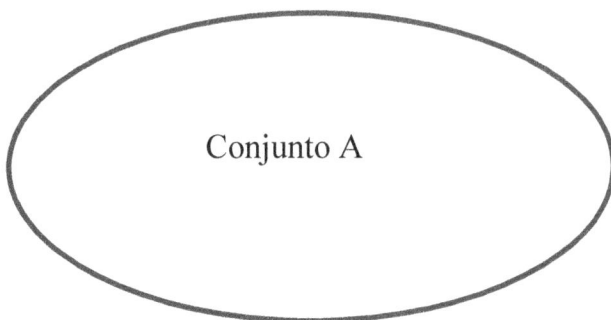

Conjunto A

El conjunto de esas medidas, desde las reformas agraria y urbana de 1959 hasta las expropiaciones de 1960, puede representarse gráficamente como una reducción del área del Conjunto A, lo que se puede simbolizar como el área del Conjunto B en la Figura 2. (Debo advertir que las áreas dibujadas no deben interpretarse con precisión cuantitativa, sino como órdenes groseros de magnitud relativa de las opciones disponibles). O sea, las acciones u opciones disponibles para los ciudadanos cubanos a fines de 1960 se vieron severa y monotónicamente reducidas por las nuevas restricciones, tales como no poder comprar o consumir lo mismo que estaba disponible en 1959, visitar al mismo médico, viajar libremente, trabajar dónde uno prefiriera, o montar una nueva empresa. El Conjunto B, que de hecho es un subconjunto de A, representa algunas de las actividades de A que no fueron suprimidas por las nuevas restricciones como comprar lo que estaba disponible todavía aunque estuviese racionado, vivir en la misma residencia, salir de paseo, trabajar por un salario en alguna empresa, etc. El área de A que queda fuera de B representa lo que el gobierno cubano puede hacer después de las expropiaciones.

Figura 2

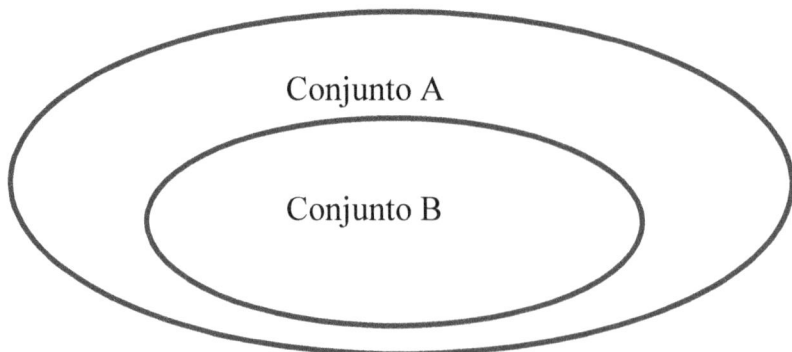

En rigor, se puede decir que los bordes del Conjunto A se estrecharon en una cierta magnitud cuando se adoptaron las medidas que crearon el conjunto B, pero no lo represento en la Figura 2 para no complicar el gráfico. Dicha reducción fue resultado de que, después de las nuevas restricciones, el gobierno cubano no tuvo tantas opciones disponibles como las que tenían los cubanos conjuntamente antes de las expropiaciones. Las causas son simples de entender: entre las principales están la pérdida del capital humano técnico, gerencial y administrativo de las empresas, que se reemplazó con personal menos o nada calificado y la disrupción de los contratos relacionales de los que hablé arriba multiplicada por la falta de incentivos para trabajar eficientemente. El Conjunto B se reduce aún más en 1968 cuando se prohíben las actividades por cuenta propia y de microempresa referidas anteriormente, lo cual tampoco represento para simplificar. En realidad este subconjunto de actividades disponibles se amplía por la liberalización parcial de los años setenta, se reduce de nuevo por las acciones de la llamada Contraofensiva Revolucionaria de los años 80 y de nuevo se reduce dramáticamente en los noventa con la desaparición de los subsidios soviéticos. O sea, el tamaño del Conjunto B llega a su mínima expresión durante esta fase bajo la política del "Período Especial en Tiempo de Paz" decretado por el gobierno cubano.

Posteriormente ese conjunto de restricciones sigue sufriendo de pulsaciones hasta el momento en que escribo con las reformas de Raúl Castro y el aumento del trabajo por cuenta propia y la muy pequeña empresa. Desafortunadamente no es posible representar con precisión la magnitud de todos estos cambios mediante las áreas de los conjuntos, por falta de datos precisos, pero las figuras son suficientes para ayudar a comprender cómo las opciones abiertas a los ciudadanos han cambiado radicalmente desde 1959.

Es razonable esperar que las restricciones internas representadas por el Conjunto B podrían aliviarse significativamente si se redujera el peso relativo de las empresas estatales en la economía y su reemplazo por empresas privadas, lo cual también contribuiría a expandir los límites del Conjunto A. Esto sin embargo no está en los planes de reforma pues el gobierno sigue declarando su preferencia por una economía que esté principalmente basada en grandes empresas estatales. Irónicamente, la mayor eficiencia de la empresa privada está tácitamente reconocida en el plan de reformas raulistas mediante la ley de inversiones extranjeras, pero la misma no incluye a inversionistas cubanos. O sea, a pesar de las reformas actuales hay que decir que el embargo interno se mantiene en una gran medida. Veamos ahora cómo las restricciones correspondientes al embargo americano interactúan en este cuadro analítico.

El embargo de Estados Unidos

Este embargo consiste en la prohibición del comercio y otras transacciones económicas y financieras entre EEUU y Cuba. Igualmente este embargo impide o limita los viajes de turistas americanos a la isla. Inicialmente esta medida fue impuesta en 1961 por el gobierno de EEUU como represalia por las expropiaciones masivas y no-compensadas del estado cubano de las inversiones estadounidenses ocurridas en 1960. De hecho, la imposición de restricciones a la economía cubana había comenzado un poco antes mediante la eliminación de la cuota azucarera de

318

exportación que Cuba disfrutaba a precios preferenciales en el mercado de EEUU.

Esta acción fue tomada anteriormente como respuesta a la intervención cubana de las empresas petroleras americanas por negarse las mismas a refinar petróleo proveniente de la Unión Soviética según ordenaba el gobierno revolucionario. En los años 90 hubo dos ciclos adicionales de ampliación de estas restricciones, la Ley Torricelli que reducía el comercio con Cuba y la Ley Helms-Burton que condicionó el levantamiento del embargo a que el gobierno cubano tomara medidas de liberalización política y económica. Para un examen de este proceso véase a Leo-Grande y Kornbluh (2014).

Este embargo restringe significativamente el comercio entre Cuba y EEUU con la excepción de la importación de alimentos y medicinas por parte de las empresas estatales cubanas aunque con restricciones, ya que las compras deben hacerse mediante pagos contra entrega o por adelantado sin posibilidades de crédito. El embargo también prohíbe los movimientos de capital y las inversiones, lo que incluye límites en las transferencias de dinero de personas o instituciones en EEUU hacia particulares residentes en la isla. De hecho este embargo se aplicó fundamentalmente a la economía en posesión y bajo la dirección del gobierno revolucionario, pero afectando irremisiblemente a la población cuya economía ya dependía casi totalmente del gobierno cubano.

Otras restricciones importantes incluyen la prohibición a empresas subsidiarias de firmas estadounidenses de comerciar con Cuba desde terceros países, así como también la prohibición de que barcos de carga que toquen puertos cubanos puedan hacerlo en puertos de EEUU. Se suma a estas restricciones las de viajar a Cuba por parte de ciudadanos americanos sin familiares en la isla, lo cual limita los ingresos en dólares por motivo de turismo de americanos, a pesar de que esta restricción ha sido parcialmente liberada en los últimos meses.

De todas las restricciones del embargo, las más dañinas para la economía estatizada cubana son la prohibición de exportar al mercado tradicional de EEUU y la importación de bienes que no sean alimentos o medicinas, la primera porque impide que el gobierno de Cuba obtenga suficientes ingresos en dólares, lo que limita la capacidad cubana de importar desde otros países, y la segunda porque impide el suministro de equipos, piezas de repuesto y materias primas que las viejas inversiones e instalaciones ahora en manos de empresas estatales del país necesitan para su operación.

En la práctica este embargo principalmente restringe la economía cubana en el intercambio comercial y financiero con EEUU, aunque Cuba puede tener relaciones económicas con los demás países del mundo. Pero tales relaciones se ven de todos modos afectadas por el embargo americano por varias razones. Primeramente, EEUU representa un mercado natural y de fácil acceso a los exportadores cubanos y el embargo fuerza a Cuba a buscar otros mercados a costos más elevados.

En segundo lugar, las restricciones de tipo bancario y financiero con EEUU también dificultan las relaciones de Cuba con otros países. La Ley Helms-Burton busca sancionar inversiones de terceros países que utilicen activos confiscados pertenecientes a inversionistas americanos, lo que es un obstáculo más para la inversión extranjera en la isla. Finalmente no cabe duda de que el embargo americano, al reducir las posibilidades de intercambio entre Cuba y EEUU, afecta la eficiencia de cualquier empresa o inversión en Cuba, lo cual desestimula su desarrollo, como es el ejemplo citado arriba de las limitaciones existentes en cuanto a barcos de carga que toquen puertos cubanos.

Aunque algunas partes de este embargo pueden ser modificadas (y hasta eliminadas) por el poder ejecutivo de EEUU, por ejemplo los límites en las remesas que se envían a la isla, cualquier otro levantamiento está sujeto a una acción legislativa por parte del Congreso de EEUU. Esta condición dificulta una negociación con el gobierno cubano que permita un *quid pro quo* en relación al embargo interno, como veremos más abajo.

En este punto es interesante notar cómo muchos observadores dejan de reconocer que desde un punto de vista administrativo es logísticamente mucho más fácil levantar las restricciones del embargo interno por el alto grado de centralismo y poder del gobierno cubano. Las razones que se esgrimen para no levantarlo se basan en preceptos ideológicos pero se puede argumentar que las verdaderas razones radican en mantener una economía política que favorece la permanencia indefinida en el poder de los miembros del gobierno.

Los dos embargos actuando simultáneamente

A continuación vemos en la Figura 3 cómo el embargo de EEUU interactúa con el embargo interno y afecta simultáneamente, pero en proporciones presumiblemente distintas, las economías del gobierno y la de los cubanos. El

Conjunto C representa las restricciones del embargo de EEUU, o sea, aquellas actividades que no están disponibles al gobierno cubano por motivo del embargo de EEUU, como exportar bienes a EEUU y recibir ingresos a cambio, lo cual se refleja en la intersección de A y C, simbolizada por A∩C.

Figura 3

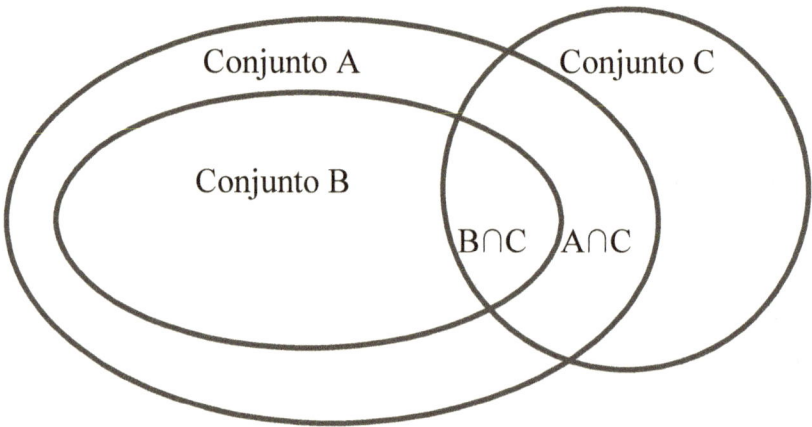

La intersección B∩C simboliza aquellas opciones o actividades disponibles a los ciudadanos cubanos pero prohibidas por el embargo de EEUU como, por ejemplo, representar al gobierno cubano en tareas de exportación a ese país. El área B∩C tiende a ser relativamente pequeña y se ha estrechado más por la decisión reciente del gobierno de EEUU de permitir transacciones de carácter privado exclusivamente con ciudadanos cubanos. El área representada por la intersección A∩C simboliza las opciones prohibidas al gobierno cubano por el embargo de EEUU lo cual es el tema de contención actual sobre levantar o no dicho embargo a la economía del gobierno cubano.

Como las restricciones correspondientes a ambos embargos se implementaron casi simultáneamente, es muy difícil separar los efectos de cada uno sobre la economía cubana sin un esfuerzo investigativo riguroso. Esto es especialmente válido para los investigadores y otros observadores de la economía cubana que no residen en el país o que tienen una visión limitada o sesgada de la manera *sui generis* en que opera esta economía. De hecho, a muchos observadores les resulta más fácil hacer el análisis intuitivamente, aunque sea incompleto y casual, en contraste con el observador residente en la isla que sufre directamente los efectos de ambos embargos y cuyo encuadramiento del fenómeno difiere del que corresponde al observador remoto simplemente porque lo ve y lo sufre de cerca.

Estas oportunidades de análisis se repiten a diario de manera anecdótica pero convincente por su elevada frecuencia, según se expresa en múltiples relatos por residentes en la isla. Por ejemplo, la escasez o inestabilidad de los abastecimientos de alimentos que son de relativamente fácil cultivo, cosecha, transporte y distribución como son el boniato, el plátano vianda, la yuca y la calabaza son generalmente atribuidas a las ineficiencias del monopolio estatal de intermediación comercial, lo que se llama oficialmente el sistema de acopio. Estas deficiencias, pero no sus raíces causales, han sido temas de discursos y promesas públicas de incrementos de producción y mejoras en distribución por parte de los líderes del gobierno cubano por más de cincuenta años. A pesar de esto y de las medidas de Raúl Castro en el proceso de introducir algunas reformas, la crisis de los abastecimientos aun no encuentra solución.

¿Cómo explicar esta crisis crónica? ¿Qué puede hacer la parte cubana para aliviar la situación aun cuando no se levante el embargo americano? No hay duda de que esta situación de crisis y escasez permanente resulta menos aceptable para el gobierno bajo Raúl Castro, que durante la jefatura de su hermano Fidel. Pero ambos han aprovechado la simultaneidad de ambos embargos para culpar al americano de todos los males del país.

Una respuesta a la primera interrogante es que la crisis de abastecimientos internos continúa porque las reformas no han sido lo suficientemente profundas y abarcadoras, seguramente porque Raúl Castro no sabe cuán lejos ir en otorgar libertades económicas sin poner en peligro su poder político. Después de todo, la libertad es fungible; la que se usa en actividades económicas o en el desarrollo del capital social se puede utilizar en la organización de la sociedad civil con fines políticos, y Raúl Castro lo sabe. Y una respuesta a la segunda interrogante está contenida en la anterior, o sea, es poco lo que puede hacer el gobierno cubano en el marco de sus temores sobre su estabilidad política.

Ahora, como resultado de la apertura de negociaciones entre los gobiernos de Cuba y EEUU para restablecer relaciones diplomáticas existe la posibilidad, aunque todavía lejana, de que eventualmente el embargo americano se levante. Esta es la esperanza del gobierno cubano para no tener que ir muy lejos en sus propias reformas. Mientras tanto, la coartada seguirá sirviendo por algún tiempo, aún con un levantamiento del embargo de EEUU, pues el gobierno cubano siempre podrá atribuirle los males del país a los efectos acumulados por medio siglo de ese embargo. No obstante es de esperar que esta atribución tenga mayor impacto entre los observadores de otros países que entre los cubanos residentes en la isla.

Comparando los dos embargos

En el Cuadro 1 se contrastan algunas de las diferencias más importantes entre las restricciones del embargo de EEUU y las restricciones impuestas por el gobierno cubano sobre sus ciudadanos.

Hay que destacar que la diferencia más notable entre ambos conjuntos de restricciones es que las de EEUU sólo se aplican a Cuba, no a las transacciones que el país pueda hacer con otros países, mientras que las restricciones internas se aplican a los cubanos en todas sus actividades tanto domésticas como internacionales.

Muy específicamente, el monopolio estricto del comercio exterior que mantiene el gobierno cubano impide que sus ciudadanos tengan relaciones económicas sustantivas con otros países. O sea, el carácter universal de las restricciones internas las convierte en un verdadero bloqueo de las actividades económicas de los cubanos, lo cual limita sobremanera la capacidad productiva del país en su conjunto, incluso la de las propias empresas estatales.

Cuadro 1

El embargo de EEUU	El embargo interno
Impide al gobierno cubano comerciar con EEUU, pero no con el resto del mundo	Restringe el comercio entre cubanos y les impide comerciar con el resto del mundo
Impide que Cuba reciba inversiones de EEUU, pero no del resto del mundo	Impide a los cubanos invertir en empresas nacionales o extranjeras, sólo en microempresas
Permite al gobierno cubano importar alimentos, medicinas, libros, revistas y videos de cualquier fuente	Monopoliza la distribución de importaciones e impide que los ciudadanos tengan acceso libre a publicaciones
No impide que los ciudadanos americanos puedan gastar cantidades limitadas de dólares en Cuba	Impide que los ciudadanos cubanos que viajan por cuenta propia al extranjero tengan fácil acceso a monedas convertibles
No impide la creación de empleo en Cuba ni la práctica privada de servicios profesionales	Obstaculiza la creación de empleo en Cuba e impide la práctica de servicios profesionales privados
Permite y facilita el desarrollo de las comunicaciones en Cuba, incluyendo InterNet	Limita el desarrollo de las comunicaciones en Cuba, incluyendo InterNet

Debe destacarse que el Cuadro 1 no incluye otras restricciones gubernamentales a la economía cubana que de hecho no tienen comparación con el embargo americano. Por ejemplo, el gobierno cubano no les permite a sus ciudadanos poseer medios de comunicación como prensa escrita, radio o televisión, aunque tiene que tolerar el desarrollo de blogs que publican material independiente y crítico de la política oficial. Tampoco el gobierno permite la organización independiente de asociaciones profesionales, comerciales o sindicatos de trabajadores. En la práctica, el gobierno no permite la organización de entidades privadas de ningún tipo, con la posible única excepción de algunos grupos religiosos. Todo esto contribuye a que Cuba apenas tenga elementos embrionarios de una sociedad civil, lo que impide el desarrollo del capital social que complementa y facilita los contratos relacionales mencionados arriba como parte del tejido neural que necesita una economía moderna.

¿Por qué se ignora el embargo interno?

A pesar de su existencia y enorme poder restrictivo, el embargo interno de la economía cubana es demasiado lejano e intangible para ser percibido con precisión por los observadores externos, incluso por aquéllos que no ven con simpatía el tipo de economía política y régimen unipersonal que gobierna a Cuba. El observador externo ve la economía indirectamente y adolece de un sesgo cognitivo dado por el modelo mental que surge de su encuadramiento de la situación en una perspectiva estrecha e incompleta, que presupone intuitivamente que el poderío de EEUU es predominante sobre todo lo cubano. Es importante señalar que el embargo o bloqueo interno no tiene una etiqueta distintiva como la tiene el embargo americano. En los dispositivos heurísticos de Tversky y Kahneman (1974), el encuadramiento consiste en ver una parte de la realidad de manera estrecha configurándosela fuera de un

327

contexto más amplio. El ejemplo de estos investigadores es el de una ventana a través de la cual se observa un conjunto de árboles que puede corresponder a un parque urbano o a un paisaje campestre. El tamaño de la ventana es el que determina cada interpretación, precisa o distorsionada, pero el observador no lo sabe. O sea, la forma en que se presenta o se describe una situación dada tiene una gran influencia en la evaluación intuitiva que hacen diversos observadores.

Mientras tanto, el conjunto de restricciones etiquetado como "embargo de EEUU" es el que resulta visible para el observador internacional que generalmente no conoce cómo opera la economía cubana, ni los efectos de sus restricciones internas. Esta forma limitada de encuadramiento está acentuada además por el enorme esfuerzo que el gobierno cubano dedica a manejar la información que emana de la isla y que reciben los analistas internacionales. Todo esto genera un sesgo cognitivo que distorsiona no sólo la visión de lo que ha ocurrido y ocurre en la economía política cubana, sino también las implicaciones de política y recomendaciones que se derivan de tal distorsión. Aquí convergen los aspectos positivos de la NEP con su dimensión normativa pero con un agravante: los sesgos de evaluación en el aspecto positivo contribuyen a justificar y consolidar la economía política actual a pesar de sus muchas distorsiones y su rechazo por una proporción considerable, presumiblemente mayoritaria, de la población cubana.

Hay que subrayar que el sesgo cognitivo se deriva del predominio del pensamiento intuitivo sobre el pensamiento deliberativo, siguiendo la terminología de Tversky y

Kahneman (1974), lo cual es congruente con la noción de estos investigadores de que el pensamiento deliberativo es perezoso, en comparación con el pensamiento intuitivo que es más rápido pero con frecuencia menos certero. Al fin y al cabo ¿qué incentivos tiene el mundo en general para invertir un esfuerzo mental considerable en saber cuáles son los verdaderos factores que han determinado el estado actual de deterioro de la economía cubana y sus efectos sobre el bienestar de su población?

La respuesta se encuentra en el hecho de que el sesgo cognitivo se hace más intenso por el efecto halo que influye en la intuición de una buena parte de los observadores de la economía cubana, en este caso afectando de una parte al gobierno de EEUU y por otra al de Cuba. Por el lado del primero el antiamericanismo y otros prejuicios similares inclinan a muchos a pensar que, dado el tamaño e influencia de EEUU, sus acciones sobre Cuba deben ser la causa principal de los problemas de la economía de la isla. Por el lado del gobierno cubano muchos observadores sesgan sus percepciones por el halo creado alrededor de la revolución como un movimiento a favor de los pobres luchando por la soberanía nacional frente a una potencia extranjera. Debe notarse que el gobierno cubano ha dedicado un gran esfuerzo y cuantiosos recursos propagandísticos a la creación de esta percepción.

Pero hay otros elementos que contribuyen con gran peso a este sesgo, como por ejemplo la falta de un plan de juego estratégico por parte de la oposición al gobierno cubano para proyectar un discurso más preciso y eficaz. La economía política cubana incluye en su embargo interno una restricción que ayuda a generar sesgos cognitivos y es poco reconocida por los observadores externos. Se trata de la carencia de datos estadísticos confiables sobre la economía cubana, combinada con la falta de acceso libre a otras fuentes de información, y todo sumado a la prohibición oficial de que los ciudadanos puedan expresar sus opiniones libremente y recopilar y distribuir informaciones pertinentes al bienestar general. O sea, el monopolio estatal sobre todos los medios de comunicación restringe enormemente la libertad de información que los ciudadanos, incluyendo los propios funcionarios del gobierno necesitan para saber evaluar las políticas públicas que los afectan. Tampoco pueden los ciudadanos evaluar si el comportamiento de sus gobernantes es congruente con sus intereses, lo cual elimina toda forma de retroalimentación (feedback) que sirva para corregir desviaciones que la economía política pueda experimentar con relación al nivel general de bienestar de la población.

Escenarios de un levantamiento del embargo de Estados Unidos

En las condiciones descritas arriba es fácil comprender que un levantamiento del embargo de EEUU sin cambios internos en la forma de operar del gobierno cubano, en especial en el manejo de su economía, difícilmente sirva a los intereses de la mayoría de la población cubana. O sea, la economía política del país en la actualidad está construida para servir los intereses privados de una minoría de cubanos, encabezados por Raúl Castro, pero todo bajo el manto sagrado del socialismo. El centralismo extremo es la fuente principal de grandes desigualdades en la distribución del ingreso y los poderes políticos. Esto se ha puesto de manifiesto recientemente de manera extraoficial, mientras se contemplan alternativas a la sucesión del gobierno, dadas las edades avanzadas de sus dirigentes, después de más de medio siglo de gobierno. Es interesante apuntar que en materia de sucesión, ni el Partido Comunista de Cuba, el único legalizado, ni la Asamblea del Poder Popular se han manifestado al respecto. En esta coyuntura es donde se demuestra la necesidad de aplicar el enfoque de la NEP, para comprender cómo opera la economía y sociedad cubanas y examinar sus tendencias actuales.

Un simple modelo analógico ayuda a predecir algo de lo que puede esperarse de un cambio en la política de EEUU hacia Cuba sin una reciprocidad equivalente por el gobierno cubano. Podemos imaginarnos que en las condiciones actuales las economías de Cuba y de EEUU están conectadas por una tubería por dónde pudieran fluir en ambas direcciones los bienes y servicios que hasta ahora han estado restringidos. La tubería está controlada por dos válvulas; una en manos del gobierno de EEUU y la otra por el gobierno cubano o simplemente por Raúl Castro. Si se abre la primera, la segunda sólo se abrirá en la medida en que el flujo correspondiente beneficie al gobierno cubano y no necesariamente a la población en general. La misma no tiene en sus manos el control de la segunda válvula y el monto y distribución de los recursos que lleguen al país por esa vía serán decididos sólo por el gobierno cubano.

¿Qué puede esperarse que suceda si se levanta el embargo de EEUU sobre la economía cubana sin que la misma sea liberada de su embargo interno? Dado que casi todas las empresas cubanas pertenecen al estado y están administradas por el gobierno, es lógico esperar que sean los organismos del estado y sus funcionarios los que tengan prioridad en la repartición de los beneficios derivados de un levantamiento unilateral del embargo americano. Puede suponerse que dados los actuales desequilibrios de la economía cubana, la primera prioridad de Raúl Castro sea la de asegurar la estabilidad económica de su administración mediante el mejoramiento de la rentabilidad de las empresas y la consecuente disminución de la dependencia de los subsidios venezolanos, a la luz de los problemas que ese país ha estado confrontando en los últimos años. No hay que dudar que parte del esfuerzo estabilizador incluya mejorar en alguna medida los niveles de consumo de la población en general, pero es razonable esperar que esto se haría a discreción del gobierno y sin la participación de la población.

Desde el triunfo de la revolución en 1959 no existen precedentes de que la asignación de recursos a cargo del gobierno cubano le haya dado alguna vez una alta prioridad al consumo privado o al interés ciudadano. En el análisis de cómo opera esta economía hay que tener siempre en cuenta que la misma se maneja bajo una forma de economía política donde lo económico está en función de las preferencias de los gobernantes sin que los mismos rindan cuentas al resto del país. Sin un aumento del empoderamiento de la sociedad civil en Cuba es igualmente de esperar que la mayor disponibilidad de recursos que el levantamiento del embargo americano genere le sirva al gobierno cubano para reforzar su aparato de gobierno y sus sistemas propagandístico y represivo.

En este punto cabe preguntarse si las reformas impulsadas por Raúl Castro en los últimos años son equivalentes a un levantamiento parcial del embargo interno. Yo diría que en cierta medida sí, pero muy lejos de representar una verdadera liberalización de la economía o un cambio sustancial de su economía política. Por un lado debe tenerse en cuenta que uno de los ejes centrales de tales reformas bajo el llamado programa de "Actualización del Modelo Económico" es la expansión controlada del trabajo por cuenta propia y de empresas muy pequeñas junto al otorgamiento de tierras en usufructo a pequeños agricultores. En este marco, creo que es un gran error calificar las reformas actuales como una marcha hacia el capitalismo.

Dichas medidas no fueron motivadas por una vocación de economía de mercado o un abandono de preceptos socialistas, sino porque Raúl Castro parece darse por vencido en cuanto a los dos grandes fracasos económicos del socialismo cubano: la incapacidad de generar suficiente inversión, empleo y crecimiento en el sector estatal para cubrir a todos los trabajadores y la incapacidad productiva de ese sector para lograr la solvencia del país y eliminar su peligrosa dependencia de la ayuda externa. Al permitir el desarrollo parcial de un sector privado, el gobierno ha mandado el mensaje implícito de que no puede seguir manteniendo la ficción del pleno empleo que sirvió de propaganda por tantos años bajo la administración de Fidel Castro. El nuevo mensaje parece decirles a muchos trabajadores que son considerados redundantes que ya el gobierno no puede estar a cargo de su empleo (o de su pobreza), que no puede garantizarles un ingreso mínimo y que los mismos deben crear sus propios medios de subsistencia.

En otras palabras, no hay razones para esperar que el programa raulista de reformas tenga como objetivo un cambio radical de la economía política del país. El título del programa como una "actualización del modelo económico" así lo sugiere, a pesar de que dicho programa incluya un reconocimiento explícito de la importancia de la actividad privada en la esfera productiva del país. Esto se demuestra por las innumerables restricciones que se mantienen en la apertura de la pequeña empresa privada, y por la exclusión expresa de los inversionistas cubanos de participar en la ley que abre el país a la inversión directa extranjera.

Esta nueva restricción impide el desarrollo de la propiedad privada más allá de lo que el gobierno cubano considera aceptable para no perder el poder político que emana de la posesión y/o control de casi toda la economía del país. El hecho de que la propia ley de inversión extranjera estipula que las empresas correspondientes sólo emplearán trabajadores por medio de agencias estatales de empleo confirma la vocación intervencionista del gobierno de Raúl Castro, aun corriendo el riesgo de que dicha condición limite severamente el impacto de esa ley sobre la economía. Este elemento de la ley confirma la noción de que en Cuba el socialismo (o comunismo) realmente no eliminó la explotación del hombre por el hombre sino que simplemente cambió a los explotadores.

Conclusiones

La economía política cubana ha adoptado mediante su embargo interno un diseño estructural basado en la rigidez extrema de sus instituciones y arquitectura de poder, que la hace incapaz de autocorregirse. Esta economía política es la consecuencia directa de un sistema político que desde el comienzo de la revolución se organizó para servir a una forma de gobierno unipersonal para manejar al país bajo una concepción única e indisputable de la política pública. La estructura institucional resultante se acercó más en la práctica a la de una monarquía que a la de una república socialista. Una parte de la evidencia que sirve de apoyo a esta tesis es el papel secundario que ha jugado el Partido Comunista de Cuba en las cuestiones de gobierno y la economía. Menos se puede decir del papel marginal de la Asamblea del Poder Popular que sólo sirve para refrendar con unanimidad mecánica las medidas del gobernante.

El carácter esencialmente monárquico del gobierno cubano se acentúa ahora, cuando se discuten las alternativas de una sucesión postcastrista y se barajan inevitablemente los nombres de los posibles herederos del poder, que incluye miembros de la familia Castro. En este contexto, las múltiples restricciones del embargo interno han servido para crear un alto grado de dependencia de los cubanos sobre sus gobernantes. Esto se ha logrado porque la economía de la isla se utilizó como un instrumento de control político y desintegración social de los ciudadanos, que tiene ahora como resultado, aparentemente inexorable, un vacío en la estructura de gobierno que hace a todo el país depender de una sucesión que parece dinástica, acompañado de otro vacío en la sociedad civil. O sea, el modo en que se fue organizando el gobierno revolucionario no parece permitir una forma de sucesión de acuerdo con los tiempos modernos.

En estas condiciones es lógico pensar que, dadas las avanzadas edades de los gobernantes, sus descendientes y otras personas allegadas deben estar preocupados por su futuro y presionando por una sucesión que garantice una transición de acuerdo con sus intereses privados, no con los de los ciudadanos, ni siquiera con los de una doctrina socialista coherente. Esto refleja las condiciones relativamente primitivas en que operan la sociedad y la economía política cubanas. En este marco, un levantamiento unilateral, no condicionado a cambios sustanciales en Cuba, sólo habrá de contribuir a la permanencia del modelo actual de economía política sin que los cubanos actuando como los verdaderos principales puedan expresar sus preferencias al respecto.

Miami, 30 de julio-1ro de agosto de 2015

Referencias

Betancourt, Roger B. (2015). "A Novel Perspective on Cuba's "Reforms"" en *Cuban Affairs,* Quarterly Electronic Journal, Institute for Cuban and Cuban-American Studies, University of Miami, Miami, Florida.

Debreu, Gerard (1959). *Theory of Value: An Axiomatic Analysis of Economic Equilibrium*, New Haven, Connecticut: Cowles Foundation, Yale University Press.

Drazen, Alan (2000). *Political Economy in Macroeconomics.* Princeton, New Jersey: Princeton University Press.

Georgescu-Roegen, Nicholas (1967). *Analytical Economics: Issues and Problems*, Cambridge, Massachusetts: Harvard University Press.

Kahneman, Daniel (2012). *Pensar rápido, pensar despacio.* Barcelona: Random House Mondadori, S.A.

LeoGrande, William M. y Kornbluh, Peter (2014). *Back Channel to Cuba.* Chapel Hill: The University of North Carolina Press.

Mesa-Lago, Carmelo (1971). "Economic Policies and Growth" en Mesa-Lago, C., Ed. *Revolutionary Change in Cuba.* Pittsburgh: University of Pittsburgh Press.

Sanguinetty, Jorge A. (2013). "Cuba's Economic Policies: Growth, Development or Subsistence? En *Cuba in Transition, Vol. 23*, Association for the Study of the Cuban Economy, Washington, D.C.

Sanguinetty, Jorge A. (1999). "La Industria" en Córdova, Efrén, Ed. *40 años de revolución.* Miami, Flrida: Ediciones Universal.

Sen, Amartya (1982). *Choice, Welfare and Measurement*, Cambridge, Massachusetts: The MIT Press.

Tversky, Amos y Kahneman, Daniel (1974). "El juicio bajo incertidumbre: heurísticas y sesgos", apéndice A en Kahneman, D., *Pensar rápido, pensar despacio.* Barcelona: Random House Mondadori, S.A., 2012. Este artículo fue originalmente publicado en la revista *Science*, Vol. 185, 1974

El uso del tiempo en el gobierno de transición

Trabajo presentado en la XIV Reunión Anual de la Asociación para el Estudio de la Economía Cubana Wyndham Grand Bay Hotel, Coconut Grove, 2004

Introducción

El camino que seguirá Cuba después que de alguna manera finalice el gobierno de Fidel Castro mucho depende de quién o quiénes lo reemplacen como gobernante. Mientras Castro avanza en edad, se multiplican las especulaciones sobre quiénes podrían ser sus sucesores y de qué posibles maneras ocurriría ese proceso. La realidad es que en el momento de escribir este trabajo, sabemos muy poco sobre la sucesión o transición (en este análisis usamos los términos como sinónimos) y sus escenarios probables. Sin embargo, muchos continúan indagando sobre el futuro político del país, como si el mismo fuera predecible, mientras que unos pocos parecen darse cuenta que lo más práctico es tratar de influenciar o prepararse para el futuro y abandonar la ilusión de adivinarlo.

El objetivo de este trabajo es precisamente analizar las condiciones o acciones que pueden llegar a tener una influencia sobre el futuro de Cuba como nación. Por supuesto que no se trata de reemplazar la ilusión adivinadora con otra de tipo determinístico. De hecho, el ejercicio implica un esfuerzo predictivo inherente en la formulación de todo plan de acción donde lo probabilístico siempre juega un papel importante.

Por muy difícil que parezca, para una persona llegar al gobierno es mucho más fácil que saber qué hacer una vez que se llega. Quiero decir, "saber qué hacer" si se quiere gobernar bien, en favor de los intereses de los gobernados. Desafortunadamente muchos gobernantes en la tradición de un gran número de países, siendo Cuba uno de ellos, "saben qué hacer" demasiado bien en función de sus propios intereses. De ahí que frecuentemente se entiende por buen gobernante al que es honrado, no le roba al fisco ni malversa fondos. Rara vez se piensa en la competencia técnica y administrativa de los políticos, o sea, de sus conocimientos y experiencia para conducir o participar en un gobierno de manera eficaz, cumpliendo con las normas mínimas y tomando las decisiones adecuadas en cada momento.

Llegar a ser gobernante puede ser posible siguiendo distintos caminos, pero llegar a ser un buen gobernante tiene posibilidades mucho más limitadas. Sea en un contexto democrático o no, el llegar a ser gobernante requiere conocimientos muy específicos de las reglas de juego y las demás variables políticas de cada situación y de cada momento. Sin embargo, por mucho que alguien se afane en llegar una posición de gobierno, su éxito o fracaso en alcanzarla depende en gran medida de factores probabilísticos que no son conocidos o que no están bajo su control. O sea, el aspirante a gobernante (descartamos en este análisis el caso especial de aquéllos que llegan a ser gobernantes sin proponérselo), para maximizar su probabilidad de llegar a la posición que aspira (sea la de un cargo electivo o no, presidente, ministro, legislador, magistrado, etc.) debe realizar toda una serie de actividades que pueden modelarse como si fueran apuestas a múltiples loterías.

En ese proceso que típicamente le ocupa casi todo su tiempo, le queda muy poco para prepararse para ejercer el cargo si lo gana. Si la persona no está calificada para el cargo que aspira y los electores o los que lo nombran al cargo no lo saben (o no lo consideran pertinente), el individuo puede llegar a ocuparlo aunque sea un incapaz. Se desprende que si los electores valoraran la competencia de los políticos para gobernar y además supieran evaluarla antes de votar, los políticos tendrían incentivos más fuertes para preparase mejor para gobernar, dedicando menos tiempo relativo a las tareas que usualmente denominamos "politiquería".

Esto nos plantea una condición paradójica que se puede enunciar como un teorema: las características que una persona requiere para alcanzar un cargo público son generalmente independientes de las características que se necesitan para ejercerlo eficazmente. Esto quiere decir que el conjunto de destrezas, talentos, atributos, conductas y actividades que una persona debe tener o realizar para ganar una posición que se decide por elección, por selección o incluso por la fuerza es distinto del conjunto de las destrezas, talentos, atributos, conductas y actividades necesarios para ejercer el cargo competentemente.

Para alcanzar el cargo que se desea mediante un proceso electoral, el aspirante necesita convencer a los que deciden que su elección o selección es ventajosa para ellos. En este tipo de proceso, por ejemplo, el aspirante puede depender de promesas de acciones a los electores, pero las promesas deben ser formuladas sabiendo cuál es la estructura de preferencias de los mismos, las formas más persuasivas de presentar las promesas y cómo manejar las incompatibilidades o diferencias de preferencias entre diversos grupos. Si los electores tienen un conocimiento o capacidad limitada para evaluar la competencia del aspirante como es frecuente (lo que Mancur Olson llama la *ignorancia racional*), el aspirante concentrará todo su tiempo en prepararse para ganar la elección.

La misma paradoja también se verifica cuando el proceso de selección no es electoral sino de lucha por el poder. Aquí utilizaremos un ejemplo concreto para evitar planteos abstractos. Tomemos el caso de Fidel Castro y las características y actividades que lo llevaron al poder político en Cuba y comparémoslas con los atributos necesarios para ejercerlo. La capacidad de montar un movimiento guerrillero, de usar estrategias sicológicas, de obtener apoyo logístico, etc. son destrezas bastante independientes de las que se necesitan para manejar un gobierno en función del interés público, por ejemplo, la capacidad de desarrollar la economía del país, de que ese desarrollo se revierta en un mejor nivel de vida para los cubanos, etc. Por supuesto que ciertas destrezas, especialmente en el caso no electoral, pueden ser comunes a ambos lados de la paradoja, como la capacidad de ejercer un liderazgo, la capacidad organizativa y la de hacer alianzas y lograr apoyo de otras personas.

Pero mantengamos el análisis en el ámbito de lo electoral. En sociedades donde no existe en la población una fuerte cultura o comprensión sobre lo que en inglés se denomina *management*, término que no tiene una buena traducción al castellano, frecuentemente existe la noción de que la capacidad administrativa o de manejo de una organización o conglomerado humano depende de la jerarquía y no de ciertos atributos cognoscitivos y no-cognoscitivos. En estas sociedades tiende a primar el autoritarismo y la propensión a la democracia suele ser débil.

Desafortunadamente, Cuba no se escapa a esta tradición como lo demuestra la toma del gobierno por la fuerza el 10 de marzo de 1952 por Fulgencio Batista y su reemplazo también por la fuerza el primero de enero de 1959 por Fidel Castro. Hoy poco sabemos de los mecanismos internos que llevarán al poder a los sucesores de Castro, pero se puede afirmar con un alto grado de confianza que la paradoja del poder que enunciamos más arriba se aplicará aun cuando el nuevo o los nuevos gobernantes no sean resultado de una consulta popular plenamente libre y abierta. En cualquier caso, yo firmemente creo que no es nada ocioso establecer una norma o estándar de competencia administrativa tanto para los nuevos gobernantes como para la población en general. Tradicionalmente los cubanos en general han sufrido de un bajo nivel educativo en cuestiones públicas o de estado. Junto a esto ha primado un gran cinismo y una profunda desconfianza en cuanto a las posibilidades de tener un buen gobierno. Fidel Castro fue beneficiario del cinismo y la desconfianza, pero las utilizó para establecer un régimen que aisló a la ciudadanía de toda participación en cuestiones públicas, disminuyendo aún más el nivel de conocimiento del cubano sobre los temas de gobierno. Encima de esto, posiblemente hoy más que nunca, el cubano desconfía del cubano en su capacidad para gobernar.

Cualquiera que sea el resultado del proceso que ocurra después de la desaparición de Fidel Castro, sea un régimen de continuidad o sea uno de transición hacia mayores libertades civiles, el cubano se beneficiará si eleva su nivel de conocimiento sobre asuntos de estado y sus estándares acerca de lo que significa un buen gobierno. Aún hoy en día, en medio del totalitarismo más férreo y hermético, un ciudadano mejor preparado para evaluar la gestión del gobierno, facilitaría la evolución del país hacia una forma de gobierno más adecuada al interés de los ciudadanos. Esta consideración incluye especialmente a aquellas personas que ocupan cargos en el gobierno a cualquier nivel. Muy bien sabemos que bajo los gobiernos dictatoriales, la expresión libre de lo que uno piensa es un ejercicio que puede ser muy costoso. Pero eso no impide que en el momento de una crisis o de un cambio del dictador esas mismas personas que en apariencia se mantuvieron leales al régimen no ejerzan alguna influencia a favor de un mejor gobierno.

Por estas razones, este trabajo está dirigido en general a todos los cubanos, los que están dentro y fuera del gobierno, para que comprendiendo el significado de una buena administración gubernamental Cuba mejore sus probabilidades futuras de tener una. Pero el trabajo está dirigido también y muy especialmente a todos aquellos que creen que pueden o aspiran a ser los políticos o gobernantes del futuro o a los que sin tener aspiraciones políticas, operan en esta esfera de acción ciudadana y pueden inspirar a otros a prepararse para el futuro.

Con gran preocupación y hasta con una cierta indignación observo como la inmensa mayoría de los políticos cubanos que conozco no están haciendo nada para preparar el futuro de Cuba. Operan como si otros fueran a reconstruir el país. Creen que en materia de economía el problema será resuelto por los técnicos. Muchos muestran de esta manera, y me perdonan que lo diga, una ignorancia que no tengo más remedio que calificar de supina, con todo el rigor del vocablo sobre el estado en que se encuentra Cuba y sobre la inmensidad de la tarea a realizar después que Cuba se libere del régimen actual. No es posible exagerar la magnitud de la devastación económica y social que ha sufrido Cuba en los últimos cuarenta y cinco años. Sin embargo muchos cubanos no parecen darse cuenta de las implicaciones que tal devastación tiene para el futuro del país y para su reconstrucción. Es aquí donde Cuba requiere de nuevos líderes (no uno sino muchos), que todavía no aparecen por lado alguno, para comenzar a formular una visión de futuro y un programa de trabajo concreto no una sarta interminable de oradores que sólo hablan pero que son incapaces de concebir un plan de reconstrucción. Lo que sigue es un intento de vislumbrar algunas de las actividades concretas para las que hay que prepararse, y dejar de lamentarnos de nuestras desgracias nacionales o de limitarnos a esperar como buitres que se muera el dictador para entonces definir cómo vamos a actuar.

Las agendas alternativas

Este papel, más que una corta y apretada disertación, representa una serie de experimentos mentales o ejercicios de imaginación para que el lector pueda visualizar los problemas de la reconstrucción de la economía cubana y cómo encararlos eficazmente. Aunque pongo el énfasis en lo económico y me enfoco en la reconstrucción de la economía cubana como un punto de partida analítico, debo recalcar que ninguna economía opera en un vacío institucional. Cuando hablo de devastación de la economía cubana hablo también del resto de la sociedad. Algunos aspectos de la economía son de máxima prioridad, porque Fidel Castro ha mantenido a los cubanos al borde de una hambruna como una política de control de la población y una forma sutil de represión, una especie de represión preventiva, para impedir brotes de descontento que pueden llegar a ser violentos e incluso catastróficos para el gobierno actual. Por lo tanto, la primera prioridad de todo gobierno de transición que quiera mejorar el estándar de vida del cubano será la de garantizar el suministro de alimentos lo cual es una medida de tipo económico.

En función de esta prioridad de política gubernamental, la serie de experimentos que mencioné podemos comenzarla invitando al lector o lectora que se imagine que él o ella ocupará una posición importante en el gobierno de transición, o sea, una posición de presidente provisional o de ministro a cargo de una cartera específica de las que existe hoy en día. Antes de proseguir quiero enfatizar que no hago distinción de géneros. En el resto del trabajo voy a utilizar los dos géneros indistintamente, como si fueran sinónimos para que todos mantengamos en mente la importancia de integrar a todos los cubanos en la tarea de la reconstrucción independientemente de su sexo. Tanto mujeres como hombres deben preparase para gobernar a los diversos niveles de gobierno y también deben prepararse para elegir gobernantes. Nótese que tal preparación sirve tanto para una cosa como para la otra, lo cual es de esperarse en una democracia.

Desde el primer momento en que usted como presidente o como ministra entre en la oficina que le corresponde tendrá que escoger entre varias agendas en el ejercicio de su cargo. Cada agenda es un conjunto de actividades que requieren ciertas cantidades de tiempo para su ejecución. Esto significa que entre sus primeras decisiones usted como ejecutiva del gobierno necesitará primero seleccionar su agenda y después decidir cuánto tiempo le asignará a cada actividad en la agenda escogida. Aquí no voy a entrar a analizar que su agenda estará condicionada o restringida a la de su jefe inmediato superior (por el ejemplo, la persona que ocupe la presidencia si usted ocupa un ministerio, etc.) u otras condiciones (por ejemplo, mandatos legislativos o constitucionales), pues se complicaría el análisis y necesitaría más espacio del que dispongo. Tampoco voy a suponer que usted trabajará con una agenda escondida, o sea que va a pretender hacer una cosa mediante una agenda oficial mientras persigue objetivos distintos o hasta incompatibles. Este tema, aunque interesante, tampoco cabe en esta discusión.

Supondremos además que usted tiene un deseo sincero de hacer un buen trabajo, de contribuir de la mejor manera posible a la reconstrucción del país desde el frente que le ha tocado atender. Cualquiera que sea ese frente, usted tendrá que repartir su tiempo entre dos grandes grupos de actividades: manejar el sistema que usted ha recibido y reformarlo. Desde la posición de presidente hasta niveles más bajos en el gobierno, pasando por las de ministros, vice ministros, etc., la primera prioridad es la de manejar el sistema que se hereda del castrismo pues es muy fácil empeorar la situación en cualquiera de los frentes de trabajo si la persona a cargo no sabe lo que está haciendo. En unos casos, la situación será más delicada que en otros, como en el caso de la seguridad alimentaria del país. Una medida errónea, resultado de la ignorancia o la negligencia pudiera crear una crisis alimentaria que lanzaría al país o a una parte del mismo a una hambruna. Este tipo de error es inaceptable y las personas que puedan afectar el sistema heredado de producción y distribución de alimentos deben estar debidamente preparadas para manejarlo adecuadamente antes de poder reformarlo. Hay otros sectores sensitivos donde se pueden evitar crisis con un mínimo de preparación y cautela (digo cautela, no indecisión) como son los de salud pública, el empleo del sector público (especialmente los militares y los agentes de seguridad) y los pagos del seguro social. Por otra parte, las reformas deben hacerse sin empeorar la situación ya precaria de la población.

La gran paradoja de un gobierno de transición que sepa lo que está haciendo es que tiene que saber jugar simultáneamente el papel de planificador estalinista y de reformador al mismo tiempo. Por eso lo mejor es prepararse para disminuir los grandes riesgos de la transición. La preparación comienza comprendiendo que para poder contrapuntear estas dos grandes tareas al mismo tiempo hay que organizar el trabajo distinguiendo las actividades inherentes a cada frente y, a la vez, coordinarlas con los trabajos de otros frentes. Por ejemplo, el manejo y las reformas en el ministerio de educación tienen que coordinarse con el manejo y las reformas en el ministerio de hacienda. Los educadores a veces se olvidan que sus planes educativos cuestan dinero y que el fisco no es un barril sin fondos. El manejo del sistema educativo, antes de reformarlo requiere garantizar que todos los maestros continúen recibiendo sus salarios y las escuelas permanezcan abiertas para lo cual el ministerio de hacienda debe poder proveer los fondos. Mientras tanto, la reforma del sistema educativo, por ejemplo, el cambio del curriculum marxista a un curriculum democrático requiere nuevos libros de texto y recapacitación pedagógica y hasta ideológica de los docentes, lo cual necesita fondos. Todos estos fondos deberán competir con los fondos necesarios en otros sectores y la economía cubana, especialmente al comienzo de una transición, tendrá severas limitaciones de financiamiento. Y aquí sólo hemos tocado la necesidad de coordinación entre dos entidades gubernamentales, sin inmiscuir otras. Sin embargo, el ejemplo puede que sirva para que el lector visualice la gigantesca responsabilidad coordinadora a nivel de la presidencia. Es obvio que la coordinación no será perfecta; no todo puede ser previsto, pero una cierta cantidad de preparación previa ayudaría a disminuir la dependencia en la improvisación y a suavizar el camino que de cualquier modo va a estar lleno de obstáculos.

Por lo tanto, suponiendo que usted está comprometido seriamente con realizar un buen trabajo, especialmente en cuanto a las reformas que hay que llevar a cabo en el frente que le hayan asignado, su tiempo deberá estar repartido entre los siguientes grupos de actividades:

a. Definir y ejecutar planes de trabajo para el corto y mediano plazo;

b. Escoger al personal que estará a cargo de la ejecución y asignar tareas;

c. Obtener los recursos materiales necesarios para los planes o ajustar los planes a los recursos disponibles;

d. Atender solicitudes de su tiempo para todo tipo de actividad externa a su entorno de trabajo y

e. Atender sus asuntos personales.

Sobre el punto "a" lo primero que hay que saber es que si usted es incapaz de formular planes de trabajo que reflejen un sentido de propósito, otros individuos lo harán por usted, especialmente aquéllos que solicitarán su atención y su tiempo para toda suerte de objetivos, como por ejemplo, personas o empresas nacionales y extranjeras que quieren venderle algo o están buscando favores; personal de embajadas, organismos no-gubernamentales y organismos internacionales ofreciéndole programas de cooperación, intercambio o asistencia; invitaciones a toda suerte de eventos en Cuba y en el exterior, como inauguraciones, consejos de ministros, celebraciones, bodas reales, funerales de estado, seminarios y reuniones en la cumbre, por citar sólo unos pocos. Estas solicitudes llegan a ser tantas en número y demandan tanto tiempo que pueden llenar todo su tiempo y sobran, de manera que si usted no tiene una agenda, el teléfono y el correo van a convertirse en su plan de trabajo por omisión. Por lo tanto hay que elaborar planes de corto y mediano plazo por lo menos en su área de trabajo. Tales planes deben tener un cierto grado de detalle y preferiblemente deben someterse al formato de PERT y Ruta Crítica mediante computadores para poder controlar su ejecución eficientemente. Una consideración a tener en cuenta en la formulación de los planes es que los mismos deben llegar a tener un grado de detalle suficiente para guiar su ejecución. Es necesario reconocer los diversos frentes de trabajo donde se requieren intervenciones simultáneas o escalonadas para que a la hora de la ejecución los trabajos no queden incompletos. Aunque esta actividad de planeamiento lleva más tiempo al principio de su trabajo, no se hace sólo en un punto en el tiempo. Los planes tienen que ser vigilados (monitoreados) continuamente y revisados y modificados cuando sea aconsejable.

El punto "b" es parte indispensable del "a" y es el que establece la selección del personal y la repartición de responsabilidades entre los que llevarán a cargo los trabajos señalados en el plan y sobre los cuales deberán rendir cuentas mediante informes periódicos, orales y/o escritos. Hay que mantener en mente en todo momento que usted es la que dirige y supervisa el proceso, no quien lo ejecuta. Esa es la labor del personal a su cargo. Tiene que aprender a delegar funciones que no le corresponden a su nivel. Igual que la planificación, la actividad de personal es continua pues usted tiene que estar preparada para reemplazar al personal como resultado de todo tipo de contingencia, desde enfermedad hasta incompetencia. Es preciso señalar que el personal que resulte inadecuado debe ser reemplazado rápidamente. Muchas reformas fracasan porque no se llevan a cabo por personal calificado en las diversas tareas que se requieren. El empleo público no es un fin en sí mismo. Es sólo un instrumento para realizar un trabajo con resultados que la sociedad necesita. No es un vehículo para hacer o devolver favores o para reemplazar a la seguridad social. En la medida que el empleo público se use con esos fines espurios, Cuba volverá a los males que contribuyeron a dar al traste con la república.

Los recursos materiales o financieros del punto "c" deben tener una disponibilidad compatible con los dos puntos anteriores. Es muy posible que este punto tenga que ser coordinado con otras dependencias gubernamentales ya que es bueno suponer que todo el gobierno estará sujeto a una restricción presupuestaria rígida. La escasez de recursos no puede ser una excusa para no realizar reformas. Los planes de reforma hay que formularlos y llevarlos a cabo con los recursos disponibles, por eso es posible que la planificación (por favor, no confundir con la planificación económica) de las reformas tenga que basarse en una lista muy estricta de prioridades e implementarse mediante ciclos de aproximaciones sucesivas hasta llegar a uno que es factible.

Las actividades de representación son inevitables pero no se pueden atender todas. Las más difíciles de evitar son las que se derivan de sus superiores. Por ejemplo, si usted ocupa un ministerio y el jefe de gobierno hace reuniones de gabinete con frecuencia y en lugares alejados de la capital, puede que usted no pueda ejecutar sus funciones, no sólo las de reforma sino tampoco las de rutina que le corresponden a su ramo.

Finalmente, su tiempo para atender las responsabilidades de su cargo será insuficiente e invadirá el tiempo que necesita para sus cuestiones personales y, posiblemente, su familia. Esto siempre presenta grandes dilemas y muchas veces es la causa del deterioro de la salud y de las relaciones con los miembros de la familia o amistades. Una planificación adecuada y un cierto nivel de disciplina en la ejecución de los planes pueden ayudar a resolver los conflictos inevitables que surgen en este aspecto.

De cómo prepararse para gobernar

Una sociedad sólida y estable es la que cuenta con muchos ciudadanos para gobernar y para evaluar la gestión de los gobernantes. La reconstrucción de Cuba presenta un desafío superior al de gobierno en una sociedad constituida y en pleno funcionamiento democrático. Cuba requiere que muchas personas no sólo se preparen para gobernar sino para reconstruir el país, su economía, sus instituciones, una democracia que perdure y sea compatible con el desarrollo económico y el progreso general de los ciudadanos. O sea, el reto de gobierno en el futuro de Cuba es mucho mayor que el de un gobierno que ya encuentra estructuras institucionales establecidas y que puede dedicarse en mayor proporción a manejar lo que hereda y no a cambiarlo radicalmente.

Para prepararse para ambas tareas en Cuba hay primeramente que conocer los problemas de cada uno de los sectores de la sociedad. Incluso antes de comenzar a hablar de soluciones, es necesario que se construya un consenso sobre la naturaleza de los problemas. Si los problemas de cada sector se interpretan o evalúan de manera diversa por los ciudadanos, más difícil será encontrar y aplicar las soluciones adecuadas. Plantear un problema adecuadamente y comprenderlo cabalmente es ya una parte sustancial de la solución.

Los estudios de la Asociación para el Estudio de la Economía Cubana que se han ido acumulando desde su fundación en 1991 representan una buena fuente para comenzar a prepararse. Estos estudios, muchos de los cuales están hechos por especialistas, no sólo son para consumo de los mismos, pues las decisiones finales en el proceso de reconstrucción podrán estar recomendadas por ellos pero deberán ser implantadas por los gobernantes. Una parte crítica de la preparación para la reconstrucción del país es que estos materiales y otros similares circulen en Cuba y puedan ser estudiados por la mayor cantidad de ciudadanos posible, incluso los que ocupan puestos en el gobierno actual. La amplia difusión de estos conocimientos podrían mejorar significativamente las posibilidades de lograr una reconstrucción rápida y adecuada de la economía cubana, algo que no suele lograrse en pocos años.

Del mismo modo debemos mencionar la importancia de que se formen grupos de ciudadanos tanto en Cuba como fuera de la isla para estudiar los problemas del futuro del país y se discutan diversas soluciones. Una iniciativa digna de admiración es la del Diálogo Nacional patrocinado por Osvaldo Payá Sardiñas a partir de un documento que se ha propuesto como un simple pero importante punto de partida para llevar a cabo un ejercicio con independencia de Fidel Castro. Por supuesto, esta iniciativa debe ser imitada por otros pues no es logísticamente factible que un sólo esfuerzo de este tipo rinda los frutos deseados a lo largo y ancho del país.

Conclusiones

Cuba es hoy, en muchos aspectos, un país en ruinas. Unas ruinas son tangibles, otras intangibles. Entre las ruinas intangibles están esos elementos misteriosos pero indispensables que determinan la cohesión entre los miembros de una sociedad y que permiten que la misma opere con un cierto grado de estabilidad y un nivel de eficiencia. En las secciones anteriores hemos hablado de la reconstrucción de los elementos más tangibles o visibles, especialmente la economía, pero tal reconstrucción no se podrá lograr sin que también se reconstruyan algunos elementos intangibles. Entre ellas, pero tan importante como las más sólidas, está la confianza de los cubanos en ellos mismos, en sus compatriotas, en su patria, en sus instituciones y en sus gobernantes. Es cierto que los cubanos nunca tuvimos mucha confianza en los gobernantes o en nuestras instituciones por eso hablar de reconstrucción de la confianza puede sonar exagerado, pero no lo es si pensamos a qué nivel tan bajo de confianza hemos llegado como resultado del gobierno de Fidel Castro.

Una parte central de la estrategia de Castro para perpetuarse en el poder y tener un alto grado de control sobre los ciudadanos fue un plan deliberado de destruir los vínculos de confianza entre los cubanos, incluso hasta llegar al nivel de la familia. Los medios y los detalles de que se valió para lograr tan perversa agenda merecen un estudio aparte y definitivamente no caben en este trabajo. Sin embargo, lo que sí es pertinente señalar que la eficacia con que se lleve a cabo la recuperación económica de Cuba depende de la reconstrucción de la confianza entre los cubanos, parte de lo que hoy muchos académicos identifican como el capital social de una nación. La confianza se presenta en muchas modalidades o dimensiones. Una de ellas es la que atañe la capacidad de cumplir compromisos o contratos; otra la que se refiere al cumplimiento de las leyes; una más la que tiene que ver con la capacidad de las personas de organizarse y seguir una serie de actividades sistemáticamente y, como último ejemplo, la confianza que una persona deposita en otras con relación a la capacidad de trabajar en equipo o en formas colaborativas.

La desarticulación ciudadana que ha sufrido la sociedad cubana en los últimos años como resultado del totalitarismo castrista podría comenzar a ser corregida si los cubanos perciben un sentido de propósito y una disciplina de trabajo en el equipo de gobierno, no sólo en un líder, sino en el conjunto de los líderes que constituyan el gobierno de transición. La improvisación, la desorganización, por no decir la tradicional falta de transparencia en los asuntos públicos, el engaño y la falta de compromiso con el bienestar de los cubanos sería, por otra parte contraproducente en reconstituir un cierto nivel de confianza ciudadana en sus aspectos más prioritarios. Pero el proceso de reconstitución de la confianza no debe comenzar cuando se llegue al gobierno pues puede que sea demasiado tarde para que sea efectivo y ayude a una transición eficaz y rápida. Dicho proceso debe comenzar desde mucho antes y le corresponde tanto a los líderes de la disidencia interna como a los del exilio comenzar a trabajar desde ya en prepararse para el futuro como primer paso hacia la reivindicación de la confianza del cubano en que en conjunto con sus gobernantes pueden influenciar el futuro de su país en favor de sus intereses. Es por lo tanto indispensable que se desarrollen los diálogos serios entre los cubanos interesados en el futuro del país para lograr un mínimo de consenso y convergencia en cuanto a qué clase de país deseamos y cómo llegar a él.

Miami, 5 al 7 de agosto del 2000

Del autor

Jorge A. Sanguinetty nació en La Habana en 1937. Antes de emigrar a Estados Unidos con su familia en 1967, trabajó como estadístico y economista en el Instituto Nacional de la Industria Turística, la Junta Central de Planificación y el Ministerio de la Industria Azucarera.

Se estableció en Nueva York donde trabajó primero con Merrill Lynch en el sector financiero de Wall Street, después en el National Bureau of Economic Research y más tarde en el Manufacturers' Hanover Trust, mientras hacía su doctorado (Ph.D.) en economía en City University of New York.

En 1973 obtuvo una beca postdoctoral en la Universidad de Yale donde enseñó economía.

Posteriormente fue asociado de investigación en Brookings Institution en Washington, D.C. y después se trasladó a Rio de Janeiro como funcionario de Naciones Unidas para dirigir un proyecto de investigación sobre educación y desarrollo económico en diez países latinoamericanos y dio clases de economía de la educación en la Universidad Católica de Rio de Janeiro.

En 1978 desarrolla y dirige el Programa Latinoamericano en Economía Aplicada en American University en Washington, D.C. con apoyo inicial de la Organización de Estados Americanos.

En 1984 funda DevTech Systems, Inc., una firma consultora con sedes en Washington y Miami de la fue presidente y que se dedica a dar asesoría técnica internacional en economía, análisis estadístico, género, evaluación de proyectos y educación.

En 1990 ayuda a fundar la Asociación para el Estudio de la Economía Cubana de la que ha sido ponente regular y presidente. Funda conjuntamente con su esposa, colega y vicepresidente de DevTech Mercy Sanguinetty el Development Research Center, una organización sin fines de lucro dedicada a la investigación en las ciencias sociales.

Ha participado en numerosos programas de radio y televisión y ha escrito artículos en *El Nuevo Herald* y en el *Diario Las Américas*. Muchos de sus trabajos sobre Cuba se pueden ver en www.ascecuba.org, www.diariodecuba.com y www.cubanalisis.com. Es autor del libro *Cuba: Realidad y Destino, Presente y Futuro de la Economía y la Sociedad Cubanas*.

www.ingramcontent.com/pod-product-compliance
Lightning Source LLC
Chambersburg PA
CBHW031458270326
41930CB00006B/150